OEUVRES

ARCHEOLOGIQUES ET LITTERAIRES

DE

A. J. B. D'AIGUEPERSE

Membre titulaire de l'Académie impériale des Sciences,
Belles-Lettres & Arts de Lyon,
Ancien Préfident de la Société littéraire de la même ville,
Membre correfpondant de la Société éduenne d'Autun & de la Société
de ftatiftique de Marfeille.

TOME PREMIER.

LYON

Chez AUGUSTE BRUN, libraire.
rue du Plat, 13.
1862.

OEUVRES ARCHEOLOGIQUES ET LITTERAIRES

DE D'AIGUEPERSE.

LYON. — IMPRIMERIE DE LOUIS PERRIN.

A. J. B. D'AIGUEPERSE.

OEUVRES

ARCHEOLOGIQUES ET LITTERAIRES

DE

A. J. B. D'AIGUEPERSE

Membre titulaire de l'Académie impériale des Sciences,
Belles-Lettres & Arts de Lyon,
Ancien Président de la Société littéraire de la même ville,
Membre correspondant de la Société éduenne d'Autun & de la Société
de statistique de Marseille.

TOME PREMIER.

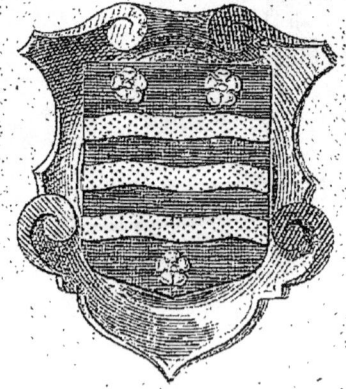

LYON

CHEZ AUGUSTE BRUN, LIBRAIRE,
rue du Plat, 13.

1862.

PREFACE.

ORSQUE nous écrivîmes, sur M. d'Aigueperse, la notice qui a paru dans la Revue du Lyonnais (1), nous ignorions si l'on imprimerait jamais les intéressants opuscules que ce savant s'était obstiné à tenir dans l'obscurité, & nous nous étions permis alors d'en regretter la perte. Nous aurions pu également regret-

(1) T. XXII, de la nouvelle série, mai 1861.

ter celle des opuscules imprimés, car il était facile de prévoir que dix à douze pièces, dé‑ tachées les unes des autres, publiées à de longs intervalles, sans trop de rapport entre elles, & tirées à un petit nombre d'exemplaires, fi‑ niraient par tomber dans l'oubli. Ni l'une ni l'autre de ces pertes n'aura lieu. Par une heureuse inspiration, qui honore leur piété fi‑ liale en même temps qu'elle réjouira les amis de la science, les enfants de l'illustre défunt se sont déterminés à réunir dans un même livre ces œuvres détachées, tant éditées que manuscrites. Ce livre, imprimé avec tout le luxe de la typo‑ graphie lyonnaise, sera le plus beau & le plus durable monument qui puisse être élevé à la mémoire de celui qui fut un si bon père, en même temps qu'un si estimable érudit.

A part la traduction d'un grand article anglais sur Horace, & d'assez nombreuses notes, mais dispersées & jetées selon les besoins du moment, sans plan arrêté, ce livre renferme tout ce qui est sorti de la plume de M. d'Aigue‑ perse. Ce n'est pas là tout ce qu'il savait, tant s'en faut, c'est ce qu'il lui a plu de communiquer, la tombe a dévoré le reste ; car il était de ce petit nombre d'hommes qui recherchent la science plutôt que la gloire. On lira dans la notice qui suit cette préface ce que l'on doit penser de ces travaux si modestes & si bien faits. Il nous reste ici à nous applaudir de ce qu'il nous a été donné, après avoir fait connaître l'homme de bien, en retraçant la vie de notre ami, de contribuer à montrer le savant & l'écrivain, en recueillant & ordonnant ses œuvres.

NOTICE

SUR

M. D'AIGUEPERSE.

'AIGUEPERSE (Antoine-Jean-Baptiste) naquit à Lyon, le 6 novembre 1787, d'une famille distinguée du Beaujolais. Deux passages du journal inédit de Paradin, à la date de 1572 & 1573, attestent que cette famille était à la fois, ancienne dans le pays, & illustrée par l'échevinage (1). Il conste aussi qu'à l'époque de Paradin, elle avait le droit de porter des armoiries (2). Mais M. d'Aigueperse ne s'en glorifiait

---

(1) M. d'Aigueperse possédait le manuscrit original de ce journal. On y lit, à l'occasion d'une visite faite au château de Beaujeu par M. de la Madeleine, & un contrôleur nommé Guillon, pour faire l'inventaire de ce que le château pouvait contenir : « Et avec nous étaient montés ça haut M. le trésorier Claude Barjot, Antoine d'Aigueperse, Claude Gadet eschevins. »

Plus loin on trouve cette note en latin :

« *Resignavi decanatum Bellijoci in favorem fratris mei Claudii. Recepit resignationem Ludovicus d'Aigueperse.* »

(2) De sable à trois fasces ondées d'or, accompagnées de trois roses d'argent, deux en chef, une en pointe.

point & n'en fit jamais parade, bien qu'il les gardât religieufement comme un fouvenir honorable. En revanche, il attachait le plus grand prix à la bonne renommée qui n'avait jamais fait défaut à fes ancêtres ; & nous verrons que ce luftre n'a point pâli en fa perfonne.

Le père de M. d'Aigueperfe était greffier de la Confervation de Lyon, juridiction repréfentée aujourd'hui par le Tribunal de commerce. Il n'occupa que pendant quelques années cette place. La Révolution ayant éclaté, & les temps devenant, chaque jour, plus difficiles, M. d'Aigueperfe crut prudent de s'effacer en réfignant fon emploi, & fe retira dans fa terre de Régnié près Beaujeu (1). Les événements ne tardèrent pas à montrer qu'il avait bien jugé la fituation. Obligé de quitter même Régnié, pour échapper aux dénonciations, il s'enfuit à Paris. Là, occupé à vendre fes vins, fon titre d'approvifionneur le fauva.

Le jeune d'Aigueperfe paffa donc fes premières années à la campagne, & en partie fous la tutelle de fa mère. Les faits de cette terrible époque étaient de nature à fe graver profondément dans la mémoire même d'un enfant ; c'étaient le fiége de Lyon, le fac des églifes, la fpoliation des riches, les vifites domiciliaires, l'emprifonnement des fufpects, la mifère univerfelle, la terreur enfin ! Auffi le jeune d'Aigueperfe n'oublia-t-il jamais l'impreffion qu'il en avait reçue, &, dans un âge avancé, il racontait fouvent & avec une grande vivacité de couleurs & de ton, ce qu'alors il avait vu ou fimplement ouï dire. Comme la maifon de fon père était l'afile de quelques membres de la famille, de plufieurs prêtres & d'autres perfonnes alors fufpectes, lefquels, pour déjouer

(1) Dans une lettre datée de Paris, le 18 may 1792, Chalier fait mention de cette retraite de M. d'Aigueperfe, & chofe finguliére de la part du fanguinaire démagogue, il la regrette & fait l'éloge du démiffionnaire. « Ne laiffez point reprendre l'ancien Tribunal, tout ce que je regrette c'eft le fieur d'Aigueperfe, greffier, homme inftruit, tranquille, modefte, ne fe mêlant d'aucun parti, entendant bien fa partie... trop tranquille pour être nuifible & qui a le *tran tran* de la machine. » (Lettres inédites de Chalier, *Revue du Lyonnais*, t. XI, p. 431.)

les perquifitions, faifaient du jour la nuit & de la nuit le jour, l'habitude de voir les tranfes continuelles de ces pauvres réfugiés lui infpira une précoce difcrétion, & l'on raconte qu'un jour, des efpions fecrets, dans l'efpoir de furprendre fon ingénuité enfantine, lui ayant fait des queftions captieufes fur les habitants de la maifon, ne purent, malgré tous leurs efforts, tirer de fa bouche une feule parole compromettante.

Les jours étant devenus plus calmes, le jeune d'Aigueperfe fut envoyé, en 1798, avec fon frère Camille, au penfionnat de l'Enfance, pour y faire fes études. Il vit là M. de Lamartine, qui ne fe doutait guère du rôle éclatant qu'il devait jouer un jour. Quoiqu'il n'ait formé alors aucune liaifon avec le futur poëte, il aimait toutefois à fe fouvenir de cette rencontre. C'était un écolier docile, intelligent, travailleur que le jeune d'Aigueperfe. Or, comme ces qualités font toujours accompagnées du fuccès, il fuivit les cours du collége de la manière la plus brillante: « Je fuis bien content de votre fils, écrivait le directeur de l'établiffement aux parents de notre jeune élève, il fe montre toujours fage, docile, appliqué à tous fes devoirs. » Et, dans une autre lettre : « Nous vous renvoyons vos deux fils chargés de lauriers. L'aîné (c'était M. d'Aigueperfe) a reçu hier de nombreux applaudiffements foit pour l'exercice, foit pour fes compofitions, foit enfin pour fes nombreux prix. »

A l'âge de 15 ans, en 1802, M. d'Aigueperfe avait terminé fa rhétorique. Il allait fe mettre en quête d'une carrière, lorfque M. Bofcary de Villeplaine, fon oncle maternel, qui avait apprécié les rares difpofitions du lauréat de l'Enfance, forma des projets fur lui, &, du confentement du père, l'appela à Paris pour y compléter fes études & faire fon cours de droit. M. d'Aigueperfe écrivit plus tard, par reconnaiffance, une intéreffante notice fur cet oncle, habile financier, mais furtout courageux citoyen qui, dans la lutte fuprême de la royauté contre l'anarchie, joua le rôle le plus honorable, & dont les confeils, au 10 août, auraient fauvé l'infortuné Louis XVI, s'il avait pu être fauvé.

Le féjour de la capitale, fi funefte à tant de jeunes gens,

n'exerça fur M. d'Aigueperfe aucune influence fâcheufe. Il vitt les écarts de plufieurs de fes collègues fans s'y laiffer entraîner, & nous lui avons entendu dire fouvent que, lors même que fess principes religieux & l'amour de fes parents ne lui euffent pas faitt condamner la vie de diffipation & de plaifir, les conféquences quii la fuivent auraient fuffi pour l'en éloigner. D'ailleurs, avec le plan qu'il s'était fait, comment aurait-il trouvé le loifir de s'y livrer? Affidu au travail, jufqu'à fe rendre malade, avare de fon temps, ne fortant jamais fans raifon, il ne fe permettait d'autre délaffement que celui d'aller, chaque femaine & l'été feulement, paffer le dimanche au château de *la Grange du Milieu*, près Grosbois, chez fon oncle Bofcary de Villeplaine. Il partait le famedi foir, & revenait le lundi matin, toujours à pied, reprendre fon travail. Son oncle & fa tante, pour qui il avait tous les égards d'un fils, le chériffaient comme s'il eût été en effet le leur. Mme de Villeplaine écrivait de lui à fa belle-fœur : « D'Aigueperfe eft le meilleur enant du monde, il eft très-exact à fon travail, il eft doux, attentif & nous l'aimons beaucoup. »

Le château de *la Grange*, tout plein des fouvenirs du maréchal de Saxe, auquel il avait appartenu, était le rendez-vous d'une fociété choifie que la grande fortune de M. Bofcary lui permettait d'y réunir. Le jeune d'Aigueperfe voyait là le prince de Neuchâtel & de Wagram, le maréchal Lefèbvre qui avait été autrefois l'inftructeur de M. Bofcary, à la fection *des filles Saint-Thomas*, l'immortel défenfeur de Louis XVI, M. Desèze & d'autres perfonnages qui avaient figuré avec éclat fous l'ancienne monarchie. Il obfervait attentivement cette fociété, un peu mêlée fans doute, mais où il y avait de nobles éléments & de beaux caractères, & il y puifa ces idées élevées, ces manières polies & ce ton de gentilhomme qu'il montrait dans fes relations habituelles & dont on retrouve des nuances jufque dans fon ftyle.

Il fut en droit ce qu'il avait été en littérature, un élève du meilleur efprit & extrêmement avide d'apprendre. Un homme qui brilla plus tard dans le rang le plus élevé de la magiftrature, M. Bellard, alors fimple avocat, avait fondé des conférences pour les élèves jaloux de progreſſer dans la ſcience. Ces conférences ſe tenaient dans ſa maiſon, à jours fixes & ſous la préſidence de M. Bellard lui-même, qui exerçait ainſi les jeunes gens à diſcuter & à réſoudre les queſtions ardues de la juriſprudence. La ſéance ſe terminait par une leçon où cet habile juriſconſulte prenait la peine de montrer à chacun en quoi il s'était trompé. Puis, il retenait à dîner ceux qui s'étaient le plus diſtingués dans la conférence. M. d'Aigueperſe mettait au nombre des gloires de ſa jeuneſſe d'avoir été quelquefois admis parmi ces heureux convives. De ſon côté, M. Bellard ne perdit jamais de vue ſon ſtudieux élève, & M. d'Aigueperſe aimait, dans ſa vieilleſſe, à montrer à ſes amis pluſieurs lettres de ce grand magiſtrat, empreintes de ce ſouvenir honorable.

Le cours de droit achevé, M. d'Aigueperſe entra dans l'étude d'un avoué, M. Valton, & en devint bien vite le premier clerc. Nous devons citer ici un trait qui ſe rattache à cette époque de ſa vie & qui montre toute la bonté de ſon cœur & la nobleſſe de ſon caractère. Un jour Mme d'Aigueperſe reçut de ſon fils une lettre dans laquelle celui-ci annonçait à ſa mère qu'il renvoyait, par le retour du courrier, ſa penſion de 1,800 francs que ſon père venait de lui faire paſſer, en accompagnant ce renvoi de ces paroles : « Mes appointements de clerc pouvant à l'avenir me ſuffire, il eſt juſte que cette penſion que mon père a ſi généreuſement payée juſqu'ici, ceſſe enfin. » A ces mots, que Mme d'Aigueperſe ne put prononcer ſans attendriſſement, une dame de ſa famille qui ſe trouvait près d'elle, s'écria : « Ah ! ce ne feraient pas mes *gredins* de fils qui me feraient ce trait-là ! »

M. Boſcary, qui était ſans enfant, voulait retenir ſon neveu près de lui en lui aſſurant une brillante poſition, mais les goûts modeſtes de M. d'Aigueperſe & ſon amour pour ſa famille le rappelaient dans ſa ville natale, &, après treize années paſſées à Paris, il revint à Lyon, où il parvint à reſſaiſir la charge de greffier du Tribunal de commerce dont la Révolution avait dépoſſédé ſon père. On était en 1815, M. d'Aigueperſe, alors âgé de 27 ans, épouſa une de ſes couſines, Mlle Marie-Antoinette Perret, fille aînée de

M. Théodore Perret, perfonnage des plus recommandables, membre du Confeil municipal & adminiftrateur des Hofpices de Lyon. Cette union fut des plus heureufes. Peu répandu dans le monde, M. d'Aigueperfe fe complaifait dans la fociété de fa nouvelle famille & furtout celle de fa jeune compagne, en qui il trouva conftamment une piété angélique, une douceur inaltérable, une bonté fans égale, un dévoûment fans bornes. Comme greffier du Tribunal de commerce, deux qualités diftinguaient M. d'Aigueperfe & le rendaient précieux à ceux qui avaient affaire à lui : une ponctualité invariable & un fens parfait. On était fûr de le trouver à fon pofte, & là, toujours acceffible à ceux qui avaient befoin de lui, il était la lumière de tous ceux qui recherchaient les bons confeils.

Mais la vie de M. d'Aigueperfe n'était pas tout entière, foit dans l'accompliffement de fes devoirs d'époux & de père, foit dans le remuement des affaires contentieufes que lui offrait l'exercice de fa charge, il y en avait encore une notable partie dans la culture des lettres dont il avait pris le goût au collége de l'Enfance & qu'il n'avait jamais négligée depuis, même au milieu de fes fonctions les plus fubordonnées. En dépit des exigences de fa profeffion, il fe livrait à l'étude avec une fuite, une application qu'on retrouve à peine chez les hommes qui lui ont voué leur exiftence. Il y cherchait du refte un délaffement devenu néceffaire, n'en aimant aucun autre. Ainfi, en empruntant à la nuit les loifirs que lui refufait le jour, il parvenait à recueillir une grande variété de connaiffances fur l'hiftoire, l'épigraphie, l'archéologie, la littérature claffique. La pente naturelle de fon efprit l'entraînait de préférence vers les monuments du génie romain. La moindre empreinte des maîtres du monde qui fe révélait à fes yeux, fur une ruine ou fur le fol, le paffionnait, & fa phyfionomie, ordinairement calme, s'animait auffitôt d'une vive expreffion. Il fuivait, avec le plus grand intérêt, les découvertes fucceffives qu'on faifait des débris antiques oubliés, fe mêlait aux difcuffions qu'elles foulevaient, & bien qu'il n'ait jamais rien publié à cet égard, il avait étudié à fond tous les veftiges que la domination de Rome a laiffés dans notre cité, & nul mieux que lui ne poffédait fon *Lugdunum*. On ne l'ignorait pas, & plus d'un antiquaire lyonnais a eu recours à cette fcience cachée, mais bienveillante, communicative, & s'eft applaudi des lumières qu'il y a puifées. M. d'Aigueperfe favait beaucoup de chofes, &, ce qui vaut mieux encore, favait bien ce qu'il favait. On pouvait compter fur la précifion de fes dates, la fagacité de fes obfervations, la jufteffe de fes aperçus, les choix difcrets de fon érudition. On était affuré qu'une queftion, traitée par lui, l'avait été fous toutes fes faces perceptibles. De là, fes opinions avaient un poids qui faifait autorité.

Sa bibliothèque n'était point des plus nombreufes, mais le choix en était judicieux & févère; rien de futile ou de dangereux n'y bleffait les regards. Comme tous les amateurs, il l'avait formée lui-même, fucceffivement & lentement, felon l'occafion & fuivant fon goût fpécial. Les claffiques latins en compofaient la majeure partie. Il n'y admettait que des exemplaires en parfait état, & aimait la variété des éditions.

La langue du grand peuple avait pour lui un attrait particulier. L'habitude de converfer avec les écrivains qui la parlèrent l'avait rendue fi familière à fon intelligence qu'il n'y trouvait prefque pas de difficultés qui l'arrêtaffent. Auffi, dans la lecture des auteurs claffiques, n'avait-il jamais recours aux traductions qu'il n'aimait pas; pour les paffages les plus obfcurs, il fe fervait fimplement des notes de quelque bon commentateur.

Quoique tous les claffiques anciens occupaffent une place honorable dans fa bibliothèque & dans fes études, il avait néanmoins une prédilection marquée pour Céfar, Cicéron, parmi les profateurs; pour Horace, parmi les poëtes; venaient enfuite Virgile, Pline le Jeune & Tacite. Il favait de mémoire des fragments confidérables de ces auteurs.

Pendant longtemps M. d'Aigueperfe étudia fans la moindre ambition de faire paraître. Il lifait, déchiffrait, par l'effet d'une curiofité toute perfonnelle; écrivant feulement pour fixer fes idées ou fes obfervations. Ce ne fut qu'en 1844, à l'âge de plus de cinquante ans, qu'il fe décida à parler au public en faifant imprimer fes *Recherches fur l'emplacement de Lunna & fur les deux voies romaines traverfant la partie nord du département du Rhône*. Depuis trois fiècles les favants débitaient des erreurs fur ce fujet, il avait à cœur de les redreffer. Son bon fens, éclairé par une connaiffance parfaite des lieux, lui difait que, pour arriver à trouver *Lunna*, il fallait la chercher fur la route de *Lugdunum* à *Matifco*. Son bon fens encore lui difait qu'il n'y avait que deux documents capables de guider vers une folution raifonnable: la *Table de Peutinger* & l'*Itinéraire d'Antonin*. Mais ces deux documents différaient entre eux, & par le nombre des ftations, & par le calcul des diftances. Dans l'impoffibilité de les concilier, M. d'Aigueperfe crut devoir rejeter tout à fait l'autorité de la *Carte*, la fuppofant, avec quelque vraifemblance, falfifiée par des copiftes ignorants, & s'attacha exclufivement à l'*Itinéraire*, dans lequel il voyait l'autorité d'une pièce officielle. Or, en appliquant les chiffres de l'*Itinéraire* à la route actuelle de Paris à Lyon, bien perfuadé que la voie romaine ne pouvait s'en écarter beaucoup, il fut conduit à placer *Lunna* à l'endroit même occupé aujourd'hui par Belleville, conclufion corroborée par la préfence de débris romains trouvés fous le fol.

Ce mémoire produifit dans le public érudit une grande fenfation. Plufieurs favants adoptèrent l'opinion de M. d'Aigueperfe, M. Walckenaër entre autres, l'oracle de la fcience géographique. Il devint dès lors indubitable que *Lunna* n'avait pu être qu'à Belleville. Il y eut bien une légère contradiction, mais elle s'évanouit auffitôt devant une réplique de l'auteur du mémoire.

La difcuffion n'était pourtant pas finie & elle fe réveilla tout à coup en 1853, plus vive que jamais; la tranchée du chemin de fer de Paris à Lyon découvrit, à cette époque, des traces inconteftables d'une ville gallo-romaine, précifément au point où la *Carte de Peutinger* place l'exiftence de *Lunna*. En conféquence de cette découverte auffi précife qu'inattendue, *Lunna* fe trouvait reportée à quatre lieues gauloifes ou fix milles romains en avant de Belleville. La thèfe de M. d'Aigueperfe était ainfi fortement ébranlée.

Celui-ci ne perdit pas courage; ne pouvant se résoudre à croire que l'*Itinéraire* eût tort, bien que la *Carte* eût raison, il s'appliqua à chercher le moyen de concilier ces deux antiques documents. Une étude plus attentive de la *Carte* ne tarda pas à lui apprendre que ce monument géographique, bien qu'appelé *Table Théodosienne*, était plus ancien que l'*Itinéraire*, qu'il remontait même pour le fond au temps d'Agrippa, & qu'il fallait chercher la raison des différences qu'on remarquait entre cette pièce & l'*Itinéraire d'Antonin*, ailleurs que dans des falsifications supposées. Observant ensuite que les substructions découvertes par la tranchée du chemin de fer portaient des traces d'incendie, il conclut qu'il devait y avoir eu deux *Lunna* successives; que la première ayant été détruite par une de ces catastrophes si communes dans les Gaules au IIIe siècle, on avait transféré la station au point occupé aujourd'hui par Belleville, en conservant toujours le même nom. De cette manière la *Carte* & l'*Itinéraire* étaient conciliés & mis d'accord avec les faits révélés par les fouilles. Cette explication, avancée par mode d'assertion, dans une lettre adressée à M. Peyré, fut développée en 1857, d'une manière péremptoire, dans un quatrième mémoire, intitulé : *Nouvelles & dernières recherches sur l'emplacement de Lunna, station romaine entre Lyon & Mâcon*. Toute discussion cessa dès ce moment. M. d'Aigueperse nous a répété souvent qu'il croyait, sur ce point, avoir saisi la vérité. Il l'avait effectivement saisie, car son mémoire, mentionné par l'Institut, est adopté aujourd'hui par le ministre pour le grand travail sur la topographie de la Gaule.

Dans l'intervalle, il publia un nouveau mémoire, sous le titre d'*Une Visite à Gergovia*. Le but de cette courte dissertation était de fixer encore l'emplacement d'une autre ville, de cette capitale de l'Arvernie, devant laquelle pâlit un instant la fortune de César, & où commandant en personne, il reçut le seul échec qui ait interrompu neuf années de victoires. Le résultat ne laissa rien à désirer. M. d'Aigueperse, César à la main, retrouva tous les détails des lieux qui avaient servi de théâtre à la lutte des Romains & des Gaulois, & montra sans réplique qu'ils étaient ceux-là mêmes où une tradition continue, quoique vague, plaçait *Gergovia*.

En 1845, M. d'Aigueperfe entreprit le voyage d'Italie. Il vifita fucceffivement Naples, Rome & Florence. Son projet était d'écrire un voyage d'Italie. Il fe mit à l'œuvre au retour, & fit affez rapidement fix chapitres qu'il lut à la *Société littéraire*, aux applaudiffements de fes collègues. Mais lorfqu'il s'agit de livrer ces chapitres à l'impreffion, l'auteur reffentit tout à coup un vif mécontentement de fon travail, & les inftances les plus preffantes de fes amis ne purent jamais le décider à donner fon récit au public. On avait, difait-il, tant écrit fur l'Italie, qu'il craignait fort que ces quelques pages ne fuffent une banale & faftidieufe répétition de ce qu'avaient dit d'autres voyageurs. Puis, fon œuvre lui femblait incomplète ; car, fi le point de vue archéologique y était mis en lumière, le côté artiftique y était laiffé dans l'ombre. Il y voyait même d'autres lacunes, & voulait retourner fur les lieux, afin de les explorer plus attentivement. M. d'Aigueperfe revit en effet l'Italie en 1853, mais fa fanté ne lui permit pas de dépaffer Rome. Il ne put ajouter qu'un petit nombre de nouveaux renfeignements à ceux qu'il avait déjà recueillis, &, à fon retour en France, il fe réduifit à faire paraître un tableau de *Rome en 1853*, avec un mémoire fur les *Manufcrits d'Italie*. Ces deux charmants opufcules, pleins d'obfervations neuves & d'appréciations fines, font vivement regretter que l'auteur n'ait pas donné plus d'extenfion à fon travail.

Après avoir vifité la patrie de la gloire & des arts, M. d'Aigueperfe voulut voir la terre de l'induftrie, & fit le voyage d'Angleterre en 1850. Dans cette excurfion qui dura peu, il ne s'avança pas au delà de Londres & de fes environs, & n'en rapporta point cet enthoufiafme qu'il avait reffenti à la vue de l'antique fiége de la puiffance romaine. Les fouvenirs claffiques n'étaient pas là pour l'infpirer. Avec fon efprit fagace toutefois, il fut promptement démêler ce qu'il y avait, chez la nation anglaife, de grand & de folide, au milieu de l'infupportable orgueil, des ridicules prétentions qui la déparent, & configna fes impreffions dans un article remarquable que publia le *Courrier de Lyon*.

Dans tous fes voyages, dans ceux même qui n'avaient pour

but que l'agrément ou le bien de fa fanté, il favait, par l'étude &
l'obfervation, s'emparer du pays qu'il vifitait. Quelques jours lui
fuffifaient pour fe mettre au courant de fon hiftoire, de fes antiquités, des hommes illuftres qu'il avait produits, & lier des rapports avec les lettrés. Pendant un féjour de trois mois qu'il fit à
Pau, de 1852 à 1853, pour fe rétablir d'une maladie, il mit à profit ce talent & cette activité, & fit de férieufes & intéreffantes recherches fur le Béarn. A ce propos, on lira fûrement avec plaifir
un fragment d'une lettre qu'il écrivait de là, à l'un de fes amis.

Pau, le 6 janvier 1853.

« . . . . Puifque les détails que je vous ai donnés
fur le château de Henri IV vous ont paru dignes de figurer dans
vos *archives*, j'en ajouterai encore quelques-uns. Le fameux berceau, compofé d'une énorme écaille de tortue, a été fauvé de
la deftruction, en 1793, par l'ingénieufe fraude d'un garde du
château & de M. de Beauregard qui, poffeffeur d'un cabinet d'hiftoire naturelle, livra à la deftruction une écaille à peu près fem-
blable. Cette circonftance a fait naître quelques foupçons fur
l'identité du berceau qu'on montre aujourd'hui. Mais cette identité eft prouvée par les reftes d'une ancienne infcription placée
dans l'intérieur de la *coquille*, & qu'on ne peut pas avoir imitée.
Au refte, je compte faire une feconde vifite au château, accompagné du commandant-colonel H....., avec lequel j'ai fait connaiffance hier en fociété, & qui m'a fait les offres les plus obli-
geantes à ce fujet.

« Mais il eft une autre mine bien plus riche à exploiter & à laquelle je ne touche jamais fans penfer au plaifir que *nous* aurions, vous & moi, à travailler enfemble. Ce font les archives de
Béarn & de Navarre. Après les archives de l'Etat, je crois que ce
font les plus riches de France; outre une maffe de documents
originaux en ce qui concerne Henri IV & fes ancêtres paternels
& maternels, on y trouve une foule de chartres, de lettres-patentes & de lettres particulières de tous les rois de France & de

quelques reines, à partir de Charles VII. J'y ai copié des lettres-patentes de Charles-Quint, munies encore de son grand *scel*, par lesquelles il demande à Henri II, roi de Navarre & grand-père de Henri IV, le libre passage pour l'armée qu'il envoyait contre François Ier en 1523 ; on y voit percer l'ambition, l'audace & la ruse qui formaient le fond de son caractère. J'ai copié aussi la réponse assez ferme de Henri, qui refuse le passage & réclame son royaume de Navarre que Charles-Quint lui *détenait*. J'y ai vu des lettres fort intéressantes des chefs du protestantisme, tels que Mélanchthon & François Hotman (qui signe Hotoman), adressées au roi de Navarre, père de Henri IV. Je ne finirais pas si je voulais ne rien oublier. J'ai déjà fait plusieurs séances de deux ou trois heures, & je compte bien y retourner. . . . .

« . . . . Je ne sais si on vous a parlé des *Basques*, population qu'on croit d'origine *ibérienne* & qui occupe une partie de ce département. Leur langue, qui n'a de rapport avec aucune langue connue, est extrêmement difficile pour ceux qui ne l'ont pas apprise dès leur enfance. On cite, comme un exemple à peu près unique, l'évêque actuel de Bayonne qui l'a apprise pour parler à ses ouailles sans interprète. — Pau étant une ville moderne, datant du *moyen-âge*, il est inutile d'y chercher des antiquités romaines. On n'en trouve que dans les eaux thermales des Pyrénées. Vous saurez qu'on citerait à peine une source de ce genre que les Romains n'aient connue. . . . .

« Il a existé dans ce pays une ville romaine du nom de *Benearnum*, étymologie évidente de *Béarn*. Cette ville, qui avait un évêque, a disparu au IXe siècle par les ravages des Normands. Mais quel était son emplacement? Là dessus grandes disputes, & force dissertations. Il y a plusieurs opinons en présence, mais aucune selon moi, de bien satisfaisante, *& adhuc sub judice lis est*.

« . . . . J'oubliais de vous parler d'une antiquité romaine qui existe dans la campagne, à 3 kilomètres de Pau, sur la route de Gan, patrie du célèbre *de Marca*. Les uns y voient des bains, j'y verrais plutôt une *villa*. Quoi qu'il en soit, c'est un vaste bâtiment divisé en plusieurs compartiments, & dont les murs, ou du moins les fondations exiftent encore. La feule chofe remarquable c'eft le parquet de toutes les pièces, qui fe compofe de *mofaïques*, dont les deffins fentent un peu la décadence. Tout cela était enterré d'environ un demi-mètre & recouvert par une prairie. »

On voit par cette citation les goûts invariables de M. d'Aigueperfe, mais auffi comme il favait arriver vite au réfultat. Il fortit de cette courfe au pied des Pyrénées une petite brochure intitulée : *La ville de Pau, fon château, fes environs, fes archives*, joli tableau dans lequel l'auteur a fu déployer fon triple talent d'archéologue, d'hiftorien & d'érudit.

En 1855, l'Académie de Lyon ouvrit fon fein à M. d'Aigueperfe. Il était déjà, depuis longtemps, un des membres les plus actifs de la Société littéraire qu'il préfida plufieurs années. D'autres compagnies favantes, comme la *Société éduenne* d'Autun & la *Société ftatiftique* de Marfeille, s'étaient auffi honorées en l'admettant au nombre de leurs membres correfpondants. A l'occafion de fa réception à l'Académie, il prononça un difcours fur la *décadence des belles-lettres, des fciences & des arts chez les Romains*. Ce coup-d'œil eft le réfumé des longues études que l'auteur avait faites fur les claffiques latins, & l'on peut y admirer avec quelle fineffe de goût, quelle jufteffe de vues & quelle pureté de langage, il parle des monuments de la civilifation romaine.

En 1860, qui fut la dernière année de fa vie, M. d'Aigueperfe lut à l'Académie, & publia enfuite un *Effai fur quelques chiffres de l'hiftoire romaine*, travail dont le mérite & l'utilité feront, fans nul doute, appréciés par les lecteurs qui, comme nous, fe font fouvent impatientés devant ces nombres énigmatiques que l'on rencontre dans les auteurs claffiques.

A cette époque, la querelle qui s'était élevée, parmi les favants, fur l'emplacement de l'antique *Alefia* n'était point encore apaifée. M. d'Aigueperfe, qui n'avait jamais douté que cette célèbre ville ait pu occuper un autre endroit que celui où eft fitué le village de Sainte-Reine, réfolut de fe mêler à la difcuffion, pour conferver au mont Auxois l'honneur d'avoir été le dernier boulevard de l'indépendance gauloife, & fit, au mois de juillet, un voyage dans le pays. Il en revint plus convaincu que jamais. Nul doute qu'une differtation de fa main n'eût beaucoup contribué à dégager la vérité des ténèbres, mais il n'eut que le temps de jeter fur le papier quelques notes éparfes & informes.

La collection imprimée des travaux littéraires & fcientifiques de M. d'Aigueperfe, y compris les chapitres inédits du voyage d'Italie, eft peu confidérable. On y défirerait moins, fi notre favant eût vécu, dans un milieu plus actif, fi plus de mouvement intellectuel fe fût fait autour de fon efprit, s'il eût pu triompher plus fouvent de fa timidité à fe produire, de la difficulté qu'il éprouvait à écrire; s'il n'eût pas été arrêté par un certain idéal de perfection qui femblait fuir devant lui, à mefure qu'il cherchait à l'atteindre. Nous doutons, pourtant, qu'il eût pu jamais fe déterminer à faire ce qu'on appelle un livre. La feule penfée de tenir fon attention fufpendue fur un grand enfemble d'idées ou d'objets effrayait trop fon imagination. Il ne pouvait fouffrir que l'étude lui fît attendre longtemps les fatisfactions qu'il en efpérait, & voulait des réfultats prompts. Il aimait par deffus tout à jouir du travail des autres, par exemple, à favourer une ode d'Horace, une lettre de Cicéron, de Pline ou un paffage de Céfar. Puis, s'il mettait la main à une œuvre quelconque, il fallait qu'il en vît le bout dès le début, ce qui ne l'empêchait pas d'y confacrer de longues veilles & de patientes recherches. De là, ce goût perfiftant à s'attaquer aux parcelles de la fcience, à traiter des queftions ifolées. Quoi qu'il en foit, fes opufcules font de vrais modèles du genre. On y trouve une difcuffion toujours claire, concife & calme; il a le mot de la chofe; rien de trop, il fait s'arrêter à temps & ne fatigue jamais l'attention. Son ftyle eft correct, fans parure recherchée, & pourtant d'une élégance foutenue; c'eft ce ftyle à la fois fimple & fin du fiècle paffé, ftyle qui, de jour en jour, va fe perdant parmi nous.

Mais laiffons le favant, le littérateur, pour revenir à l'homme. L'union de M. d'Aigueperfe avec Mlle Marie Antoinette Perret lui avait donné dix enfants, quatre fils & fix filles. Mais ici l'attendaient les épreuves. De fes fix filles, quatre feulement vécurent, & la mort enleva l'un après l'autre tous les fils, le dernier plus cruellement que fes frères, car il fut écrafé par la chute d'un meuble, à l'âge de cinq ans. Le malheureux père ne pouvait fe rappeler le fouvenir de cette cataftrophe fans verfer des larmes, & il n'en parlait jamais. Trois ans après la mort de fon dernier fils, la Providence, qui femblait n'être rigoureufe à fon égard qu'à cet endroit du cœur, lui redemanda fon époufe. M. d'Aigueperfe foutint ces pertes répétées avec une réfignation toute chrétienne, comprit admirablement les leçons qu'il recevait d'en haut. Il ne pouvait être averti d'une manière plus fenfible, car nul plus que lui ne vécut davantage de la vie des fiens. On peut dire qu'il était, par excellence, l'homme de la famille. Il lui confacrait tout le temps qu'il ne donnait pas aux affaires ou à l'étude. Chaque année, à l'époque des vendanges, il en raffemblait les membres dans fon beau domaine de Régnié. Là, entouré de fes enfants & de fes petits-enfants, il fe livrait à toutes les jouiffances de la paternité. Jamais il n'était plus aimable que pendant le temps que durait cette réunion toute patriarcale.

Quand nous rappelons la large part qu'il faifait à la famille, nous ne devons pas oublier celle qu'il accordait à l'amitié; il eut le bonheur d'avoir de nombreux & fincères amis qu'il fut garder jufqu'à la fin. Ceux qui étaient à portée de le pratiquer plus fouvent peuvent dire comme il était bon, franc, poli & difpofé à rendre fervice. Nous devons ajouter pourtant qu'il accordait une certaine préférence à ceux qui partageaient fes goûts littéraires; & on le conçoit bien, M. d'Aigueperfe n'était point une de ces natures fentimentales qu'on captive ou qu'on entraîne par de vagues fympathies; fi on voulait pénétrer avant dans fon cœur, il fallait plaire à fon efprit. Allait-on le voir? à moins qu'on eût quelque affaire à lui communiquer, on l'intéreffait peu fi, après les premiers compliments, on n'entamait avec lui le chapitre des anciens ou des modernes, où fi on ne l'aidait à déchiffrer le fens d'une infcription récemment découverte, à réfoudre un point difficile contefté par les érudits, felon le courant d'idées qui occupait alors fon attention. Entrait-on dans fon élément? les plus longues vifites lui paraiffaient courtes, il ne fe prêtait plus, il fe donnait, fe prodiguait.

M. d'Aigueperfe ne reffemblait pas à certains hommes du monde qui s'imaginent mériter le nom d'hommes religieux, en fe faifant, à leur guife, une religion facile. Eclairé par fon bon fens, il comprenait qu'en une telle matière la fantaifie ne peut être permife; il avait la religion de l'Eglife catholique & en pratiquait fcrupuleufement les devoirs. Ses mœurs étaient auftères; quant à fa probité, elle était proverbiale. Auffi jouiffait-il d'une réputation que la calomnie elle-même n'ofa jamais attaquer.

Dès l'année 1852, la fanté de M. d'Aigueperfe était devenue chancelante. Il commença, à cette époque, à reffentir plus douloureufement des palpitations auxquelles avant il faifait peu attention. En 1860, ces palpitations prirent un caractère effrayant, & il en vint parfois à ne pouvoir goûter le repos ni le fommeil que fur un fauteuil ou un canapé. Il était déjà très-fouffrant lorfqu'il entreprit fa courfe à *Alefia;* il en revint plus malade. Dès lors il entrevit fa fin prochaine & ne fongea plus qu'à s'y préparer. Quoique aucune de fes paroles ne trahît fes funèbres prévifions, fes enfants le voyaient avec anxiété mettre ordre à fes affaires, & régler toutes chofes, comme à la veille d'une longue abfence. Auffitôt, le mal réfiftant à tous les remèdes, il ne fut plus poffible à perfonne de fe faire illufion; toute la foi du vieillard fe réveilla pendant ces jours qui emportaient, une à une, les efpérances de la vie & le pouffaient irréfiftiblement vers le tombeau. Il accepta fon facrifice avec réfignation & donna l'exemple d'une inaltérable patience, au milieu des atroces douleurs d'une fuffocation prefque continuelle. Il n'attendit pas les derniers moments pour mander le dépofitaire des fecrets de fa confcience, & reçut les facrements de l'Eglife dans toute la plénitude de fon intelligence & avec toutes les marques de la plus fincère piété. Il vécut encore dix jours après cet acte fuprême, couché fur un lit improvifé, dans fon cabinet de travail, au pied de fes livres, de fes fidèles compagnons de fa vie, dirigeant fur eux, par intervalle, de triftes regards. Quand l'heure fut venue, il bénit fa famille en pleurs, raffemblée autour de fon lit, lui recommanda l'union & rendit fon âme à Dieu, le 10 mars 1861. Le furlendemain, une fuite nombreufe conduifit au cimetière de Loyaffe fa dépouille mortelle. M. Martin-Dauffigny prononça, au nom des Sociétés favantes, fur fa tombe, quelques paroles pleines de dignité & vivement fenties. Par la mort de M. d'Aigueperfe, la fociété a perdu un homme de bien, la fcience, un ami dévoué, un travailleur infatigable & des plus défintéreffés.

L'abbé CHRISTOPHE.

FUNERAILLES DE M. D'AIGUEPERSE.

DISCOURS

PRONONCE PAR M. MARTIN-DAUSSIGNY

Au nom de l'Académie des fciences, belles-lettres & arts
& de la Société Littéraire de Lyon.

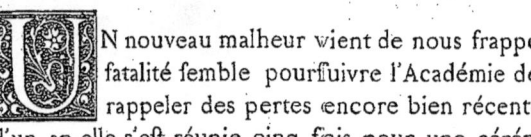

MESSIEURS,

UN nouveau malheur vient de nous frapper. Une trifte fatalité femble pourfuivre l'Académie de Lyon. Sans rappeler des pertes encore bien récentes, en moins d'un an elle s'eft réunie cinq fois pour une cérémonie trifte & douloureufe comme celle qui nous raffemble aujourd'hui.

Il appartenait à une voix plus éloquente que la mienne de pouvoir exprimer dignement la douleur que nous éprouvons, & de rappeler le mérite éminent, les qualités aimables, les vertus qui ornaient le cœur de celui que la mort vient de nous enlever.

D'une inftruction folide, ayant fait une étude particulière de la langue d'Horace, fon poëte favori, & naturellement porté par la mefure de fon favoir aux recherches fur l'antiquité, notre collègue d'Aigueperfe avait acquis une haute expérience dans l'hiftoire. L'époque romaine lui était furtout familière, & fes études fur ces temps reculés ont jeté de vives lumières fur la géographie antique.

D'Aigueperfe avait foigneufement étudié les quatre grandes voies romaines conftruites par Agrippa & partant de *Lugdunum*. Il les avait fuivies avec un foin extrême; l'itinéraire d'Antonin & la carte de Peutinger à la main, il en avait recherché les moindres traces, retrouvé les différentes ftations; enfin, il était parvenu à déterminer d'une manière fûre plufieurs points de géographie antique encore indécis.

Vous vous rappelez fans doute, meffieurs, quel fuccès eut dans ce genre fon beau travail fur l'emplacement de *Lunna*. En vain une opinion contradictoire, émanant d'un favant diftingué, voulut-elle fe produire, la folidité des études de notre collègue était telle, fes remarques avaient été faites avec tant de fagacité, fes calculs étaient fi juftes qu'il fortit victorieux de cette lutte, & fon mémoire, mentionné par l'Inftitut, eft adopté aujourd'hui par le miniftre pour le grand travail fur la topographie de la Gaule.

Outre l'étude des voies romaines, d'Aigueperfe avait vifité les emplacements des principales villes gauloifes dont parle Céfar dans fes *Commentaires*, livre favori de notre collègue, qu'il favait prefque par cœur. Perfonne ne pouvait donner des renfeignements plus exacts & plus précis fur les différents points qu'occupaient les troupes gauloifes & les légions romaines pendant cette lutte acharnée.

En retraçant ces hauts faits, cette réfiftance défefpérée de nos ancêtres contre une invafion étrangère, d'Aigueperfe s'animait, l'ardeur, le feu de la fcience paffait dans fon regard. Il décrivait exactement les lieux, les mouvements divers des deux armées pendant le combat, en avait retenu les épifodes, favait & expliquait clairement les motifs qui avaient déterminé les chefs des deux armées à telle ou telle manœuvre. Ces récits étaient empreints d'une fi grande connaiffance du lieu, qu'on croyait affifter à la fcène. Un témoin oculaire n'aurait pas fait plus.

L'hiſtoire de l'époque gallo-romaine n'était pas la ſeule branche de l'archéologie dans laquelle ait brillé notre confrère ; ſes connaiſſances épigraphiques étaient auſſi fort eſtimées, & plus d'un érudit travaillant ſur ces matières a eu recours à ſes avis.

Une des plus grandes jouiſſances de d'Aigueperſe, comme archéologue, était la vue d'un monument nouveau, d'une inſcription récemment découverte. Nos fonctions de conſervateur nous ont ſouvent mis à même de lui procurer la ſatisfaction de le voir le premier, faveur qu'il eſtimait au deſſus de toutes.

Il oubliait alors ſon âge & ſes ſouffrances & voulait connaître juſqu'aux moindres circonſtances de la découverte.

Souvent d'Aigueperſe nous accompagnait ſur le lieu de nos explorations. Il aimait ce ſol romain, qui pour quelques inſtants venait de revoir la lumière.

Un goût auſſi décidé & auſſi éclairé avait porté d'Aigueperſe à viſiter l'Italie, Rome ſurtout. Il en avait examiné les antiquités une à une, évoqué l'ombre de Cicéron au Forum, &, du haut de la tour du Capitole, il avait écrit ſur cette ville célèbre des réflexions que lui avait inſpirées ſa grandeur paſſée (1). Auſſi, à ſon retour, il aimait à s'entretenir avec nous, qui, avant lui, avions habité cette terre ſi fertile en ſouvenirs.

D'Aigueperſe a écrit une relation très-détaillée de ſes voyages, car il ne s'eſt pas contenté de voir Rome une ſeule fois.

Tant d'études devaient néceſſairement fixer l'attention de l'Académie. En 1855, il fut admis à en faire partie. Reçu membre titulaire, il devint bientôt officier de ce corps ſavant, poſte qu'il a rempli avec diſtinction juſqu'à la fin.

D'autres Sociétés ſavantes s'étaient déjà fait honneur de l'admettre dans leur ſein. Pendant pluſieurs années il préſida la Société littéraire de Lyon, où il a laiſſé des ſouvenirs auſſi précieux que durables.

D'Aigueperſe a joui pendant ſa vie de l'eſtime & de l'affection

---

(1) Pluſieurs parties de ce travail ont été lues par lui dans la ſéance de la Société littéraire de Lyon.

générale. Confciencieux & zélé dans l'exercice des fonctions qu'il a remplies de la manière la plus honorable, il laiffe une mémoire vénérée. Savant & modefte à la fois, jamais il s'enorgueilliit des confeils que plus d'un archéologue vint demander à fon expérience.

La fin de notre confrère a été & devait être toute chrétienne. La religion que durant fa vie il avait prife pour bafe de fa morale, l'a foutenu dans fes derniers moments. Il y a trouvé la patience, la réfignation fi néceffaires pour traverfer ce redoutable paffage. Il s'eft éteint dans les bras de fa famille, laiffant à fes enfants l'exemple d'une vie fans reproche.

Adieu! cher & refpectable ami. Vous emportez avec vous l'eftime & l'affection de vos collègues. L'Académie & la Société littéraire de Lyon fe rappelleront toujours avec orgueil votre participation à leurs travaux. Bon fils, bon époux, excellent père, votre exiftence s'eft écoulée doucement dans l'étude & la pratique de toutes les vertus, & une belle mort a dignement couronné une fi belle vie.

Adieu!...

VISITE A GERGOVIA.

UNE

VISITE A GERGOVIA

15 JUILLET 1840.

———

Urbs antiqua fuit.
VIRGIL., *AEneid.*, lib. I.
Hodieque manent vestigia.
HORAT., *Epist.*, lib. II, 1.

E tous les historiens que nous a légués l'antiquité & dont les œuvres ont échappé aux ravages du temps, Jules-César est, sans contredit, celui qui nous fait le mieux connaître l'histoire & les mœurs des vieux Gaulois, nos pères ; je dis, nos pères, car c'est bien leur sang qui coule dans nos veines. Les Romains & les Francs, qui les subjuguèrent successivement, étaient

en trop petit nombre pour que leur mélange altérât d'une manière sensible le type primitif.

Quoi qu'il en soit, cet homme qui, au dire de Pline (1), fut le plus extraordinaire que la nature ait jamais produit, qui fut tout à la fois un grand écrivain, un grand orateur & un grand guerrier, avait appris à bien connaître les Gaulois pendant neuf années qu'il passa au milieu d'eux, occupé à les soumettre encore plus à l'aide de sa politique que par la force de ses armes. Dans ses Mémoires, il nous les peint avec cette énergique précision, cette justesse de coup d'œil qui n'appartiennent qu'aux hommes de génie. Mais ce qu'il y a de plus étonnant, c'est que le portrait tracé il y a 1,900 ans est encore ressemblant aujourd'hui : c'est toujours la même bravoure, la même légèreté, la même inconstance, le même goût pour la nouveauté, la même ardeur pour les entreprises hasardeuses, & la même disposition à se décourager promptement. César remarque chez ce peuple à demi-barbare une rare aptitude à imiter toutes les inventions des nations civilisées (2) ; on reconnaît là le germe de ce goût pour les arts, porté si loin chez ses descendants. Enfin, nos discordes civiles & religieuses viennent ajouter un trait de plus à la justesse du parallèle : « Dans chaque « nation de la Gaule (3), dit César, dans chaque canton, « dans chaque bourgade & presque dans chaque mai- « son, il y a des partis opposés. » L'histoire de notre

---

(1) *Hist. natur.*, lib. VII, 25.
(2) *De Bello Gall..*, lib. VII, 22.
(3) Lib. VI, 11.

pays, mais furtout celle des cinquante dernières années, prouve que, fous ce rapport, nous n'avons point dégénéré de nos ancêtres. Remarquons, en paffant, que ce fut à l'aide de ces divifions que Céfar parvint à les fubjuguer : unis, ils euffent été invincibles.

En lifant les Commentaires, on éprouve un vif défir de voir les lieux qui furent le théâtre de ces mémorables événements : Céfar les décrit toujours avec une exactitude telle, qu'aujourd'hui il eft encore facile de les reconnaître au premier coup d'œil. Le paffage du Fort l'Eclufe & la pofition de Befançon font encore frappants de vérité. Que de fois j'ai défiré vifiter Alife & Gergovia, &, mon Céfar à la main, relire le récit de ces grandes batailles fur le lieu même où elles avaient été livrées dixneuf fiècles auparavant! Quel bonheur pour moi de fouler ce fol qu'avaient foulé ce grand homme & fes invincibles légions, & qui avait été arrofé du fang des malheureux Gaulois, dont le courage mal dirigé n'avait pu lutter contre la difcipline & l'expérience des Romains !

Un devoir de famille m'ayant conduit à Clermont, je ne voulus pas perdre l'occafion de voir l'emplacement d'une ville devant laquelle avait pâli la fortune de Céfar, & où, commandant en perfonne, il reçut le feul échec qui ait interrompu neuf années de victoires.

La montagne de Gergovia (car elle a confervé fon nom, & il n'eft pas un payfan qui ne l'appelle ainfi) (1) eft fituée à deux lieues environ au midi de Clermont. Ses

---

(1) Ils prononcent Gergoie.

abords font fort efcarpés furtout au nord & au couchant, mais nulle part ils ne font abfolument inacceffibles. Je l'ai gravie par les ravins au deffus de Bonneval, c'eft-à-dire par l'angle nord-eft. Parvenu au fommet, le voyageur découvre une vafte plaine cultivée. Il a d'abord quelque peine à croire qu'une ville ait jadis occupé cet emplacement, fur lequel il n'aperçoit aucune ruine, fi ce n'eft un refte de conftruction où l'on a cru reconnaître une ancienne porte; mais, en examinant le fol plus attentivement, il voit partout des débris de terre cuite, indices certains d'anciennes habitations : ces débris font le plus fouvent des fragments de vafes (1). Les payfans qu'il interroge lui apprennent qu'en travaillant la terre on y trouve fréquemment des médailles. D'ailleurs, l'abfence de ruines ne prouverait abfolument rien contre l'exiftence d'une ancienne ville gauloife. On fait que les maifons de ces peuples n'étaient que de miférables cabanes; &, quant aux monuments publics, ils ne nous en ont laiffé d'autres que ceux nommés Druidiques, qui ne confiftent que dans un arrangement bizarre de groffes pierres brutes. Si l'on ne trouve à la furface du fol que peu ou point de ruines, en revanche on y rencontre d'énormes & nombreux tas de pierres que les payfans ont raffem-

---

(1) Le favant abbé Lebeuf, qui vifita les lieux en 1753, les trouva conformes à la defcription de Céfar. Il remarqua furtout ce grand nombre de fragments d'une terre cuite rougeâtre appelée *terra campana*, avec laquelle les Romains fabriquaient des vafes à leur ufage. Il a de plus prouvé par un titre authentique de 1170 que, contrairement à l'opinion de Lancelot, il exiftait au moyen-âge un lieu près de Clermont, portant le nom de *Gergoie* ou *Gergoia* (*Mémoires de l'Académie des infcriptions*, t. XXV, pp. 139-140).

blées pour en dégager le terrain qu'ils voulaient cultiver. Ces pierres ont-elles existé de tout temps sur le plateau, ou en ont-elles été extraites par la main des hommes ? La solution de cette question est d'une grande importance pour la difficulté qui nous occupe. La montagne de Gergovia est une immense masse volcanique ; lorsque la lave qui la compose s'est refroidie, elle a dû former un tout compacte. Quelle cause naturelle a pu en arracher ces pierres ? Si l'on veut prétendre qu'elles l'ont été par l'action des eaux du *Diluvium*, il faudrait admettre aussi que la même cause qui les a détachées a dû les entraîner au loin. Tout porte donc à penser qu'elles ont été extraites par la main des hommes, & qu'elles proviennent d'anciennes constructions dont on ne peut s'empêcher de reconnaître l'existence à une époque très-reculée.

Mais, s'il restait quelques doutes à cet égard, ils seraient levés par les fouilles que fit exécuter, en 1755, la Société littéraire de Clermont. On découvrit dans la partie orientale du plateau plusieurs substructions assez considérables, composées de pierres brutes de même nature que celles dont le sol est parsemé, des débris d'armes & d'ustensiles, de marbre & d'albâtre, des fragments de terre cuite portant le nom du fabricant : ce nom (LETI CRITO) paraît gaulois. On découvrit également un puits creusé dans le roc, que l'on déblaya, & dont la source se trouva tellement abondante que l'on fit de vains efforts pour la tarir (1).

---

(1) Pasumot, *Mémoires géographiques sur quelques antiquités de la Gaule;*

Autour de ce vaste plateau régnait une espèce de retranchement (*agger*) composé de pierres & de terre mêlées & confondues ensemble sans aucune régularité. Ce retranchement, assez bien conservé dans quelques parties, a disparu dans d'autres ; & cette disparition s'explique assez naturellement par les travaux de l'agriculture. On remarque aussi deux chemins pavés irrégulièrement en grosses pierres de lave, & traversant le plateau dans sa largeur du nord au sud. Il est assez difficile de se rendre compte de leur destination, à moins de supposer que c'étaient les rues de l'ancienne ville. Cette supposition est d'autant plus probable, que l'un de ces chemins correspond avec la porte ruinée dont nous avons parlé.

On donne à ce plateau environ 1,600 mètres de longueur sur une largeur moyenne de 600 (1), ce qui produirait 960,000 mètres carrés. A ce compte, il est évident que plus de 150,000 hommes devaient y camper fort à l'aise. Si l'on y ajoute les camps supplémentaires qu'il était facile d'établir en dehors & tout autour du plateau, ainsi que le fit Vercingétorix sur les côtés est & sud les plus accessibles, on voit que cette montagne formait par sa configuration un immense camp retranché pouvant recevoir une multitude infinie, & que la majeure partie de la nation des Arvernes devait, en cas d'invasion, y trouver un asile assuré. C'est là, probablement, qu'ils se

---

in-12, Paris, 1765. De tous les antiquaires qui se sont occupés de Gergovia, ce savant ingénieur est, selon moi, celui qui a le plus avancé la solution des nombreux problèmes que présente ce point de géographie comparée.

(1) Pasumot a trouvé au moins 800 toises sur 300.

retirèrent lorsque les Cimbres & les Teutons inondèrent la Gaule, quelques années avant de tomber sous les coups de Marius; c'est là que ces malheureux Gaulois, réduits aux dernières extrémités de la famine, mangèrent de la chair humaine plutôt que de se rendre aux barbares, ainsi que nous l'apprend le féroce Critognat, qui, un demi-siècle plus tard, en citant cet exemple, proposa de l'imiter au siége d'Alise (1).

On pourrait peut-être s'étonner de ce que Vercingétorix, ayant à sa disposition un si vaste plateau retranché, ait préféré faire camper ses troupes en dehors & sur les pentes de la montagne, à l'abri d'un autre retranchement élevé dans le milieu de la hauteur; mais son motif se comprend facilement : dans cette position inclinée, il était bien plus facile de repousser les attaques des Romains que si on les eût laissés arriver sur le plateau.

Le nom de Gergovia n'est pas la seule preuve de l'identité des lieux. Leur disposition s'accorde parfaitement avec la description que César en a faite : la ville, placée sur une montagne fort élevée, avait tous ses abords difficiles (*posita in altissimo monte, omnes aditus difficiles habebat*). Le sommet, que César n'a jamais connu que par le rapport de ses espions, formait un plateau presque tout uni (*dorsum ejus jugi prope æquum*). Jusqu'ici la ressemblance est parfaite ; nous verrons qu'elle l'est également pour le reste. Cette ville, César se sert pour la désigner non-seulement du mot *oppidum*, qui pourrait signifier simplement un lieu retranché, mais deux fois (2) il em-

---

(1) *De Bell. Gall.*, lib. vii, 77.
(2) Lib. vii, cap. 36, 47.

ploie celui d'*urbs*, qui ne peut laisser aucun doute sur sa grandeur & son importance. Il ne reste plus qu'à déterminer l'emplacement qu'elle occupait : or, ce point est fixé, soit par les fouilles de 1755, soit par les débris de poterie dont nous venons de parler, soit enfin par la colline isolée que nous retrouverons dans un instant, colline qui était située au pied de la montagne, vis-à-vis de la ville (*e regione oppidi*).

La montagne figure à peu près un parallélogramme fort allongé dont les deux grands côtés regardent le nord & le midi ; les côtés du nord & de l'orient font face à une vaste plaine légèrement ondulée ; mais le côté sud regarde une vallée assez large occupée par des prairies, & au fond de laquelle coule la petite rivière de l'Auzon. C'est de ce côté, l'un des plus accessibles, qu'eut lieu l'attaque ; c'est là qu'il faut chercher les principales positions dont parle César. Son grand camp, d'après ses propres expressions, devait être aperçu de la ville, mais en être assez éloigné pour qu'on ne pût pas distinguer parfaitement ce qui s'y passait. Pasumot le place au delà de l'Auzon, mais joignant cette rivière, ce qui est beaucoup trop près de Gergovia. M. Mérimée (1) le met sur le penchant de la colline du Crest, ce qui est contraire au texte de Dion Cassius (2), duquel il résulte clairement que ce camp était en plaine. Pour tout concilier, il paraît devoir être placé un peu plus à l'est, à l'entrée de la

---

(1) Sous le titre modeste de *Notes d'un voyage en Auvergne*, in-8, Paris, 1838, M. Mérimée a publié un ouvrage fort remarquable, rempli de détails curieux, qui ont surtout le mérite d'une grande exactitude.

(2) Lib. XL.

plaine située à l'orient de Gergovia, à peu de distance & au dessous du Puy-de-Monton, mais toujours au delà de l'Auzon par rapport à la ville. Le chemin couvert qui unissait le grand camp au petit pouvait traverser cette rivière peu considérable au moyen d'un de ces ponts de bois que les Romains faisaient en quelques heures, & un double parapet pouvait les garantir des flèches des Gaulois pendant la traversée.

Il est un point important sur lequel nous trouvons une conformité remarquable : c'est que, d'après les mesures prises par l'ingénieur Pasumot (1), la pente de la montagne de Gergovia dans cette partie, depuis sa base jusqu'au bord du plateau où devaient s'élever les murs de la ville, a bien effectivement les 1,200 pas que lui donne César, en les comptant en ligne droite & abstraction faite des nombreuses anfractuosités du terrain (*si nullus anfractus intercederet*).

Mais la position la plus essentielle à retrouver, celle qui peut nous faire reconnaître toutes les autres, c'est celle de cette colline, forte d'assiette, isolée de tous côtés, située au pied de la montagne, en face de la ville, & qui donnait à celui qui s'en rendait maître l'avantage de priver l'ennemi d'une grande partie de l'eau qui lui était nécessaire & de le gêner quand il allait au fourrage (2). Or, il est facile de reconnaître ce poste dans la colline de la Roche-Blanche, formant un tertre (*circumscriptus*), située

(1) Il trouve 900 toises, ce qui correspond, à peu de chose près, aux 1,200 pas romains, ou plus exactement à 1,185 pas.

(2) Lib. VII, c. 36. Les termes de César, *egregie munitus*, peuvent, je crois, s'entendre d'une fortification *naturelle*.

au pied de la montagne, & qui remplit parfaitement toutes les conditions exigées pour conftater l'identité. L'action des fiècles a un peu, il eft vrai, diminué fon efcarpement, furtout du côté qui l'unit à la montagne; mais, par fa pofition près des prairies & de la rivière qu'elle domine, elle conferve encore le caractère que Céfar lui attribue d'être éminemment propre au but qu'il fe propofait, celui de gêner fon ennemi. Il s'en empara de vive force, & y plaça deux légions; c'eft ce qu'il appelle le petit camp (*minora caftra*), qu'il fit communiquer avec le grand camp par un chemin couvert. On remarque fur cette colline une tour, connue dans le pays fous le nom de *Tour Julia*. Cette conftruction paraît moderne; mais, en rappelant le prénom de Céfar, elle attefte à quel point fon fouvenir s'eft confervé dans ce canton.

La pofition du petit camp une fois bien fixée peut nous fervir à déterminer non-feulement l'emplacement de la ville, mais encore le point par lequel elle fut attaquée.

Céfar, qui avait reconnu l'impoffibilité où il était de s'emparer d'une ville auffi forte, avait réfolu de fe retirer; mais, pour que fa retraite ne parût pas forcée, il ne voulait l'opérer qu'après avoir accompli quelque entreprife hardie. Quoiqu'il ne l'avoue pas, peut-être avait-il conçu l'efpoir d'enlever Gergovia par un coup de main. Il crut avoir trouvé une occafion favorable : étant allé un jour au petit camp vifiter les travaux, il s'aperçut qu'une colline qui, les jours précédents, était entièrement couverte par les troupes de l'ennemi, se trouvait alors déserte (1); il en demande la raison, & les transfuges lui rapportent unanimement ce qu'il savait déjà par ses espions : que le sommet de la montagne formait un plateau presque uni (2), mais que la partie par laquelle on arrivait à la ville du côté opposé était étroite & couverte de bois (*silvestre & angustum*); que Vercingétorix y avait porté toutes ses troupes pour fortifier un point aussi important, sentant bien que si les Romains s'emparaient de cette colline comme de la première, les Gaulois se trouveraient resserrés de deux côtés, de manière à ne pouvoir aller au fourrage, ni même sortir de la ville. César, pour augmenter encore les appréhensions de l'ennemi, dirige une fausse attaque sur le côté qui inspire de si vives craintes, &, pendant que les troupes chargées de cette diversion font beaucoup de bruit pour attirer l'attention des Gaulois, il fait filer en silence & par petits détachements ses légions du grand camp dans le petit, où il s'en trouvait déjà deux; il pousse même la précaution jusqu'à faire couvrir leurs enseignes & leurs casques. Après avoir laissé la treizième légion à la garde du petit camp, sous les ordres de Titus Sextius, il donne ses instructions aux commandants des troupes chargées de l'attaque. A son signal, les Romains s'élancent & parviennent bientôt sous les murs du camp gaulois, qu'ils escaladent. Il ne nous dit pas si la dixième

---

(1) Cette colline devait être une de celles occupées par les trois camps gaulois dont César s'empara; par conséquent elle devait être située un peu au dessus du *petit camp* romain & du même côté de la montagne, autrement il n'aurait pu l'apercevoir. — Lib. VII, 44.

(2) Voir la note, à la fin.

légion, dont il s'était réfervé le commandement, prit part à l'attaque ; ce qu'il y a de certain, c'eft qu'elle fe trouva bientôt à une certaine diftance en arrière des autres légions, & que ces dernières appuyèrent affez fortement à droite, puifque, au moment où Céfar, fatisfait d'avoir emporté les trois camps gaulois (*trinis caftris*), & ne voulant pas pouffer plus loin fes avantages, fit fonner la retraite, il n'y eut que la dixième légion, où il fe trouvait de fa perfonne, qui s'arrêta (1) ; les autres, féparées de leur général par une vallée affez large, n'entendirent pas le fon de la trompette (*non exaudito tubæ fono, quod fatis magna vallis intercedebat*). Cette vallée fe retrouve encore aujourd'hui ; c'eft celle qui exifte entre la Roche-Blanche & le village de Merdogne. J'ai dit que la colonne d'attaque appuya affez fortement à droite ; ce qui le prouve furtout, c'eft qu'au moment de la retraite précipitée des Romains, Céfar ordonna à Titus Sextius, refté à la garde du petit camp, d'en fortir pour menacer la droite de l'ennemi & protéger la retraite. Le petit camp, d'où le corps d'attaque était parti, fe trouvait donc dans ce moment placé à la gauche des Romains.

Il réfulte de tout ce qui précède, que l'attaque dut fe faire par le côté méridional de la montagne, près de l'angle fud-eft, & à peu près au deffus du point où eft aujourd'hui le village de Merdogne. Il paraît également démontré, par le récit de Céfar, que les Romains, en fe retirant, au lieu de rentrer dans le petit camp, ce qui

---

(1) Lib. VII, 47. Les meilleures éditions portent *qua tum erat comitatus*, au lieu de *qua cum erat concionatus*.

aurait eu le grave inconvénient de traverfer en défordre la vallée dont nous venons de parler, fuivirent un chemin tout différent ; ils durent prendre celui qui conduifait le plus directement au pied de la montagne, & paffer fur l'emplacement de Merdogne. Ce chemin exifte encore, & c'eft le plus commode pour gravir la hauteur ou en defcendre. Si Céfar ne s'en fervit pas pour faire monter les troupes chargées de l'attaque, c'eft que, voulant furprendre l'ennemi, il devait naturellement partir du point le plus rapproché du camp gaulois ; &, fous ce rapport, le petit camp de la Roche-Blanche lui épargnait au moins la moitié de la diftance.

Céfar, qui, dans ce moment, avait fix légions (1) fous fes ordres immédiats, ne nous fait point connaître le nombre de troupes qui prirent part à l'attaque. D'après Suétone (2), une feule légion aurait été défaite. Si fon récit eft exact, le corps qui parvint jufqu'aux portes de la ville, & qui fut repouffé avec une perte de fept cents hommes, ne fe compofait que d'une légion. Mais le texte de Suétone eft ici en contradiction formelle avec celui de Céfar, qui mérite plus de confiance, & le rapprochement de quelques paffages des Commentaires nous fournira un moyen plus fûr d'arriver à la connaiffance de la vérité. Sur les fix légions, Céfar en deftina une à la fauffe attaque ; une autre, la treizième, fut laiffée à la garde du petit camp. Selon les règles d'une prudence

---

(1) Lib. VII, 40. Il en avait laiffé quatre autres à fon lieutenant Labiénus, qui fe trouvait à Sens.
(2) In Cæfare, cap. 25 : *ad Gergoviam legione fufâ*.

dont il ne fe départait jamais, il dut également en laiffer une dans le grand camp ; il garda auprès de lui la dixième, comme corps de réferve. Reftaient donc deux légions difponibles pour l'attaque du camp gaulois. D'un autre côté, fon récit prouve qu'il y eut en effet plus d'une légion employée à cette entreprife : il parle des inftructions par lui données, au moment de l'attaque, à fes lieutenants qu'il avait mis à la tête de chaque légion (*legatis quos fingulis legionibus præfecerat*). Plus loin, fon texte eft encore plus explicite : lorfqu'il fait fonner la retraite, la dixième légion eft la feule qui l'entende & qui s'arrête ; les foldats des autres légions (*reliquarum legionum milites*) continuent de pourfuivre l'ennemi jufque fous les murs de la ville. Ce corps fe compofait donc de plufieurs légions ; mais nous venons de voir que leur nombre ne pouvait pas excéder celui de deux.

Quant au corps des Eduens, qui formait l'extrême droite des Romains, il dut néceffairement monter par le côté oriental (*ab dextra parte, alio afcenfu*, dit Céfar) : c'eft ce qui explique comment leur fubite apparition jeta le défordre dans les rangs des Romains, auxquels ils étaient reftés cachés par la difpofition du terrain, pendant que les uns & les autres graviffaient la montagne par différents côtés.

L'infpection des lieux concourt donc avec le réfultat des fouilles faites en 1755, pour établir que la ville de Gergovia a occupé la partie orientale du plateau ; on a remarqué que les Gaulois bâtiffaient de préférence leurs villes aux expofitions du levant & du midi.

La partie boifée de la montagne fur laquelle Céfar

dirigea une fausse attaque n'a pu exister que sur les côtés du nord ou du couchant, opposés à ceux par lesquels l'attaque véritable eut lieu. Caylus & Pasumot ont cru la trouver sur le côté du couchant; mais comme il résulte des termes de César que cette partie formait un des abords de la ville, que, d'un autre côté, il est prouvé que cette ville existait sur l'extrémité orientale du plateau, comment croire que, pour y arriver, on aurait traversé ce plateau dans toute sa longueur de l'ouest à l'est, tandis qu'en abordant par le côté nord, on atteignait les murs de la ville presque en même temps que le sommet de la montagne? Les abords par le couchant n'auraient obtenu la préférence sur ceux du nord, qu'autant qu'ils auraient été plus accessibles : or, c'est ce qui n'est pas, ce côté étant pour le moins aussi abrupte que celui du nord, s'il ne l'est pas plus. Toutes les probabilités se réunissent donc pour faire retrouver cette colline dans celle située au dessus du village de Prat, & cette opinion paraît avoir prévalu: cette hauteur est aujourd'hui couverte de vignes, ce qui prouve que son sol a pu nourrir autrefois des arbres; on en voit même, dans l'espace qui la sépare du sommet de la montagne, un nombre assez grand pour faire supposer qu'à une époque reculée tout ce terrain en a été couvert. J'ai reconnu près de là, & dans un temps de sécheresse, une pièce d'eau alimentée par des sources qui paraissaient assez nombreuses, sur le versant nord de la montagne. On sait combien leur préfence favorise le développement des grands arbres: la belle vallée de Royat, située à peu de distance de Clermont, en fournit un exemple frappant. Ces sources devaient être d'un grand secours pour les assiégés, & c'était pour eux une raison de plus d'empêcher à tout prix les Romains d'occuper cette partie de la montagne.

Si, comme tout le fait présumer, la colline boisée est celle de Prat, le corps de troupes chargé d'y faire une fausse attaque dut traverser la plaine située à l'orient & à la vue de Gergovia, mais à une assez grande distance de la ville, & en décrivant une ligne courbe pour se rabattre sur le côté nord. M. Mérimée pense que la vallée de l'Auzon a dû être le théâtre des nombreux combats de cavalerie livrés, les premiers jours, entre les deux armées. On pourrait peut-être trouver que cette vallée manque de largeur pour des évolutions de cavalerie; mais, en admettant la conjecture du savant antiquaire, il faut effectivement la restreindre aux premiers jours de l'arrivée de César devant Gergovia. Du moment où ce dernier fut maître du poste de la Roche-Blanche, une pareille supposition devient tout à fait une impossibilité. Comment, en effet, la cavalerie gauloise aurait-elle osé s'aventurer dans le fond d'une vallée dominée à droite & à gauche par les deux camps romains, & barrée dans toute sa largeur par le chemin couvert qui formait un retranchement infranchissable ? C'est donc ailleurs qu'il faut chercher l'emplacement où furent livrés les deux combats de cavalerie après lesquels le général romain opéra sa retraite, & où il présenta la bataille à Vercingétorix, qui refusa de descendre en plaine (*in æquum locum*). César, qui désirait attirer les Gaulois à une affaire générale, devait, pour les y engager, leur offrir un champ de bataille où les avantages fussent au moins égaux de part & d'autre. La plaine située à l'orient de Gergovia, également rapprochée de cette ville & du camp romain, paraît réunir toutes les probabilités en sa faveur. Les pentes de la montagne, assez adoucies de ce côté, donnaient à la cavalerie gauloise des facilités pour descendre & remonter; &, lors même que le lac de Sarliève (1) eût existé alors, ce qui est fort incertain, il serait encore resté assez d'espace pour des combats de cavalerie, & même pour une affaire générale.

Ainsi, l'on voit que toutes les manœuvres des Romains & des Gaulois s'expliquent parfaitement sur le terrain que nous avons sous les yeux.

Si maintenant l'on demandait comment il se fait que, depuis César, l'histoire ne fasse plus aucune mention de cette ville, & comment elle a pu cesser d'exister, sans que rien nous apprenne à quel événement il faut attribuer sa destruction, la réponse serait facile : depuis que la domination romaine dans les Gaules avait fait succéder un état de paix continuel à un état de guerre presque permanent, les habitants de Gergovia durent abandonner ses hauteurs escarpées, pour venir habiter *Augustonemetum* (Clermont), dont la position & surtout les abords étaient bien préférables. La vieille ville gauloise se trouva donc déserte en peu de temps.

Plusieurs heures s'étaient écoulées depuis que je par-

---

(1) Ce lac, ou plutôt cet étang, desséché depuis plus de deux siècles, a existé dans la plaine à l'est de Gergovia. Comme César n'en fait aucune mention, son silence a fourni à Lancelot un argument contre l'identité des lieux, argument qui a été aisément réfuté (*Mémoires de l'Académie des inscriptions*, tome VI, pages 365 & suivantes).

courais cette montagne célèbre avec toute l'ardeur qu'on met à goûter un plaifir longtemps défiré. Le foleil avait difparu derrière la chaîne du Puy-de-Dôme; affis fur un gros quartier de roche bafaltique, vieux débris des murs de Gergovia, qui avait fans doute été témoin du grand événement dont j'étais préoccupé, je continuais d'obferver ces lieux dont je ne pouvais détacher mes regards; mon imagination, exaltée par tant de fouvenirs, voulut reconftruire le théâtre du combat & relever les murs de la ville gauloife. Ces murs étaient compofés d'énormes madriers pofés horizontalement à deux pieds de diftance l'un au deffus de l'autre (1); les intervalles étaient remplis avec de gros blocs de pierres; le fommet des remparts était dépourvu de défenfeurs. Sur les pentes de la montagne, je vis gravir en filence une troupe nombreufe de guerriers: parmi eux on diftinguait les centurions Fabius & Pétréius, qui paraiffaient les exciter; parvenus au milieu de la hauteur, ils efcaladent facilement un mur de fix pieds de haut, qui forme le retranchement du camp gaulois. Cette attaque eft tellement rapide & imprévue, qu'un petit nombre d'hommes reftés dans le camp font furpris; le roi *Teutomatus* n'échappe qu'à peine & à demi-nu. En quelques minutes les Romains arrivent au pied des murs de la ville, & cherchent à en forcer les portes; fur ces murs apparaiffent en foule des femmes aux formes athlétiques (2): leurs longs cheveux blonds font épars, & leur poitrine nue; elles pouffent de grands cris, & implorent

(1) Lib. VII, 23.
(2) Ammien-Marcellin, lib. XV, 12. Voir le portrait qu'il fait des femmes gauloifes.

la pitié des Romains; l'exemple fanglant d'*Avaricum* (1)
& des quarante mille victimes de tout âge & de tout fexe,
égorgées par eux, eft encore tout récent; elles leur jettent
tout ce qu'elles ont de précieux, pour affouvir leur
avidité; quelques-unes même fe font defcendre, & fe
livrent entre leurs mains. Fabius fe fait foulever par fes
foldats, & parvient avec trois des fiens au fommet des
remparts: fi toutes les légions l'euffent fuivi, c'en était
fait de Gergovia.

Mais tout à coup la fcène change: un long cri, un
cri terrible fe fait entendre; ce font les Gaulois qui accourent
en foule au fecours de leur ville envahie: à leur tête
on aperçoit leur général, remarquable par une haute ftature
& une armure brillante (2); il les excite & les dirige:
c'eft Vercingétorix, à qui Céfar doit bientôt faire payer
chèrement un avantage momentané. Les femmes, naguère
fuppliantes, excitent leurs compatriotes au combat;
Fabius & les fiens font percés de coups, & leurs corps
jetés du haut des remparts. Les Gaulois, après avoir traverfé
rapidement le plateau, en longeant les murs de la
ville (3), fe précipitent fur les Romains, qu'ils entourent

---

(1) Bourges.

(2) *Ille corpore, armis, fpirituque terribilis, nomine etiam ad terrorem compofito, Vercingetorix* (Florus, lib. III, cap. 10). Florus, à la fin du même chapitre, fait mention de Gergovia & des combats livrés fous fes murs; mais il fuffit de lire ce paffage pour fe convaincre qu'il ne peut s'appliquer qu'au fiége d'Alife, qui eut lieu quelques mois plus tard. Ce qu'il y a de fingulier, c'eft qu'aucun des commentateurs dont on a recueilli les notes dans l'édition *Variorum* de 1702 n'a remarqué cette étrange confufion. Ce n'eft pas la feule qu'on trouve dans cet auteur; celle-ci n'a point échappé à Madame Dacier dans l'édition *ad ufum Delphini*.

(3) Je fuppofe que les Gaulois, en accourant au fecours de leur ville,

de tous côtés. Pétréius, dont l'ardeur imprudente a entraîné ſes ſoldats dans le péril, veut expier ſa faute par une mort glorieuſe & ſauver ceux qu'il a compromis : il ſe jette dans les rangs ennemis, &, en ſe ſacrifiant, ouvre un paſſage à ſes compagnons ; ceux-ci, placés ſur une pente rapide, reculent, mais en conſervant toujours leurs rangs. Tout à coup ils aperçoivent ſur leur droite un nouveau corps de troupes, qu'à leur armure ils reconnaiſſent pour des Gaulois : ce ſont les Eduens, les ſeuls alliés que Céſar ait encore conſervés, & qui doivent bientôt l'abandonner. Les Romains les prennent pour des ennemis, & ſe croient perdus ; le déſordre ſe met dans leurs rangs, ce n'eſt plus qu'une déroute : quarante-ſix intrépides centurions ſe font tuer, ſans pouvoir arrêter le torrent. Mais deux légions, la dixième & la treizième, apparaiſſent à leur gauche & viennent à leur ſecours. A la tête de la dixième, on remarque un guerrier que ſa cotte d'armes, d'une pourpre éclatante (1), diſtingue de tous les autres : c'eſt Céſar lui-même !

J'en étais là de mon rêve, lorſque mon guide vint m'avertir qu'il était temps de ſe retirer ; je le ſuivis machinalement, en ſongeant toujours à Céſar, à Vercingétorix & aux centurions Fabius & Pétréius. En rentrant à Clermont je m'aperçus que j'étais dans une ville françaiſe, & que nous courions l'an de grâce 1840.

n'ont pas dû la traverſer : il eût fallu trop de temps pour ouvrir les portes d'entrée & de ſortie ; il y avait, de plus, quelque danger à ouvrir celle que les Romains voulaient forcer. D'ailleurs, les Gaulois ne ſe feraient pas engagés avec de la cavalerie (*præmiſſis equitibus*) dans les rues étroites de la ville.

(1) *De Bell. Gall.* lib. VII, 88.

NOTE ADDITIONNELLE.

M. Ad. Michel, à qui nous devons un réfumé excellent de tout ce qui a été écrit fur Gergovia, réfumé inféré dans les *Tablettes hiftoriques de l'Auvergne*, année 1843, & qui doit être lu par tous ceux qui s'occupent de ce point d'antiquité, a, je crois, commis une erreur (pages 344-45) en confondant la colline d'abord couverte par les Gaulois, puis abandonnée par eux, avec la colline *étroite & boifée* que ces derniers vouIaient fortifier, *& qui donnait accès à la ville vers la partie oppofée à celle que les Romains avaient en face*. Ces deux pofitions font non-seulement bien diftinctes, mais de plus elles doivent être fituées fur deux côtés *différents* de la montagne. Il fuffit, pour s'en convaincre, de bien faifir le fens d'une phrafe des *Commentaires;* or, cette phrafe doit, fi je ne me trompe, être traduite ainfi :

« Tous les transfuges rapportaient unanimement à Céfar ce qu'il favait
« déjà par fes efpions, *que le fommet de la montagne formait un plateau pref-*
« *que uni (dorfum ejus jugi prope æquum)*; mais que la partie par où l'on
« arrivait à la ville du côté oppofé était étroite & couverte de bois; que
« les Gaulois avaient les craintes les plus vives pour cette pofition, fentant
« bien que fi, après avoir vu les Romains s'emparer d'une colline, ils per-
« daient encore l'autre, ils fe trouveraient prefque inveftis de manière à ne
« pouvoir ni fortir, ni aller au fourrage; que, pour fortifier ce point, Ver-
« cingétorix y avait porté toutes fes troupes. »

Toute la difficulté repofe fur l'interprétation du mot *jugum*, qui n'a jamais fignifié une *colline*, comme le traduit M. Ad. Michel, mais qui fignifie ici la *montagne* même de Gergovia. Forcellini l'explique ainfi : *cacumen, vertex &* UNIVERSIM IPSE MONS. Veut-on encore une autre autorité plus impofante ? Céfar, qui parlait fi purement fa langue, & qui emploie toujours le mot propre, Céfar lui-même va nous la fournir. Quelques chapitres auparavant, en parlant de cette même montagne & de ces collines toutes couvertes par les troupes gauloifes, il fe fert de ces termes remarquables : *Omnibus ejus jugi collibus occupatis*. Ainfi, bien loin de confondre ces deux mots, il les oppofe l'un à l'autre. Le premier (*jugum*), c'eft le *tout*, c'eft le corps entier de la montagne; le fecond (*collis*) n'eft qu'une partie de ce *tout*.

D'après ce qui précède, la colline que Céfar fut étonné de voir dégarnie devait être fituée fur le flanc méridional de la montagne, c'eft-à-dire du même côté que le *petit camp*, puifque Céfar l'apercevait de ce dernier point.

Quant à l'autre, par où l'on arrivait à la ville du côté oppofé, & que les Gaulois s'empreffaient de fortifier, elle ne peut fe trouver que fur le revers de la montagne par rapport au *petit camp;* & c'eft ce qui explique les craintes fi vives des Gaulois d'être inveftis prefque de toutes parts. S'il ne s'était agi que d'une colline qu'on pouvait apercevoir du petit camp, & par conféquent fituée du même côté, auraient-ils pu avoir une pareille appréhenfion? les abords du nord, de l'orient & du couchant ne reftaient-ils pas toujours libres? tandis que, en plaçant cette colline au nord, les Gaulois fe trouvaient ferrés de deux côtés, & et furtout privés de l'ufage des fources.

Cette explication, qui paraît naturelle & conforme au texte des *Commentaires*, fait tomber une objeétion que M. Bouillet a fait contre le fyftème de Pafumot, favoir : *que de la Roche-Blanche on ne pouvait pas apercevoir la pofition qui donnait accès à la ville du côté oppofé*. Outre que cette condition ferait contraire aux termes de Céfar, elle a de plus le défaut d'être impoffible à remplir. Comment Céfar aurait-il pu, de fon petit camp, apercevoir une colline dont il devait être féparé par toute l'épaiffeur de la montagne?

Peu fatisfait du fyftème de Pafumot, M. Bouillet (*Tablettes hiftoriques de l'Auvergne*, tome VI.) a fait revivre en partie celui de Gabriel Syméoni, abandonné par prefque tous les antiquaires modernes. Il met le *grand camp* romain à *Gondole*, au delà du lac de Sarliève, à cinq ou fix kilomètres de Gergovia & dans un vafte emplacement préfentant l'afpeét d'un camp retranché, auquel la tradition a confervé le nom de *Camp de Céfar*. Quant au *petit camp*, M. Bouillet le place fur la colline qui domine *Bonneval*, à l'angle nord-eft de la montagne de Gergovia, colline dont l'occupation donnait aux Romains la faculté d'*empêcher les Gaulois d'aller au fourrage dans la plaine, & à l'eau dans le lac de Sarliève, où même aux fources qui fourdent abondamment fur le flanc nord de la montagne*. Remarquons en paffant que, dans le fyftème contraire, toutes ces circonftances s'appliquent également à la colline de *Prat*, fituée du même côté.

Malgré toute l'autorité qui s'attache naturellement au nom de l'auteur, antiquaire diftingué, & de plus, connaiffant parfaitement les localités, il m'eft impoffible d'admettre fon hypothèfe. M. Ad. Michel a déjà fait remarquer combien la tradition a prodigué ces dénominations de *Camp de Céfar*, *Pont de Céfar*, &c. ; on en trouve dans toute la France. J'ajouterai quelques confidérations :

Il n'eft guère probable que Céfar ait affis fon camp à une auffi grande diftance d'une ville qu'il voulait bloquer ; mais il y a quelque chofe de plus fort, & je demanderai comment il ferait poffible que, dans le peu de jours qui s'écoulèrent entre l'établiffement du *petit camp* au pied de Gergovia & l'abfence qu'il fut forcé de faire pour réprimer la défeétion des Eduens, il eût fait creufer les deux tranchées parallèles de douze pieds romains chacune, pour unir les deux camps, & cela fur une longueur de *cinq kilomètres*. Notez bien que, fi le lac de Sarliève exiftait alors, ce qui eft poffible, le chemin couvert devait, dans ce cas, décrire une courbe qui allongeait encore la distance. Etait-il, d'ailleurs, bien conforme aux règles de l'art de la guerre d'avoir deux camps auffi éloignés l'un de l'autre en face d'un ennemi fupérieur en nombre? Je demanderai enfin fi Céfar eût fait preuve de jugement en attaquant la montagne par le nord, c'eft-à-dire par l'un des côtés les plus abruptes, tandis que ceux de l'eft & du fud lui offraient bien plus de facilités.

Si les Romains ont attaqué par le nord, les Eduens, que Céfar place à leur droite, & qu'il fait monter par un autre chemin (*ab dextra parte, alio afcenfu*), ont dû attaquer par le couchant, c'eft-à-dire par un côté auffi efcarpé que celui du nord; cependant M. Bouillet (page 41) fait paffer les Eduens *du côté du fud* : comment concilier cela avec le texte fi formel de Céfar?

En lifant le travail de M. Bouillet, on eft porté à penfer qu'il n'a rompu d'une manière auffi tranchée avec le fyftème de Pafumot que parce qu'il a pu y trouver une difficulté infurmontable. Cette difficulté, comme nous l'avons vu, ne provient que d'une fauffe interprétation d'un paffage des *Commentaires* dont je crois avoir rétabli le véritable fens. M. Bouillet l'entend comme M. Ad. Michel, & je m'empreffe de le reconnaître, ces meffieurs ont pour eux les traducteurs de la collection Pankoucke & de celle de M. D. Nifard. Je remarquerai que, lorfqu'il s'agit de détails topographiques, prefque toujours difficiles à rendre, les traducteurs, n'ayant pas les localités fous les yeux, ne fentent pas les conféquences d'un mot mis à la place d'un autre. Au refte, quels que foient le nombre & le mérite des traducteurs, fuffent-ils tous d'accord fur ce point, leur autorité ne pourrait jamais prévaloir contre celle de Céfar lui-même, qui femble avoir pris foin de nous faire connaître ce qu'il entend par deux mots fort diftincts qu'on affecte de confondre.

RECHERCHES

SUR

L'EMPLACEMENT DE LUNNA

ET SUR

DEUX VOIES ROMAINES

traverſant la partie nord du département du Rhône.

(*Travail paru en 1844.*)

> Un chemin traverſait cette plaine fertile ;
> Où l'on voit ces fillons, s'élevait une ville.
> Mais quel était fon nom ! L'antiquaire indécis
> Le trouverait peut-être en fouillant fes débris.
> ANONYME.

'ÉTUDE & la connaiſſance de la géographie ancienne, que l'on eſt convenu d'appeler *géographie comparée*, ne ſont parvenues au point où nous les voyons aujourd'hui qu'après de longs & pénibles efforts.

Si, dans l'explication des écrits des anciens, les ſavants du XVIe & du XVIIe ſiècle déployèrent une érudition qui n'a point encore été surpassée, on est forcé de reconnaître, d'un autre côté, qu'il leur manqua un certain esprit de critique, surtout dans les questions de géographie ancienne. Privés, d'ailleurs, de bonnes cartes, ils étaient presque toujours réduits à leurs simples conjectures qui les ont souvent trompés. Sans tenir compte ni des distances, ni de la position des lieux, une ressemblance même éloignée entre le nom ancien & le nom moderne leur suffisait pour décider, par exemple, que *Genabum* se retrouvait dans Gien, *Bibracte* dans Beuvray ou dans Beaune, & *Noviodunum* dans Noyon. Nicolas Sanson, géographe du roi, sous Louis XIII & Louis XIV, avait établi une règle dont il ne se départait jamais : c'est que les capitales des différentes nations gauloises étaient toujours & invariablement les mêmes que les capitales des provinces françaises correspondantes. D'après ce système, *Gergovia* n'était autre chose que Clermont-Ferrand; *Bratuspantium*, Beauvais, & *Uxellodunum*, Cahors. Cette opinion peut paraître singulière, mais la raison qu'il en donne (1) l'est encore plus; selon lui, *c'est faire tort à la réputation de César que de lui faire prendre de misérables bicoques*. On voit qu'il compte pour rien les changements que peuvent produire quinze à dix-huit siècles. Il eût été facile de lui répondre que Babylone & Memphis, ces superbes capitales du monde ancien, sont aujourd'hui moins que des *bicoques*, puisqu'il n'en reste guère que la place qu'elles ont occupée; & cependant cette circons-

---

(1) Dans son *Avis au lecteur*, à la suite des *Commentaires de César* traduits par d'Ablancourt, in-4, 1658.

tance n'a jamais *fait tort* ni *à la réputation* de Cyrus qui a pris l'une, ni à celle des Pharaons qui ont habité l'autre.

D'Anville est le premier qui ait porté dans l'étude de cette science l'exactitude & la précision auxquelles on est redevable des progrès qu'elle a faits. La géographie moderne lui dut beaucoup, la géographie ancienne lui dut encore davantage; de conjecturale qu'elle était, il en fit presque une science exacte où tout était assujetti à des calculs rigoureux. En suivant la voie qu'il avait ouverte, les géographes modernes n'ont laissé à leurs successeurs que fort peu de chose à faire.

Dans le petit nombre de points indécis, il en est un qui appartient au département du Rhône.

Une ville gallo-romaine d'une certaine importance a existé dans notre Beaujolais; mais quel fut son emplacement? Pendant près de trois siècles, cette question, dont la solution eût été si facile si on l'eût examinée sur le terrain, a été un sujet de controverse pour les savants qui faisaient de la *géographie comparée* dans leur cabinet. Habitant le pays, notre position nous a fourni des lumières & des éléments de conviction qui leur ont manqué. Nous en avons profité pour rétablir ce que nous croyons la vérité.

PREMIERE PARTIE

On fait qu'Agrippa avait fait de Lyon un centre d'où rayonnaient les grandes & belles voies romaines qui traverfaient la Gaule (1). Une des plus importantes était celle qui fuivant, à peu de chofe près, la route actuelle de Lyon à Paris par la Bourgogne, la quittait à Auxerre & fe dirigeait, par Troyes, Châlons-fur-Marne, Reims, & Amiens, fur *Gefforiacum* (Boulogne-fur-Mer). Nous n'avons à nous occuper que de la partie comprife entre Lyon & Mâcon.

L'Itinéraire d'Antonin (2) fixe ainfi les ftations à partir de *Lugdunum* :

ASSA PAVLINI	M. P.	XV.	LEVG. X.
LVNNA	M. P.	XV.	LEVG. X.
MATISCONE	M. P.	XV.	LEVG. X.

La carte de Peutinger (3) fupprime entièrement la ftation d'*Affa Paulini*; elle compte 16 lieues gauloifes de

---

(1) *Lugdunum in medio inftar arcis fitum eft... Eapropter Agrippa hoc ex loco partitus eft vias.* Strabon, lib. IV, *in fine*.

(2) *Antonini Augufti Itinerarium, curante Petro Weffelingio*; in-4, Amfterdam, 1735.

(3) Cette carte, la feule que les anciens nous aient laiffée, doit fon nom à Conrad Peutinger, d'Augsbourg, fon plus ancien poffeffeur connu, & qui

Lugdunum à *Lunna* (1), & 14 de *Lunna* à *Matisco*. Ainsi elle diffère considérablement avec l'Itinéraire sur les distances qui séparaient les stations intermédiaires entre *Lugdunum* & *Matisco*, & cependant, chose remarquable, elle s'accorde avec lui sur la distance totale entre ces deux villes, distance qui est de 45 milles romains, soit 30 lieues gauloises. Au milieu de ce conflit, il faut chercher à déterminer la position de *Lunna* ; ce sera l'objet de notre travail.

Cette question de géographie offre cette particularité que jamais, peut-être, il n'en exista sur laquelle on ait entassé autant d'erreurs. Les uns, & c'est le plus grand nombre, ne se sont attachés, dans cette recherche, qu'à de prétendues analogies de noms : c'est ainsi qu'ils ont cru retrouver *Lunna* dans Lurcy sur la rive gauche de la Saône, dans Lugny au delà de Mâcon, voire même dans Beaujeu, nous ne savons par quel motif (2). Ces diverses opinions n'ont pas besoin d'être réfutées. Il faut en dire autant de celle que nous avons trouvée dans un ouvrage récemment publié (3), où l'on assure que Villefranche, cette ville moderne que nous avions crue jusqu'ici fondée

---

mourut en 1547. Elle est aujourd'hui dans la bibliothèque impériale de Vienne. C'est un assemblage de diverses peaux formant une bande de 22 pieds de long sur 1 pied de hauteur (mesure d'Augsbourg). Les noms y sont écrits en caractères lombards. On la croit copiée d'après une carte faite sous Théodose. D'Anville la cite toujours sous le nom de *Table Théodosienne*.

(1) Cette carte porte *Ludna* ; mais comme les noms y sont le plus souvent défigurés, nous préférons la leçon de l'Itinéraire.

(2) *Itiner. Anton.*, p. 359. Note de Wesseling sur *Lunna*.

(3) *Annuaire départemental*, Lyon, 1844.

par les fires de Beaujeu (1), est l'ancienne *Lunna ;* & ce qui le prouve évidemment, c'est qu'il existe dans ses environs un village nommé *Limas!!!* Si cette assertion était vraie, le légionnaire romain, voyageant pédestrement pour rejoindre sa cohorte en garnison dans le nord de la Gaule ou dans la Bretagne, n'eût pas manqué de murmurer contre la sottise de ceux qui auraient fixé les distances de telle sorte qu'après avoir parcouru l'étape d'*Assa Paulini* (2) à *Lunna* dans l'espace d'une heure, le malheureux piéton aurait été obligé d'en mettre *sept* le lendemain pour se rendre de *Lunna* à *Matisco* (3).

Mais l'opinion la plus généralement adoptée sur ce point, celle qu'on retrouve dans presque tous les ouvrages ayant plus d'un siècle d'existence, & qui s'en sont occupés, c'est que *Cluny* est l'ancienne *Lunna*. Josias Simler (4), un de ceux qui ont le plus contribué à propager cette étrange supposition, va jusqu'à prétendre qu'au lieu de *Lunna*, il faut lire *Clunia* dans l'Itinéraire d'Antonin, aussi bien que sur la carte de Peutinger. Ce n'est pas la première fois que nous voyons les commentateurs altérer le texte des manuscrits les plus anciens & les plus authentiques, pour le faire concorder avec leurs opinions. Ainsi, d'après Simler & ses nombreux adhé-

---

(1) Voyez *Mémoires concernant ce qu'il y a de plus remarquable dans Villefranche, capitale du Beaujolais,* in-4, Villefranche, 1671, p. 11.

(2) Aujourd'hui *Anse.* Dans le moyen-âge, son nom était *Ansa.* De 1025 è 1112, il s'y est tenu six conciles.

(3) Aujourd'hui *Mâcon,* ville fort ancienne, puisqu'elle existait avant l'arrivée de Jules César dans les Gaules. Il en parle dans ses *Commentaires.* Elle possédait, sous les Romains, une fabrique de flèches & de dards, *Sagittaria.*

(4) Né à Cappel, près Zurich, en 1530; mort en 1576.

rents, le voyageur se rendant d'*Assa Paulini* à *Matisco*, au lieu de suivre cette belle plaine qui borde la Saône, & au travers de laquelle il pouvait prendre son chemin en ligne droite, se serait détourné à gauche pour s'enfoncer dans les montagnes du Beaujolais & du Mâconnais, &, après un immense détour, il serait arrivé à Mâcon par le nord-ouest, au lieu d'y entrer par la porte du sud qui fait face à Lyon. Pour tout homme connaissant le pays, cette opinion paraît tellement extravagante, qu'on a peine à comprendre comment elle a pu s'accréditer & se soutenir aussi longtemps. Nous croyons cependant pouvoir l'expliquer d'une manière assez naturelle : Cluny se trouvait placé sur une autre voie romaine dont nous parlerons dans un instant, & qui, durant le moyen-âge, paraît avoir été la route ordinaire pour les voyageurs allant de Lyon à Paris & réciproquement. Ces derniers trouvant Cluny sur leur chemin, la ressemblance de nom le leur a fait prendre pour *Lunna*. Cette erreur adoptée par tout le monde (1) a passé pour une vérité incontestable pendant deux siècles, c'est-à-dire jusqu'au moment où d'Anville est venu la détruire.

Chose incroyable ! aucun géographe avant lui n'avait eu l'idée, pourtant bien simple, de chercher *Lunna* sur la route de Lyon à Mâcon & non ailleurs. Guidé par son instinct, qui l'a rarement trompé, il avait d'abord adopté

---

(1) Il faut en excepter le savant Adrien de Valois, qui rejette l'opinion de Simler, & paraît incliner pour la position de Belleville; mais il n'ose pas se prononcer, & propose en même temps Beaujeu qui s'écarte de 13 à 14 kilomètres à l'ouest de l'ancienne route de Paris. Voyez *Hadriani Valesii Notitia Galliarum*, p. 48, verbo *Asa Paulini*.

la position de Belleville. Plus tard, dans sa *Notice de l'ancienne Gaule* (1), il s'est rétracté, parce que, dit-il, « Belleville est trop près d'Anse & trop loin de Mâcon. » Il a reculé l'emplacement de *Lunna* au nord jusque vers les confins du Beaujolais & du Mâconnais, c'est-à-dire jusqu'à Lancié, commune du département du Rhône, mais qui autrefois était partagée par la limite des deux provinces. Ainsi d'Anville abandonne sa première opinion, parce qu'il croit trouver dans les distances une différence dont il ne nous fait pas connaître le chiffre, mais que nous verrons bientôt se réduire à rien, & il propose en remplacement un nouveau système qui produirait une bien autre différence, puisqu'elle s'élèverait à plus de 4,500 pas romains, c'est-à-dire à plus de 6 kilomètres & demi. Pour expliquer une erreur aussi forte de la part d'un homme aussi judicieux, il faut nécessairement supposer qu'il n'a opéré que sur de mauvaises cartes, & que celle de Cassini, qui représente cette partie de la France, n'était pas encore publiée lorsqu'il composa sa *Notice de la Gaule*. Nous avons même de ce dernier fait une preuve matérielle : la carte de Cassini nous montre la route de Paris telle qu'elle est aujourd'hui, c'est-à-dire passant à un kilomètre environ à l'ouest de Belleville. Or, en 1760, époque où fut publiée la *Notice de la Gaule*, cette route traversait encore Belleville, comme nous le verrons dans un instant. La carte n'est donc venue que plus tard.

Si pourtant, par respect pour le grand nom de d'Anville, on adoptait son hypothèse, *Lunna* serait *Lancié*

---

(1) Paris, 1760, in-4, p. 426.

& l'on ne manquerait pas de trouver quelque analogie entre ces deux noms. Pour prouver l'antiquité de ce village, on ferait valoir le beau *Tumulus* gaulois qu'il possède; on rappellerait l'usage si fréquent chez les anciens de placer les tombeaux au long des grandes routes. Mais, hâtons-nous de le dire, cette opinion, inconciliable avec les distances de l'Itinéraire & de la carte de Peutinger, est tout à fait inadmissible ; elle serait condamnée par d'Anville lui-même *mieux informé*.

Plus heureux que lui, M. Walckenaër (1) a eu à sa disposition les cartes de Cassini. Mesurant les distances à l'aide du compas, il a trouvé, comme nous l'avions trouvé nous-même avant de connaître son ouvrage, que le milieu de la distance qui sépare Anse & Mâcon tombe précisément à Saint-Jean d'Ardière, petit village traversé par la route actuelle de Paris & qui possède un beau pont sur l'Ardière, jolie rivière dont les bords n'ont presque rien à envier à ceux du Lignon. M. Walckenaër s'est borné à placer le nom de Saint-Jean-d'Ardière à côté de celui de *Lunna*, sans l'accompagner d'aucune explication sur ses motifs, ce qui nous fait présumer qu'il n'a eu d'autre élément de conviction que la carte de Cassini, & qu'il n'y a point ajouté, comme nous, un examen attentif des localités. En fixant ainsi la position de *Lunna*, il suppose que l'ancienne voie romaine suivait exactement la même direction que la route actuelle, ou, en d'autres termes, que ces deux routes n'en font qu'une. Or, nous

---

(1) *Géographie ancienne, historique & comparée des Gaules celtique & transalpine*, 2 vol. in-8, Paris, 1839.

allons voir dans un inftant que rien n'eft moins prouvé. Le contraire nous paraît même établi d'une manière évidente.

Les *Mémoires de la Société Eduenne* (1), l'ouvrage le plus récent, à notre connaiffance, où ce point de géographie fe trouve rappelé, le préfentent comme encore indécis. Dans la defcription du pays des *Ségufiaves*, on lit ces mots : *Lunna, lieu entre Affa Paulini & Matifco dont la pofition n'eft pas bien connue*. Et plus loin : *Lunna, lieu à chercher entre Belleville & Beaujeu*.

La queftion refte donc entière. Nous allons tâcher de raffembler quelques éléments à l'aide defquels on pourra la réfoudre avec un degré de certitude auquel n'a pu encore atteindre aucun de ceux qui ont mis en avant les différentes hypothèfes que nous avons paffées en revue.

Commençons par établir le degré de confiance que nous devons accorder à l'Itinéraire d'Antonin & à la carte de Peutinger. Nous avons vu que le premier divife la diftance de *Lugdunum* à *Matifco* en trois parties égales de 15 milles romains chacune, foit 10 lieues gauloifes, favoir : de *Lugdunum* à *Affa Paulini*, d'*Affa Paulini* à *Lunna* & de *Lunna* à *Matifco*. Nous avons déjà une forte préfomption en faveur de l'exactitude de ces chiffres, c'eft que la diftance de Lyon à Anfe, de l'aveu de tout le monde, l'ancienne *Affa Paulini*, forme exactement le tiers de la diftance totale de Lyon à Mâcon.

La carte de Peutinger préfente un ordre de chofes tout différent; elle fupprime la ftation d'*Affa*, place *Lunna* à 16 lieues gauloifes de *Lugdunum*, & à 14 de *Matifco*,

(1) Autun, 1844, in-8, pp. 8 & 11.

c'eſt-à-dire qu'elle le rapproche de *Lugdunum* de 4 lieues gauloiſes, ſoit 6 milles romains. Si l'on adoptait ces derniers chiffres, il faudrait placer *Lunna* entre Villefranche & Saint-Georges-de-Reneins, à peu près au lieu nommé *les Tournelles de Flandre*. Ce ſerait une nouvelle hypothèſe à laquelle perſonne n'a encore ſongé, mais qui, à nos yeux, n'aurait d'autre mérite que celui de la nouveauté. Cet endroit ne poſſède qu'une auberge & deux pavillons de conſtruction moderne. On n'y trouve aucun veſtige qui puiſſe faire ſuppoſer qu'il y ait jamais exiſté, non pas une ville, mais même un village. Cette poſition a d'ailleurs l'inconvénient de partager d'une manière trop inégale la diſtance entre Anſe & Mâcon. Il n'aurait fallu que deux heures & quart pour venir d'Anſe, & de là il en aurait fallu près de ſix pour aller à Mâcon. Il faut donc abandonner la carte de Peutinger & s'en tenir à l'Itinéraire, dont l'exactitude parfaite dans tout ce que nous connaiſſons doit nous le faire ſuppoſer auſſi exact pour la poſition de *Lunna*, l'inconnue que nous cherchons. Ce qui, entre autres motifs, nous porte à croire à l'exactitude de ces chiffres pour cette portion de voie romaine, c'eſt qu'il donne les diſtances tout à la fois en chiffres romains & en lieues gauloiſes, & que ces nombres concordent parfaitement entre eux, c'eſt-à-dire dans la proportion d'un mille & demi pour une lieue gauloiſe, proportion ſur laquelle tous les géographes ſont d'accord (1).

Avant de nous livrer au calcul des diſtances, il eſt bon

---

(1) Ce point eſt réglé par un paſſage d'Ammien Marcellin, liv. XVI, chap. 12, & par un autre de Jornandès, *de Rebus Geticis*, chap. 36. (Voir d'Anville, préface de ſa *Notice de l'ancienne Gaule*, pp. XII & XIII, & Bergier, *Hiſtoire des grands chemins de l'empire romain*, liv. III, chap. XII, n° 9.)

de rappeler que le mille romain était composé de mille pas géométriques de cinq pieds romains chacun (1). L'opinion qui paraît avoir prévalu aujourd'hui fixe la valeur du mille romain à 760 toises, équivalant à 1,481 mètres 26 centimètres. La lieue gauloise était par conséquent de 1,140 toises, soit 2,221 mètres 90 centimètres.

L'Itinéraire d'Antonin, d'accord en cela avec la carte de Peutinger, porte à 45 milles, soit 30 lieues gauloises, la distance totale de *Lugdunum* à *Matisco*. Ces 45 milles font 34,200 toises qui, réduites en mesures nouvelles, représentent 66 kilomètres 657 mètres. Le livre de poste publié, chaque année, par l'administration compte de Lyon à Mâcon 67 kilomètres ; mais, comme le relais de la poste aux chevaux de cette dernière ville est situé à

---

(1) Le pied romain ne valait que 10 pouces 10 lignes & 6/10 de ligne du pied de roi. Dans notre premier travail (*), nous avions adopté l'évaluation de d'Anville qui fixe à 756 toises, soit 1,473 mètres 47 centimètres, la valeur du mille romain. L'opinion qui porte cette valeur à 760 toises, soit 1,481 mètres 26 centimètres, paraît plus généralement adoptée aujourd'hui. Elle l'a été notamment par M. Walckenaër (*Histoire d'Horace*, t. 1ᵉʳ, p. 233). Cette fixation que nous croyons se rapprocher beaucoup de la vérité, & qui surtout donne des résultats d'une exactitude remarquable en l'appliquant à la route dont nous nous occupons, est une moyenne entre les différentes évaluations données par les savants. Fréret avait adopté le chiffre de 761 toises. Les PP. Riccioli & Grimaldi, savants jésuites, en mesurant par des opérations géométriques faites sur l'ancienne *Via AEmilia* qui suit une ligne droite entre Bologne & Modène, la distance de 25 milles romains qui sépare ces deux villes, avaient trouvé que le mille répondait à 766 toises. Voyez *Mémoires de l'Académie des inscriptions & belles lettres*, vol. XIV, pp. 163, 164. Au reste, ces différences ne peuvent influer en rien sur la justesse de nos calculs, puisque nous cherchons Lunna aux deux tiers de la distance de Lyon à Mâcon, & que, pour déterminer ce point, nous ne faisons usage que des mesures officielles françaises.

(*) Il y a eu deux éditions de ce travail.

son extrémité nord, & que la mesure doit être prise au centre de la ville, nous croyons devoir déduire 500 mètres sur les 67 kilomètres, d'où il suit que la différence entre les mesures romaines & les mesures françaises n'est plus que de 157 mètres, ce qui est bien peu de chose sur une pareille étendue.

D'après l'Itinéraire, que nous adoptons comme base de nos calculs, nous devons trouver la position de *Lunna* aux deux tiers de la distance de Lyon à Mâcon, ou, en d'autres termes, à moitié chemin d'Anse à Mâcon. M. Walckenaër, en mesurant sur la carte de Cassini, a trouvé, comme nous, que ce point tombait précisément au pont de l'Ardière : mais, quelle que soit l'exactitude des cartes de Cassini, une chose les surpasse encore dans ce genre de mérite, ce sont les mesures officielles prises sur les lieux mêmes par les ingénieurs des ponts & chaussées, & constatées par les bornes kilométriques placées sur les grandes routes : aussi nous n'hésitons pas à les préférer.

La distance totale de Lyon à Mâcon étant de 66 kilomètres & 500 mètres, le point que nous cherchons doit se trouver à 44,333 mètres de Lyon & à 22,167 de Mâcon ; mesuré sur la route de Paris, au lieu d'atteindre Saint-Jean-d'Ardière, il reste au midi de ce village, & tombe à 166 mètres au nord de la *Croisée de Belleville*, en partant du point d'intersection de la route de Paris & de celle de Beaujeu (1). Or, sur le point où aboutissent les 166 mètres, il n'existe absolument aucune trace d'une ancienne ville, ni même d'un village. Persisterait-

---

(1) Il faut remarquer que nos mesures ont été prises en 1844, c'est-à-dire

on à vouloir placer *Lunna* à Saint-Jean-d'Ardière? mais, outre qu'il est trop au nord de plus de 800 mètres, ce petit village serait dans l'impuissance de nous montrer le moindre vestige d'antiquité attestant que jadis il ait eu plus d'importance qu'aujourd'hui. Si on voulait se faire un argument de la direction des chaussées conduisant en ligne droite à Saint-Jean-d'Ardière, nous répondrions que ces chaussées sont d'une date assez récente. La plus ancienne, celle entre *Saint-Georges* & la *Croisée*, n'a pas un siècle d'existence, nous en sommes certain. Elle fut construite de 1750 à 1760, sous le ministère de M. Trudaine, à qui la France dut tant de belles routes (1), & dont le nom cependant est à peine connu aujourd'hui. Des vieillards nous ont rapporté que chaque village du Beaujolais envoyait, à son tour, ses habitants travailler par corvée à cette chaussée. Quant à celle au nord de Saint-Jean, & qui s'aligne avec la précédente, des renseignements également certains nous ont appris qu'elle fut construite peu d'années après l'autre, & achevée, ainsi que le pont de l'Ardière, en 1767.

Ces chaussées étant modernes, rien, dès lors, ne prouve que la voie romaine suivît exactement la même direction que la route actuelle, dans une immense plaine, où elle pouvait presque indifféremment appuyer plus ou moins à droite ou à gauche.

---

avant que la route royale eût été allongée par la rectification qui, pour éviter les hauteurs de Limonest, lui fait contourner la montagne. A cette époque, la borne kilométrique n° 44 se trouvait placée à 167 mètres au midi de la *Croisée*.

(1) Lacretelle, *Histoire de France pendant le dix-huitième siècle*, livre x.

Il fuit de là que, n'ayant pu trouver l'emplacement de *Lunna* fur la route royale, il faut néceffairement le chercher ailleurs.

Après de longues recherches & un examen des plus minutieux, nous déclarons que la pofition de Belleville eft la feule qui nous femble réunir toutes les conditions, réfoudre toutes difficultés. Cette petite ville fituée entre la grande route de Paris & la Saône, à égale diftance de l'une & de l'autre, paraît fort ancienne. Ce qui tend à le prouver, c'eft qu'on ignore complètement l'époque de fa fondation, tandis que la même incertitude n'exifte point à l'égard de Beaujeu & de Villefranche qu'on fait avoir été fondés, dans le moyen-âge, par les fires de Beaujeu. Ses murs d'enceinte en briques, dont il exifte encore des reftes, & fa belle églife, dont le ftyle d'architecture eft *roman-byzantin*, femblent attefter qu'elle fut autrefois plus importante qu'aujourd'hui. Elle eft coupée en croix par deux larges rues, qui fe dirigent de l'eft à l'oueft & du nord au fud. La première eft empruntée par la route départementale de la Saône à la Loire, ce qui la rend très-animée. La feconde, beaucoup plus tranquille, femble pourtant annoncer qu'à une époque peu éloignée, une grande route la fuivait également. En effet, des documents authentiques & les fouvenirs de quelques vieillards nous apprennent que la route de Paris y paffait encore en 1765. L'extrémité nord de cette rue fe nomme toujours *la Porte de Mâcon*, l'extrémité fud, *la Porte de Villefranche*.

Mais ce qui furtout révèle, d'une manière invincible, l'exiftence d'une ville gallo-romaine fur les ruines de laquelle repose Belleville, ce sont les divers débris & objets d'antiquités, tels que poteries, mosaïques, statuettes & médailles, qu'on trouve assez fréquemment, soit dans l'intérieur de la ville moderne, soit en dehors & notamment au hameau de la *Commanderie* situé au nord, ainsi qu'à celui d'*Aiguerande* situé au midi. La présence de ces antiquités hors de l'enceinte actuelle semble prouver que *Lunna* était plus considérable que Belleville, & surtout plus allongée du midi au nord. En effet, Villefranche ni Beaujeu n'existant pas sous les Romains, *Lunna* devait naturellement être la capitale de ce petit pays si riche & si fertile dans la partie qui avoisine la Saône. Placée tout à la fois sur une grande voie romaine & presque aux bords de cette rivière, son commerce ne pouvait manquer d'être florissant.

Tout concourt donc à établir que Belleville occupe la place d'une ville ancienne qui ne peut être que *Lunna*; mais son nom tout moderne a dû dérouter les antiquaires, qui n'y trouvaient aucune analogie avec celui de la ville romaine.

Quant à sa distance de Lyon & de Mâcon, Belleville remplit mieux que nul autre endroit les conditions posées par l'Itinéraire d'Antonin. Rien de plus facile que d'y faire passer la voie romaine, puisque sous Louis XV, la route de Paris y passait encore. Nous venons de voir que *Lunna* doit se trouver à 44,333 mètres de Lyon & à 22,167 de Mâcon, & que ce point mesuré sur la route actuelle de Paris, qui doit être, à peu de chose près, parallèle à l'ancienne voie romaine, tombe à 166 mètres au nord de la *Croisée*; or, comme la *Croisée* est à peu près à la hauteur du centre de Belleville, il en résulte que si les 44,333 mètres dépassent son centre de 166 mètres environ, ils sont loin de dépasser son enceinte septentrionale actuelle. Cette légère différence, à laquelle d'Anville ne se fût pas même arrêté, s'explique d'ailleurs d'une manière très-naturelle. La route royale de Lyon à Mâcon, sur laquelle nous avons mesuré les distances, contient, dans la partie qui s'étend de Lyon jusqu'à la hauteur de Belleville, des chaussées modernes sur une longueur assez considérable. Ces chaussées, faites sous Louis XV, se trouvent surtout dans la plaine d'Anse, entre cette dernière ville & le village des *Chères* & entre *Saint-Georges* & la *Croisée*. On conçoit facilement que la voie romaine, forcée à des détours pour éviter les débordements de la Saône, devait être plus longue de *Lugdunum* à *Lunna* que la route royale actuelle. Ces chaussées, tirées en ligne droite, ont dû évidemment raccourcir la distance, &, en appliquant à la route moderne les mesures de l'Itinéraire, elles devaient nécessairement donner un excédant qui, du reste, s'est trouvé bien faible.

D'après ces explications, le point cherché tombe à peu près au centre de Belleville; dès lors le problème se trouve complètement résolu.

Pour fortifier encore nos éléments de conviction, ajoutons que, dans un rayon de plus d'une lieue autour de Belleville, on chercherait vainement un lieu qui offrît la moindre trace d'antiquité, ou qui, par sa position, pût prétendre occuper l'emplacement de *Lunna* : Belleville *seule* remplit toutes les conditions *d'antiquité & de distance*.

Si nous ne nous laissons pas abuser par le faible qu'on

a toujours pour son opinion, quand on croit avoir découvert la vérité, il nous semble que nos preuves ont acquis l'évidence d'une démonstration mathématique (1). Notre conviction est d'autant plus profonde, qu'elle ne s'est produite qu'à la suite d'un examen attentif des localités & d'un calcul rigoureux des distances. En commençant notre travail, nous n'avions point, comme il arrive trop souvent, d'opinion arrêtée; & même, si nous avions été obligé d'en exprimer une, elle eût été probablement toute différente de celle d'aujourd'hui. Il est difficile, en effet, de se souftraire à l'influence qu'exercent des noms tels que ceux des d'Anville & des Walckenaër.

Au reste, nous n'avions point la prétention d'avoir émis une idée que personne n'ait eue avant nous. Loin d'être nouvelle, cette idée est, au contraire, fort ancienne. Bien que les savants ne l'eussent point adoptée, elle s'est conservée dans nos chroniques locales, mais surtout dans les traditions du pays.

Guillaume Paradin (2), historien du XVIe siècle & doyen du chapitre de Beaujeu, s'exprime ainsi : *Belleville en Beaujolois, sus la riuiere de Saône, que les antiques nommoyent Luna ou Lunna, come il appert par l'Itinéraire &*

---

(1) M. Walckenaër, le d'Anville de notre époque, a fait à l'auteur de ce travail l'honneur de lui dire qu'il regardait la question *comme définitivement jugée*, en ajoutant ces paroles également honorables pour lui & pour celui à qui elles s'adressaient : « Vous avez très-bien fait de réfuter l'opinion que « j'avais émise : il est bien évident qu'étant sur le terrain, vous avez dû y « trouver des lumières que mes cartes n'ont pu me fournir. » Sa haute impartialité ne s'est point arrêtée là, & c'est sur son rapport que l'Institut a décerné une mention honorable à cet opuscule.

(2) *Mémoires de l'histoire de Lyon*, in-fol. Lyon, 1573, p. 407.

Voyager de l'Empereur Antonin. Jacques Severt, que l'on peut compter au nombre des chroniqueurs de notre province, parle de Belleville en ces termes (1) : *Belle-Villæ, quæ antiquis Lunna vocitabatur.* Dans un autre de fes ouvrages (2) il eſt encore plus explicite : *Lunna, fic olim vocitata ut ex provinciarum Itinerario Antonini imperatoris manifeſtum eſt, vulgo Bella-Villa, Araris portus.*

Mais c'eſt principalement dans les fouvenirs des habitants de Belleville que cette tradition s'était perpétuée d'une manière remarquable. Nous en avons une preuve aſſez fingulière qui mérite d'être rapportée. Dans ces jours néfaſtes où Lyon fe nommait *Commune-Affranchie*, Saint-Denis *Franciade*, & Saint-Pierre-le-Moutier *Brutus-le-Magnanime*, Belleville crut devoir auſſi changer de nom. Un arrêté pris par le Conſeil général de la commune, le 5 pluviôſe an II, adopta celui de *Belluna*, attendu, eſt-il dit, *que la commune fe nommait anciennement Lunna*. Cet arrêté, envoyé à la Convention, qui négligea de le ſanctionner, n'eut point de ſuite ; mais en fondant ainſi l'ancien nom romain avec le nom moderne, il conſtate d'une manière évidente l'opinion traditionnelle des habitants de Belleville ſur l'antiquité de leur patrie (3).

---

(1) *Chronologia hiſtorica*, &c., *de Matiſconenſibus Epiſcopis*, Lyon, 1607, in-4, p. 202.

(2) *De Orbis Catoptrici principiis*. In-4, Paris, 1598, p. 25.

(3) Nous devons beaucoup de renſeignements utiles au zèle éclairé & à l'obligeance de M. l'abbé Chambeyron, ancien vicaire de Belleville, aujourd'hui l'un des vicaires de la cathédrale de Lyon. Il a recueilli une foule de documents précieux pour l'hiſtoire du Beaujolais, & furtout de Belleville. Il ferait bien à déſirer, dans l'intérêt de la ſcience, qu'il publiât le fruit de ſes ſavantes recherches.

M. Valentin Smith, confeiller à la Cour d'appel de Lyon, auteur d'un travail fur les *Infubres des bords de la Saône*, travail inféré dans la *Revue du Lyonnais*, nous communique une remarque importante qui, naturellement, trouve ici fa place. Selon Tite-Live (1), cette peuplade gauloife, qui faifait partie de la nation des Eduens, était allée, avec plufieurs autres nations celtiques, s'établir dans le nord de l'Italie. D'Anville (2) a déjà remarqué l'identité de nom entre le *Mediolanum* qu'ils fondèrent dans la Gaule Cifalpine, & celui que nous retrouvons comme ftation entre *Lugdunum* & *Rodumna*, dans le pays des Ségufiaves, *clients* des Eduens. La même identité exifte entre *Lunna* des bords de la Saône & fon homonyme des bords de la *Macra*, que fon port a rendu célèbre (3). Doit-on ne voir, dans cette particularité, que l'effet du hafard ? n'eft-il pas plus naturel de l'attribuer au défir que les *Infubres* ont dû éprouver de conferver un fouvenir de leur pays ?

(1) Lib. v, c. 34.
(2) *Notice de la Gaule*, p. 385.
(3) On connaît ce vers d'Ennius :
  Lunaï portum, eft operæ cognofcere, cives.
C'eft aujourd'hui le port de la Spezzia, dont le génie de Napoléon voulait faire le plus beau port de la Méditerranée.

SECONDE PARTIE

A côté de cette grande voie romaine qui vient de nous occuper, il en exiftait une autre qui s'embranchait fur la voie principale. C'était une de ces routes fecondaires que les itinéraires défignent fous le nom de *Compendium* (1). Elle avait, en effet, l'avantage de fe rendre à Autun par une ligne beaucoup plus directe, en traverfant les montagnes du Beaujolais & du Mâconnais. Son point de départ était précifément *Lunna*. Cette ancienne route fubfifte encore ; en fortant de Belleville, elle porte le nom de *Chemin ferré*, fe dirige au nord-oueft, traverfe à Saint-Jean-d'Ardière la route de Paris ; pourfuit fon cours fans interruption fur les communes de Villié, Avenas & Ouroux, d'où elle fe dirige, par Saint-Jacques-des-Arrêts, Germolle, Tramayes & Saint-Point (2), fur Cluny, & de là fur Autun. Elle eft connue dans le Beaujolais fous les noms de *chemin ferré* ou de *chemin des Romains*. Nous l'avons vue citée fous ce dernier nom dans des titres fort anciens. Outre ces deux noms atteftant fon origine, elle

---

(1) Littéralement *un chemin abrégé*.
(2) Lieu immortalifé par la demeure d'un grand poëte.

conferve encore à l'appui de fon antiquité quelques reftes de pavé, particularité qu'elle ne partage avec aucun autre chemin du pays. On peut ajouter que la manière intelligente dont elle eft tracée empêche de la confondre avec les chemins vicinaux, dont la direction accufe l'abfence de toute efpèce de combinaifon.

On nous objectera peut-être que ni l'Itinéraire d'Antonin, ni la carte de Peutinger ne font mention de cette route ; mais on ne peut rien en conclure. D'Anville a conftaté l'exiftence d'un grand nombre de voies romaines qui fe trouvent dans le même cas.

L'avantage qu'avait cette route d'être plus courte, la fit préférer dans le moyen-âge par les voyageurs allant de Paris à Lyon & réciproquement. Dans un temps où l'état des grands chemins rendait prefque impoffible l'ufage des voitures, il n'y avait que deux manières de voyager, les riches à cheval & les pauvres à pied. Dans ces deux cas, on prend toujours de préférence le chemin le plus court, même au travers des montagnes, & l'on délaiffe celui de la plaine, lorfqu'il eft le plus long. Aujourd'hui c'eft tout le contraire, mais notre manière de voyager eft bien différente.

Peut-être on nous demandera d'après quelles preuves nous avançons que cette route était la plus fréquentée dans le moyen-âge. Nous pouvons en rapporter deux affez remarquables. La première nous eft fournie par le monument fi connu fous le nom d'*Autel d'Avenas*, qui rappelle l'offrande d'une églife faite à faint Vincent par un roi de France qu'on a cru être Louis-le-Débonnaire, mais qui paraît plutôt être faint Louis. L'infcription donne une date (12 juillet) qui doit être celle du paſſage de ce prince. Comment croire qu'un roi de France ferait allé chercher un miférable village perdu dans les montagnes, ſi la grande route ne l'y avait conduit tout naturellement?

Nous trouvons la feconde preuve dans le *Journal de Guillaume Paradin* (1). Il nous apprend que François de Mandelot, gouverneur de Lyon fous Charles IX, *revenant de la court*, avait couché à Ouroux, d'où, en fuivant toujours la même route, il était allé, le lendemain, dîner au château de l'*Ecluſe* fitué au bord de cette ancienne voie romaine, à un kilomètre environ au nord de Belleville, & de là s'était rendu *au gîte* à Villefranche. Ceci fe paſſait en octobre 1573.

Ce n'eſt que bien plus tard, & lorſque l'uſage des voitures a prévalu, qu'on a préféré la route par Mâcon & Chalon, & que l'autre s'eſt trouvée abandonnée. Aujourd'hui il eſt queſtion d'en faire un *chemin de grande communication;* mais, en attendant que ce projet s'accompliſſe, Avenas ne voit plus, depuis longtemps, les rois ni les gouverneurs traverſer ſon maigre & ſauvage territoire.

---

(1) Inféré dans la *Revue du Lyonnais*, août 1837. L'auteur de cet article poſſède le manufcrit autographe de ce journal.

LETTRE

A M. AUGUSTE BERNARD

Membre de la Société Royale des Antiquaires de France

SUR

L'EMPLACEMENT DE LUNNA

VILLE GALLO-ROMAINE

PAR M. D'AIGUEPERSE.

MONSIEUR,

'AI reçu l'exemplaire de vos *Origines du Lyonnais* (1) que vous avez eu la bonté de m'adreffer & je vous prie d'en agréer tous mes remercîments. Vous comprendrez facilement que le point qui m'a le plus intéreffé eft celui où vous parlez de Lunna, &, à ce fujet, j'ai à me féliciter de ce que plufieurs

---

(1) Inférées dans les *Mémoires de la Société royale des Antiquaires de France*, tom. XVIII ; Paris, 1846.

passages de mon petit travail (1) ne vous ont point paru indignes de figurer dans le vôtre.

Il faut convenir que cette ville gallo-romaine a vraiment du malheur. On dirait qu'il lui eſt impoſſible de trouver une place où elle puiſſe reſter d'une manière ſtable & définitive. Les ſavants des ſeizième, dix-ſeptième & dix-huitième ſiècles l'ont promenée de tous côtés juſqu'à ſix ou ſept lieues de ſon pays natal. Depuis quelques années, il eſt vrai, le cercle de ſes pérégrinations s'eſt beaucoup reſſerré, & aujourd'hui, il n'excède pas 12 à 1,500 mètres. En 1839, M. Walckenaër (2) l'avait placée au petit village de *Saint-Jean-d'Ardière*; j'avais cru mieux faire en l'établiſſant à Belleville, & je penſais lui avoir enfin procuré un lieu de repos. Elle ne s'y trouvait point mal puiſque, depuis trois ans, aucune réclamation ne s'était fait entendre. Mais voilà que tout à coup vous voulez la forcer à déménager de nouveau & à quitter la ville pour le faubourg. Vraiment ce n'était pas la peine de la déranger pour ſi peu. Le nouveau gîte que vous lui offrez à la *Commanderie* lui paraîtra peut-être un peu étroit. Perſonne n'y avait encore ſongé, & ce hameau de trois maiſons ne peut manquer d'être ſingulièrement flatté de l'honneur que vous lui faites, honneur auquel il était bien loin de s'attendre & qui va le faire ſortir de ſa longue obſcurité. Je crois avoir auſſi quelque droit à ſa reconnaiſſance, car vous n'auriez jamais penſé

---

(1) *Recherches ſur l'Emplacement de Lunna, &c.*, inſérées dans les *Annales de la Société royale d'Agriculture de Lyon;* 1844.

(2) *Géographie ancienne, hiſtorique & comparée des Gaules celtique & transalpine*, 2 vol. in-8. Paris, 1839.

à lui, fi je n'en euffe fait mention pour fignaler les antiquités qu'on y a découvertes.

Mais parlons férieufement. Je crains bien, Monfieur, que, dans cette circonftance, vous n'ayez cédé à la petite tentation de créer une hypothèfe nouvelle. Comme cette opinion, venant à la fuite de deux autres, pourrait paraître le réfultat d'un examen plus approfondi & s'accréditer, grâce à l'autorité de votre nom, parmi ceux qui ne connaiffent pas les localités, je m'empreffe de combattre ce que je regarde comme une erreur. Ce fera d'ailleurs pour moi une occafion de configner quelques obfervations nouvelles que j'ai faites depuis ma première publication & qui toutes viennent la corroborer.

Lorfqu'en 1844 je publiai ma Differtation fur l'emplacement de *Lunna*, l'opinion que j'émettais, établie fur un examen attentif des localités, les traditions du pays & un calcul rigoureux des diftances, ne fouleva aucune objection de la part des antiquaires de nos contrées. Je crus donc avoir fait ceffer la longue incertitude qui régnait à ce fujet depuis plufieurs fiècles. C'eft qu'en effet j'étais le premier qui eût examiné la queftion fur les lieux mêmes. Tous mes devanciers, fans fortir de leur cabinet, s'étaient contentés de confulter des Cartes plus ou moins exactes, ou s'étaient attachés à de prétendues analogies de noms. Dans le calcul des diftances, fans chercher à réfoudre la queftion encore indécife de favoir fi le mille romain eft de 756 toifes, comme le penfe d'Anville, ou s'il eft de 761 & même de 766, comme le penfent d'autres favants, ce qui eût jeté quelque incertitude dans mes calculs, j'avais adopté une marche plus fimple & plus fûre, en cherchant *Lunna* aux deux tiers de la distance de Lyon à Mâcon, position clairement fixée par l'Itinéraire d'Antonin ; &, pour déterminer ce point, je ne m'étais servi que des mesures officielles françaises, c'est-à-dire des bornes kilométriques placées sur la route royale par l'administration des ponts & chaussées. En opérant sur ces bases, j'étais arrivé à un résultat que je devais croire exact. Vous le contestez & vous proposez un autre système. J'ai donc examiné de nouveau la question, & n'ayant pas l'habitude de faire de la *géographie comparée* dans mon cabinet, je suis retourné sur les lieux que j'avais déjà visités maintes fois. Comme il paraît que vous ne les connaissez que par les Cartes de *Cassini* & du *Dépôt de la guerre*, & par ce que j'en ai écrit, je m'empresse de vous faire part de mes nouvelles observations.

Ce qui vous empêche de placer *Lunna* à Belleville, c'est que, selon vous, *les distances ne concordent pas parfaitement avec celles de l'Itinéraire*. Vous ne nous faites pas connaître le chiffre de la différence que vous trouvez, mais il résulte de vos propres expressions qu'elle n'est pas bien considérable, & comme la *Commanderie* que vous proposez en remplacement, n'est qu'à 300 & quelques mètres au nord de Belleville, il en résulte que c'est à ce chiffre que se réduit cette prétendue différence. Quoi qu'il en soit, vous me permettrez de vous dire que vous êtes un peu difficile, puisque j'ai prouvé par les mesures prises sur le terrain même, d'après les bornes kilométriques, que le calcul des distances tombe dans l'enceinte même de Belleville. Il est vrai que si vous prenez pour guides les Cartes, comme elles ne tiennent aucun compte des sinuosités de la route, vous devez trouver un résultat différent; mais je me crois autorisé à penser que j'ai opéré sur des bases plus sûres. Chose remarquable! Vous rejetez Belleville pour une différence d'environ 300 mètres & vous continuez à regarder *Anse* comme représentant *Assa Paulini*, malgré une différence plus que double par vous reconnue, puisque 340 toises font bien 662 mètres. Comment concilier tout cela ?

Comme j'ai poussé l'exactitude jusqu'à la minutie, j'avais constaté que le calcul des distances dépassait de 300 mètres le centre de Belleville, mais en restant toujours dans son enceinte. Depuis lors, j'ai trouvé & je vous donnerai dans un instant l'explication de cette légère différence que d'Anville n'eût pas même mentionnée, lui qui en écarte de 5 ou 6 fois plus considérables qu'il attribue toujours, non sans apparence de raison, à la différence de direction entre la voie romaine & la route moderne.

Je crois comme vous, Monsieur, que *Lunna* a occupé l'emplacement de la *Commanderie* ; mais nous différons sur un point essentiel : J'en fais l'extrémité *nord* de la ville romaine, tandis que vous en faites le centre. Vous vous autorisez des antiquités dont j'ai signalé la découverte dans ce hameau situé au nord de Belleville. Eh bien ! ces antiquités ne prouvent absolument rien à l'appui de votre système, car j'ai appris, depuis lors, qu'on en a trouvé tout autant au hameau d'*Aiguerande* situé au midi de la même ville, le long de l'ancienne voie romaine. Il résulte seulement de tout cela que *Lunna* était plus considérable que Belleville & surtout plus allongée au nord

& au midi. En effet, Villefranche ni Beaujeu n'exiſtant pas ſous les Romains, *Lunna* devait naturellement être alors la capitale de ce petit pays ſi riche & ſi fertile. Placée tout à la fois ſur cette grande voie romaine & preſque aux bords de la Saône, ſon commerce ne pouvait manquer d'être floriſſant.

La poſition de la Commanderie *concorde* bien moins que Belleville avec les diſtances de l'Itinéraire. Elle a le défaut d'être à plus de 400 mètres au nord du point précis où tombe mon premier calcul; nous verrons dans un inſtant que cette différence eſt en réalité bien plus conſidérable d'après mon calcul rectifié. Elle a encore un autre défaut capital ſelon moi; c'eſt que le *chemin ferré* allant à Autun par Cluny, dont je parle dans mon opuſcule, laiſſe ce hameau à une grande diſtance ſur la droite, tandis que ce même chemin, dont l'origine romaine eſt inconteſtable & reconnue par vous-même, PART DE L'INTERIEUR MEME DE BELLEVILLE. Cette raiſon, fût-elle ſeule, me ſemblerait déciſive.

Enfin, & lors même qu'il ſerait établi que la *Commanderie* aurait pour elle le calcul rigoureux des diſtances, Belleville ne ceſſerait point pour cela de repréſenter l'antique *Lunna*. Si vous placez le centre de la ville romaine dans ce hameau, c'eſt-à-dire à 300 & quelques mètres de l'enceinte de Belleville, vous ſerez bien forcé d'admettre que cette ancienne ville, dont l'importance ne peut être conteſtée, a dû s'étendre au midi juſque ſur l'emplacement de la ville moderne & en occuper au moins toute la partie ſeptentrionale, &, comme ce hameau n'eſt preſque autre choſe qu'un faubourg de Belleville, il en réſulte que votre nouvelle hypothèfe ne ferait plus qu'une querelle de mots, à peu près comme fi l'on voulait prétendre que Lyon ne repréfente, point l'ancien *Lugdunum*, mais que cet honneur appartient exclufivement aux quartiers de Saint-Juft, Saint-Irénée & Fourvière.

Et à ce fujet, je ferai ici une remarque qui reçoit une application prefque générale, c'eft que de toutes les villes modernes qui font reconnues, fans conteftation, comme repréfentant d'anciennes villes romaines, il n'en eft peut-être pas une feule qui occupe exactement & identiquement la même place que fa devancière. Lyon a quitté les hauteurs qu'occupait *Lugdunum* pour defcendre aux bords du Rhône & de la Saône. Mâcon eft auffi beaucoup plus concentré près de la rivière que ne l'était *Matifco* qui s'étendait davantage vers le couchant. Enfin Rome moderne a abandonné la plupart des *fept collines* pour fe rapprocher du Tibre, & le *Champ-de-Mars*, aujourd'hui couvert de maifons, forme l'un des quartiers les plus peuplés de la ville éternelle. Il me ferait facile de multiplier de femblables citations. Il n'eft pourtant jamais venu à la penfée de perfonne de contefter l'identité de ces anciennes villes avec celles qui leur ont fuccédé.

Mais le nouvel examen auquel je me fuis livré m'a fourni un moyen très-fimple d'expliquer cette petite différence de 300 mètres qu'on peut reprocher à mon fyftème. Ce moyen, que je regrette de n'avoir pas connu plus tôt, le voici : la route royale de Lyon à Mâcon fur laquelle j'ai mefuré les diftances, contient, dans la partie qui s'étend de Lyon jufqu'à la hauteur de Belleville, des chauffées modernes fur une longueur beaucoup plus

considérable que celles qui exiſtent entre Belleville &
Mâcon. Ces chauſſées, faites ſous Louis XV, ſe trouvent
ſurtout dans la plaine d'Anſe, entre cette dernière ville
& le village des *Chères*, & entre *Saint-Georges* & la
Croiſée. On conçoit facilement que la voie romaine, forcée à des détours pour éviter les débordements de la
Saône, devait être plus longue de *Lugdunum* à *Lunna* que
la route royale actuelle. Ces chauſſées tirées en ligne
droite ont dû évidemment raccourcir la diſtance. Il en
réſulte qu'en appliquant à la route actuelle les meſures
de l'Itinéraire romain, elles doivent donner un excédant,
& je devais néceſſairement dépaſſer le centre de Belleville, comme cela eſt arrivé. Cette explication ſi naturelle vous donne en même temps la ſolution d'une difficulté que vous avez ſoulevée au ſujet d'Anſe. L'excédant
de 340 toiſes que vous trouvez dans les Itinéraires romains, s'explique par la chauſſée de 3 à 4 kilomètres qui
s'étend entre cette ville & le village des *Chères*, chauſſée
qui a dû ſingulièrement rapprocher Anſe de Lyon. Vous
attribuez cette différence aux ſinuoſités de la route, &
cette explication, qui rentre dans la mienne, eſt tout à fait
rationnelle. Mais alors, pourquoi ne pas appliquer auſſi
cette règle à Belleville? Pourquoi, ſur ce dernier point,
ne plus tenir compte des ſinuoſités de la voie romaine &
exiger que les meſures priſes ſur les Cartes & à vol d'oi-
ſeau ſe trouvent préciſément les mêmes que celles de
l'Itinéraire? Si vous trouvez à Anſe que les Itinéraires
romains donnent déjà 340 toiſes de plus que la meſure
priſe ſur vos Cartes, faut-il vous étonner qu'après avoir
meſuré la diſtance de Lyon à Belleville, je trouve auſſi

un excédant sur ce dernier point ; & pourtant cet excédant est bien moins fort que le vôtre ; la raison en est toute simple : vous avez opéré sur des Cartes & moi sur le terrain. Lorsque l'on veut comparer les mesures des Itinéraires avec celles prises sur les Cartes, on doit infailliblement s'attendre à ce que les *distances ne concordent pas parfaitement*. La différence doit même être très-considérable, & la voie romaine toujours plus longue. Si, au contraire, on compare cette ancienne voie avec la route actuelle, ainsi que je l'ai fait, la différence devient moins forte, attendu que la route moderne, quoique plus directe, est pourtant forcée à quelques détours ; & voilà ce qui explique comment je ne trouve que 300 mètres de différence à Belleville, tandis que vous trouvez plus du double à Anse.

Il résulte de tout ce qui précède, que cette différence de 300 mètres par moi reconnue dans mon premier calcul, se trouvant aujourd'hui expliquée par la création moderne des chaussées de Saint-Georges & de la plaine d'Anse, doit désormais disparaître, & dès lors mon calcul des distances ainsi rectifié tombe précisément *au centre même* de Belleville. Il ne sera plus possible de dire que les *distances ne concordent pas parfaitement*. Ce reproche devra s'adresser à la *Commanderie*, qui se trouve ainsi reportée à plus de 700 mètres (au lieu de 400) au nord du point voulu.

Si l'on veut contrôler la justesse de ce calcul, en procédant d'une autre manière, ce sera chose facile. D'après l'Itinéraire d'Antonin, la distance de *Lugdunum* à *Lunna* était de 30 milles. Réduisons ces milles romains en mesures actuelles, & comparons-les avec les bornes kilométriques de la route royale. Prenons pour base l'évaluation de d'Anville, qui porte le mille à 756 toises, soit 1,473 mètres & une fraction. Quoiqu'on ait reproché à cette évaluation d'être un peu faible, elle s'est trouvée confirmée plus tard par un fait assez remarquable. Lorsqu'en 1777 les travaux de desséchement des Marais Pontins mirent à découvert la *Via Appia* ensevelie sous les eaux depuis plusieurs siècles, on trouva les bornes *milliaires* n°s 42 & 46 encore en place. L'espace de quatre milles qui les séparait, mesuré avec le plus grand soin, donna 1,471 mètres 25 centimètres pour chaque mille. L'auteur estimé (1) à qui j'emprunte cette observation, après de nouveaux calculs, fixe cette évaluation à 1,472 mètres & demi, par conséquent, au dessous de celle de d'Anville. En adoptant cette dernière, qui paraît être le terme moyen d'un grand nombre d'observations (2), les 30 milles feraient 22,680 toises, soit 44,204 mètres. C'est à cette distance qu'en partant de Lyon, on doit trouver *Lunna*. Mesurons maintenant sur la route royale qui suit une direction parallèle à celle de la voie romaine, & cherchons le point qui se trouve exactement à la hauteur du centre de Belleville. D'après un nouvel examen des lieux, ce point se rencontre précisément à 100 mètres au midi de la *Croisée*, & à 44,067 mètres de Lyon : différence entre la voie romaine & la route royale, 137 mètres ; c'est 13

---

(1) SAIGEY, *Traité de Métrologie ancienne & moderne*, in-12. Paris, 1834.
(2) Voir : Dissertation de d'Anville, *Mémoires de l'Académie des Inscriptions*, tom. XXVIII, pp. 346 & suiv.

ou 14 mètres de plus que la longueur de la place des Terreaux. Par conféquent, ce calcul qui tombe toujours dans Belleville, à 137 mètres feulement au nord du centre actuel de la ville, ne diffère que très-peu de l'autre.

Enfin, ces légères différences peuvent encore s'expliquer d'une manière très-naturelle par une remarque judicieufe de d'Anville. Les diftances fixées par les Itinéraires romains n'admettant jamais de fraction de mille, & d'un autre côté, la borne *milliaire* ne pouvant pas toujours fe trouver placée au centre même de chaque *ftation*, il devait néceffairement en réfulter des différences en plus ou moins qui pouvaient s'élever jufqu'à près d'un demi-mille (environ 736 mètres). Or, les excédants trouvés à Belleville par deux calculs différents reftent bien au deffous de ce chiffre.

Réfumons maintenant tous les titres de Belleville à repréfenter l'antique *Lunna* :

1° Concordance parfaite des diftances. Ce point fi effentiel lui eft acquis d'une manière irrévocable pourvu qu'on veuille laiffer là les Cartes & mefurer fur le terrain ;

2° Ancienneté de la ville. On ignore l'époque de fa fondation ; mais fa qualité de ville gallo-romaine & fon ancienne étendue fe révèlent par les objets d'antiquité qu'on trouve en fouillant fon fol, furtout à l'entour de fon enceinte actuelle ;

3° Paffage de l'ancienne route de Paris qui fuivait la même direction que la voie romaine & qui n'a quitté Belleville qu'en 1767 ;

4° Embranchement de la voie romaine allant à

Autun par Cluny, & qui part encore de l'intérieur de Belleville.

Qu'on me montre, si l'on peut, un autre lieu réunissant *toutes* ces conditions, & je m'empresserai de reconnaître avec vous que le *doute est permis*.

Je vous remercie, Monsieur, de l'occasion que vous m'avez fournie de fortifier ainsi, par de nouvelles preuves l'opinion que j'avais émise il y a trois ans. Jusqu'à ce jour, vous êtes le seul qui l'ayez contestée. Après avoir lu ces observations, votre conviction sera-t-elle toujours la même? Vous me *permettrez* à mon tour d'en *douter*.

Agréez, Monsieur, &c.

D'AIGUEPERSE.

Lyon, 15 mars 1847.

DECOUVERTE

D'UNE

VILLE GALLO-ROMAINE

ENTRE

VILLEFRANCHE ET SAINT-GEORGES.

LETTRE A M. PEYRE

Monsieur,

Les travaux des chemins de fer qui fillonnent & fouillent profondément le fol de la France ont rendu à la lumière une foule d'antiquités dont l'exiftence était à peine foupçonnée. Les reftes d'une ville gallo-romaine viennent d'être exhumés près de Saint-Georges-de-Reneins. J'ai lu avec le plus vif intérêt le compte-rendu que vous avez fait inférer dans la *Revue du Lyonnais* du mois de juin dernier. Cet intérêt qui naît tout à la fois & du fujet & de la manière dont vous l'avez traité, j'ai dû l'éprouver plus que perfonne, car cette découverte, tout à fait imprévue, vient faire subir une nouvelle phase à une question d'antiquité que je croyais avoir amenée au point de recevoir une solution définitive. Vous avez, dans cette occasion, parlé de mon petit travail en termes beaucoup trop bienveillants. Je vous prie de recevoir l'expression de toute ma reconnaissance; je vous l'offre également pour les détails précieux que je dois à votre obligeance & à votre zèle éclairé pour tout ce qui touche à l'histoire de notre Beaujolais.

N'admirez-vous pas, Monsieur, l'étrange fatalité qui semble s'être attachée à cette question de géographie comparée ? Pendant près de trois siècles, elle a été un sujet de contestations & d'erreurs pour tous les savants qui s'en sont occupés. Enfin, à force de recherches & de calculs, M. Walckenaër, à qui sa position & ses connaissances géographiques donnaient le droit de prononcer, l'avait déclarée définitivement jugée. Et voilà qu'aujourd'hui (suivant votre expression), « après quinze siècles d'oubli, une ville sans nom se produit au grand jour. » Son apparition inattendue fait revivre un procès qu'on croyait à jamais éteint. Cette ville ne serait-elle point la mystérieuse *Lunna* qu'on a cherchée si longtemps ? Son enfouissement à quelques mètres de profondeur, « sans laisser aucune empreinte dans les traditions locales, ni aucun vestige à la surface du sol », si ce n'est quelques fragments de briques & de tuiles à rebords (1); toutes ces circonstances n'expliquent-elles pas d'une manière très-naturelle la difficulté qu'ont dû éprouver les antiquaires

(1) Ces tuiles à rebords, qu'on trouve assez fréquemment dans le Beaujolais, sont de véritables tuiles romaines. J'ai constaté leur parfaite identité avec celles dont on se sert encore aujourd'hui à Rome.

à retrouver une ville qui avait complètement difparu ? Un nouvel examen de la queftion devient donc néceffaire.

Permettez-moi de remarquer d'abord que de tous ceux qui fe font livrés à cette recherche pendant un long efpace de temps, il n'en eft pas un feul qui ait attaché la moindre importance aux chiffres de la *Carte de Peutinger*, qu'on n'a pas même pris la peine de difcuter. Je fuis le premier qui ait dit, en 1844, que fi ces chiffres étaient exacts, il fallait chercher *Lunna* à peu près au lieu nommé *les Tournelles de Flandres* (1). Je ne croyais certainement pas voir, un jour, fortir une ville du lieu que j'avais défigné.

Aucun hiftorien ancien n'a parlé de *Lunna*. Cette ville gallo-romaine ne nous eft connue que par deux documents : la *Carte de Peutinger* & l'*Itinéraire d'Antonin*. Comme ces deux autorités font en contradiction formelle fur le point qui nous occupe, il convient de favoir d'abord quel degré de confiance elles méritent l'une & l'autre. Nous ne pouvons choifir, pour cet examen, un meilleur guide que le favant Mannert, le d'Anville de l'Allemagne. Voici le réfumé de fa differtation placé en tête de l'édition de la *Carte de Peutinger*, publiée à Leipzig en 1824.

Agrippa, l'auteur des grandes voies romaines qui fillonnaient la Gaule (2), eft le premier qui, felon Pline, ait fait une carte de l'univers (*Pictum orbem*) qu'il plaça fous les portiques de fon nom, à Rome (3). J'ai lieu de

---

(1) *Recherches fur l'emplacement de Lunna*, p. 9 de la 1re édition, & p. 15 de la feconde.

(2) Strabon, lib. IV, in fine.

(3) Pline, III, 2. Il en exiftait une copie fous les portiques des *Ecoles Méniennes* d'Autun. — Eumènes, *Oratio de reftaurandis fcholis*, ch. 20, 21.

croire que cet ouvrage était compofé en mofaïque, tel que l'ancien plan de Rome dont on voit encore de nombreux fragments au Capitole. Il réfulte du même paffage de Pline, qu'Agrippa avait fait mefurer toutes les routes de l'Empire, & qu'Augufte fit achever les portiques, d'après les intentions & fuivant les notes & les plans de fon gendre. (*Ex deftinatione & commentariis M. Agrippæ.*)

Cette carte a dû être la fource d'où font fortis & l'*Itinéraire* dit d'*Antonin* & toutes les cartes que les Romains ont poffédées.

C'eft à tort qu'on a cru la Carte dite de *Peutinger* faite fous Théodofe & qu'on l'a nommée *Table Théodofienne*. Ce qui a donné lieu à cette erreur, ce font douze vers latins mis en tête d'une copie faite fous cet empereur. Mannert prouve très-bien que cette carte eft beaucoup plus ancienne. Elle remonte, pour le fond, à celle d'Agrippa. Celle que nous poffédons aujourd'hui eft une copie d'une *récenfion* faite vers l'an 230, fous le règne d'Alexandre Sévère, & dans laquelle on a inféré quelques-uns des changements amenés par la fuite des temps. Je ferai, néanmoins, à ce fujet, une remarque qui a échappé au favant Mannert, & qui vient à l'appui de fon opinion fur l'ancienneté de l'original primitif de cette Carte; c'eft qu'on y voit figurer les trois villes d'*Herculanum*, de *Pompeï* & de *Stabia*, détruites ou plutôt enfevelies l'an 79 de Jéfus-Chrift, par l'éruption du Véfuve. Cet original était donc antérieur à cette grande cataftrophe, & ce n'eft point le faire remonter trop haut que de l'attribuer à Agrippa.

Le copifte auquel nous devons la carte actuelle eft,

toujours fuivant Mannert, un moine ignorant du xiii.e fiècle. Il y a entremêlé plufieurs indications chrétiennes qui ne s'accordent guère avec les temples païens qu'on y remarque. Elle comprenait l'univers entier tel que le connaiffaient les Romains, tandis que l'*Itinéraire* ne fort jamais des limites de l'Empire. Cet Itinéraire, plus récent & moins détaillé que la Carte dont il eft iffu, contient pourtant quelques routes nouvelles ajoutées par Dioclétien & Conftantin. Mannert croit que la dernière édition que nous poffédons de ce document date de la fin du iv.e fiècle.

Enfin, le favant géographe fait une obfervation d'une grande importance. L'expérience lui a appris qu'en général les chiffres de la *Carte* méritent plus de confiance que ceux de l'*Itinéraire*. Ce dernier ayant été tranfcrit fucceffivement à plufieurs reprifes, a été plus fouvent expofé aux erreurs des copiftes que la carte qui n'a été copiée qu'une fois fur un original fort ancien.

Après ces explications préliminaires, arrivons à l'application. Les deux documents dont nous venons de parler font parfaitement d'accord fur la diftance totale de Lyon à Mâcon, qu'ils fixent à 30 lieues gauloifes, foit 45 milles romains. Ils font également d'accord (à 157 mètres près) avec les mefures officielles françaifes, telles que les donnait le *Livre de Pofte* avant que la route eût été allongée par la rectification qui lui fait contourner les hauteurs de Limoneft. Mais ces deux autorités font en complet défaccord fur le placement des ftations intermédiaires entre ces deux villes. La Carte qui, d'après Mannert, ferait la première en date, ne donne qu'une ftation, celle de Lunna, qu'elle place à 16 lieues gauloises de Lyon, & à 14 de Mâcon, ce qui partage la distance en deux parties presque égales. L'Itinéraire adopte un ordre de choses tout à fait différent. Il divise la distance en trois parties parfaitement égales de 15 milles romains, soit 10 lieues gauloises chacune, & place les stations savoir : la première à *Assa Paulini*, représentée aujourd'hui par la petite ville d'Anse, & la seconde à *Lunna*, qu'il met à 4 lieues gauloises au nord de la position que lui assigne la *Carte*. Cette différence est tellement tranchée, qu'elle n'est point de celles qu'on peut expliquer par une erreur de chiffres, comme d'Anville l'a fait si souvent. Entre ces deux fixations contradictoires il faut choisir ; c'est là que porte toute la difficulté.

Remarquons d'abord que la division de la route de Lyon à Mâcon, telle que la donne la *Carte*, avait l'avantage de n'en faire que deux parts, dont le parcours n'excédait point les forces d'un piéton ordinaire. C'est le système adopté aujourd'hui, & l'étape unique est placée à Villefranche. La division donnée par l'Itinéraire a l'inconvénient de faire ces étapes trop courtes & d'exiger une journée de marche de plus.

Mais ceci n'est qu'une considération secondaire. Venons à quelque chose de plus précis & voyons si les ruines nouvellement découvertes se trouvent placées au point indiqué par la *Carte*. Comme, avant tout, nous recherchons la vérité, il faut bien se garder de prendre pour base de nos calculs la borne kilométrique n° 38, placée actuellement à la hauteur des ruines, car elle nous donnerait une différence plus que double de celle que nous allons trouver dans un inftant. Pour être dans le vrai, nous devons adopter les mefures telles qu'elles étaient en 1844, avant la rectification de Limoneft. Elles ont l'avantage de concorder d'une manière remarquable avec celles de la *Carte* & de l'*Itinéraire*, puifqu'à Mâcon je n'ai trouvé qu'une différence de 157 mètres que la voie romaine a de plus que la route françaife.

Il réfulte de mon premier travail qu'en 1844 la *Croifée de Belleville*, en partant du point d'interfection de la route de Paris avec celle de Beaujeu, fe trouvait à 44,167 mètres de Lyon. Aujourd'hui, elle en eft à 45,500; la route a donc été allongée de 1,333 mètres. Si donc nous euffions opéré en 1844, le point où font fituées les ruines, au lieu d'être à 38,000 mètres de Lyon, fe ferait trouvé réellement n'en être diftant que de . . . 36,667 m.

Voyons maintenant fi cette diftance s'accorde avec les 16 lieues gauloifes que marque la *Carte*, en partant de Lyon. Le mille romain valant 760 toifes d'après l'opinion de M. Walckenaër, laquelle paraît avoir prévalu aujourd'hui, les 760 toifes repréfentant 1,481 mètres 26 centimètres, la lieue gauloife qui vaut un mille & demi repréfente 2,221 mètres 90 cent., & les 16 lieues gauloifes valent par conféquent. 35,550

Différence (1).   1,117 m.

---

(1) Si nous avions adopté l'évaluation de d'Anville, de 756 toifes pour un mille romain, ce qui porterait la lieue gauloife à 2,210 mètres, cette différence, au lieu d'être de 1,117 mètres, s'élèverait à 1,307 mètres.

Il s'enfuit que la route française aurait 1,117 mètres de plus que la voie romaine. C'est précisément le contraire qui devrait avoir lieu ; mais, à la vérité, dans une proportion moins forte. La chaussée moderne de la plaine, entre le village des *Chères* & Anse, a dû nécessairement rendre la route française plus courte que la voie romaine qui était forcée à des détours pour éviter les débordements de la Saône. M. Auguste Bernard (1) avait trouvé, en opérant sur la carte du *Dépôt de la Guerre*, qu'à Anse la voie antique avait 340 toises, soit 662 mètres de plus que la route moderne. Quoique ce résultat me paraisse fort exagéré, il confirme néanmoins la justesse de mon observation sur l'excédant que doit toujours donner la voie romaine dans toute l'étendue de la route entre Lyon & Mâcon, & ce, par suite des chaussées modernes qui ont accourci les distances. Il convient donc d'ajouter quelque chose à ces 1,117 mètres, & je crois qu'on ne s'éloigne pas beaucoup de la vérité en portant le total à 1,300 mètres. Ainsi, il s'en faudrait de 1,300 mètres que les ruines dont il s'agit ne se trouvent au point marqué par la *Carte de Peutinger*, ou, en d'autres termes, elles seraient à 1,300 mètres au nord du point que *Lunna* devait occuper d'après cette Carte.

Néanmoins, en ma qualité de rapporteur impartial, je dois constater qu'il est souvent arrivé à d'Anville de ne point s'arrêter à des différences de chiffres égales à celle-ci. Il les explique toujours par la *différence de direction* entre la voie romaine & la route moderne.

---

(1) Dans ses *Origines du Lyonnais*.

Mais, sans avoir recours à ce moyen, vous me fournissez une autre considération qui pourrait faire disparaître complètement cette différence. D'après vos nouvelles observations, les ruines s'étendent, il est vrai, jusqu'à 500 mètres au nord de la borne kilométrique n° 38; mais, d'un autre côté, vous avez constaté qu'on a trouvé des médailles & des fragments de murs anciens à 40 mètres au sud de la borne n° 37, près des *Tournelles de Flandres*. Si ces constructions, au lieu d'appartenir à une maison isolée, formaient l'extrémité méridionale de la ville, elles donneraient à cette dernière un développement de plus de 1,500 mètres de longueur & feraient concorder parfaitement les distances. Malheureusement, il est impossible, ainsi que vous le faites observer, d'affirmer qu'il n'y a pas solution de continuité entre ces différentes ruines. Il eût fallut, pour juger la question en parfaite connaissance de cause, que la tranchée eût régné d'un bout à l'autre. Or, par suite de l'abaissement du sol dans le milieu de cette étendue, les travaux du chemin de fer se trouvent *en remblais* sur ce point. Nous ne pouvons donc savoir ce que recèle cette portion de terrain recouverte par la chaussée.

Voyons maintenant si les distances données par l'Itinéraire s'accordent avec l'état actuel de la route. La première station en partant de *Lugdunum* est *Assa Paulini*. Tout le monde est d'accord pour la retrouver dans la petite ville d'Anse. Comme ce point est hors de toute contestation, j'ai jugé inutile de mesurer les distances sur le terrain, comme je l'ai fait ailleurs. Il m'a suffi que les cartes placent Anse au tiers de la distance de Lyon à Mâcon, ce qui s'accorde parfaitement avec les 15 milles romains, soit 10 lieues gauloises de l'Itinéraire. D'Anse à Belleville, même distance, & nous arrivons au centre de cette dernière ville avec une légère différence de 166 mètres que la voie romaine a de plus que la route française, différence qui s'explique par les chauffées modernes. Enfin, de Belleville à Mâcon, même distance encore. Nous arrivons aussi au centre même de cette ville avec une différence de 157 mètres seulement. L'Itinéraire avait divisé la route de *Lugdunum* à *Matisco* en trois sections parfaitement égales. Je trouve, comme vous, Monsieur, que cette égalité si parfaite présente quelque chose d'extraordinaire ; mais ce qui me semble bien plus étonnant, c'est qu'en plaçant Lunna à Belleville, chacune de ces trois sections, prise isolément, donne des résultats d'une exactitude aussi remarquable, je dirai presque mathématique. J'ai indiqué la cause des légères différences qu'on observe, différences tellement naturelles que, si elles n'existaient pas, j'aurais lieu de me défier de la justesse de mes calculs. Je ne sais si je me trompe, mais c'est, selon moi, un argument bien fort que cette concordance parfaite sur trois points différents.

Il est une autre circonstance qui vient encore ajouter à nos éléments de conviction. C'est au point même occupé aujourd'hui par Belleville que venait s'embrancher une autre voie romaine qui subsiste encore, & qui est connue dans le pays sous le nom de *Chemin ferré* ou de *Chemin des Romains*. C'était une de ces voies secondaires que les Itinéraires désignent sous le nom de *Compendium* (route abrégée). Celle-ci se rendait à Autun en passant par Cluny, ce qui était beaucoup plus court que la route par Mâcon & Chalon. N'eſt-il pas naturel de penſer que le point de jonction de ces deux voies romaines ne devait & ne pouvait ſe rencontrer que dans une ſtation?

Mais revenons à ces reſtes de conſtructions auxquelles j'ai donné juſqu'ici le nom de ville, bien que nous n'en connaiſſions encore qu'une partie. J'ignore ce que nous révèleront des fouilles ſubſéquentes. Si l'on s'en tient à ce qui juſqu'à préſent a été mis à découvert, on eſt forcé de reconnaître que, ſauf quelques portions de murs & de parquets revêtus de ſtuc, obſervés par vous, preſqu'aucune de ces conſtructions ne donne l'idée d'une ville gallo-romaine d'une certaine importance. Au lieu de l'*opus reticulatum* (ouvrage à réſeau) qu'on retrouve aſſez ſouvent à Lyon, au lieu de ces murs en pierre de taille, connus ſous le nom de *grand* & de *petit appareil*, au lieu de ces parquets en moſaïque, comme on en a découvert à Belleville, on ne voit que des fondations ou des voûtes compoſées de pierres brutes du pays & abſolument ſemblables aux conſtructions communes de notre époque. Ce caractère eſt tellement frappant, qu'au premier abord on croirait n'avoir ſous les yeux que les reſtes d'un gros bourg, remontant tout au plus au moyen-âge, ſi les médailles & les débris de poterie romaine qu'on y rencontre n'atteſtaient une beaucoup plus haute antiquité.

Au reſte, quel que ſoit le nom qu'on veuille donner à ces ruines, je ſuis très-diſpoſé à penſer, je dirai même que je ſuis convaincu qu'elles étaient jadis traverſées par la voie romaine qui, pour éviter les débordements de la Saône, devait s'en écarter un peu plus que la route moderne, & s'élever ſur cette petite colline. Si, dans les fouilles récentes, on n'en a point découvert de traces, je crois qu'on n'en peut tirer aucun argument ; cela prouverait seulement que la voie antique est restée enfouie dans la partie du sol non encore explorée. Comment croire, en effet, que cette ville (ou ce bourg) si bien placée dans la direction que devait nécessairement suivre la voie romaine, ne fût pas située sur cette route même, mais à quelque distance de là ?

Néanmoins, il ne s'ensuit pas que cette ville fût inévitablement Lunna. Dans un pays aussi riche & aussi fertile, ne pourrait-il pas y avoir sur la voie romaine d'autres villes que celles qui formaient des *stations*? Pour nous servir d'un exemple pris dans le pays même, n'avons-nous pas vu pendant longtemps Villefranche, malgré son importance & son titre de chef-lieu d'arrondissement, privé d'un relais de poste, tandis que Saint-Georges & Anse en avaient un ?

Vous avez été frappé, Monsieur, des traces d'incendie qu'on rencontre assez souvent dans ces fouilles. Cette observation, dont j'ai pu constater la parfaite justesse dans ma visite sur les lieux, nous conduirait à penser que cette ville a été détruite par le feu. Mais à quelle époque faut-il rapporter cet incendie? Les nombreuses médailles qu'on trouve en remuant le sol pourraient nous fournir, au moins approximativement, la date de cette catastrophe. Vous avez remarqué ainsi que moi que, parmi ces médailles, quelques unes sont gauloises, mais que la plupart sont romaines & appartiennent au Haut-Empire. Nous en avons même trouvé une *consulaire* en argent, de la famille *Julia*; mais aucune de celles que nous avons vues n'a

été frappée fous le règne de Conftantin ni fous celui de
fes defcendants (1). Les dernières en date que nous ayons
examinées font de Philippe dit l'Arabe, qui parvint au
trône l'an 244. Il eft donc rationnel de penfer que la
deftruction de cette ville a eu lieu dans la dernière moitié
du IIIe fiècle de l'ère vulgaire, époque où les Gaules furent, à plufieurs reprifes, ravagées & par la guerre civile
& par les incurfions des hordes germaniques. Nous venons de voir que Mannert fixe à l'année 230 la *récenfion*
de la Carte fur laquelle a été copiée celle que nous poffédons aujourd'hui. Cette récenfion ferait donc antérieure
de 20 ou 30 ans à la deftruction de la ville qui nous occupe. Si cette ville était Lunna, il eft tout naturel que fon
nom figure fur cette Carte puifqu'elle exiftait encore.

Mais alors comment fe fait-il que le nom de cette ville
détruite fe retrouve fur l'Itinéraire que Mannert croit de
160 ans environ plus récent que la Carte? Comment fe
fait-il furtout que l'Itinéraire affigne à cette ville une nouvelle pofition à quatre lieues gauloifes au nord de l'ancienne, pofition tout à fait inconteftable, puifqu'elle s'accorde avec les diftances données par ce même Itinéraire,

---

(1) Il eft vrai qu'on a trouvé une médaille de Gratien qui régna de 375
à 383; mais, comme à ma connaiffance, on n'en a découvert aucune des
Empereurs qui ont occupé le trône pendant l'intervalle de cent vingt-fix ans
écoulés depuis la mort de Philippe en 249 jufqu'à l'avènement de Gratien
en 375, cette médaille ifolée ne prouve abfolument rien, pas plus qu'une
médaille d'un pape du moyen-âge, trouvée également. Cela s'explique très-
naturellement. La route ayant continué de paffer fur l'emplacement de la ville
détruite, ces monnaies ont été perdues par des voyageurs. Comment expliquer autrement l'abfence des médailles fi communes d'Aurélien, de Probus,
de Dioclétien, de Maximien, mais furtout de Conftantin & de fes fils?

avec les antiquités qu'on trouve à Belleville fur une fu-
perficie qui paraît dépaffer celle occupée par la ville nouvellement exhumée, & qu'enfin l'embranchement d'une
autre voie romaine vient ajouter une nouvelle preuve qui
fuffirait à elle feule pour faire pencher la balance en faveur
de cette dernière pofition?

Néanmoins, fi, par fuite de fouilles ultérieures, il était
établi que les ruines occupent fans interruption un développement de 1,500 mètres & s'étendent jufqu'au midi
des *Tournelles de Flandres*, ces ruines, foit par leur importance, foit par leur pofition au point précis indiqué par
la *Carte*, ne pourraient être autre chofe que l'antique
Lunna; mais, dans ce cas, la difficulté me paraîtrait tout
à fait infoluble, à moins qu'on n'eût recours à un moyen
extrême, en fuppofant qu'il y a eu deux *Lunna*, qu'après
la deftruction de la première, on l'a rebâtie à quelque
diftance fous le même nom. Ce ne ferait pas le premier
exemple de ce genre. Je ne citerai que la célèbre Capoue
dont on a tranfporté le nom à une autre ville voifine;
mais je crains que les favants ne trouvent cette fuppofition
un peu hafardée. Peut-être penferez-vous qu'au milieu
d'une telle incertitude, c'eft le feul moyen de tout concilier?

En effet, tout s'explique alors d'une manière affez naturelle. Après la deftruction de la ville par une de ces cataftrophes fi communes dans les Gaules aux IIIe & IVe fiècles, au lieu de fonger à la rebâtir, on aurait tranfporté
fon nom, ainfi que la ftation, à une pofition plus au
nord, qui déjà avait probablement l'avantage d'être le
point de jonction d'une autre voie romaine; mais comme

ce changement allongeait beaucoup trop l'étape de Lugdunum à Lunna, on aurait partagé la distance en deux parties égales en établissant une nouvelle station à *Assa Paulini*, petite ville qui devait exister déjà. Et voilà comment l'ordre des stations se trouverait totalement changé dans l'*Itinéraire*, que Mannert croit postérieur à la *Carte*.

Tout ceci ne repose, sans doute, que sur des conjectures ; mais si, un jour, il était prouvé par de nouvelles découvertes que la position des *Tournelles* a autant de droit que celle de Belleville à représenter Lunna, ce serait, je pense, la seule manière de trancher le nœud gordien.

Je crois n'avoir oublié aucune des considérations qui peuvent jeter quelque jour sur la question, dans un sens comme dans l'autre. Je me suis borné aux fonctions de *rapporteur*. Je m'abstiendrai d'énoncer une opinion que l'on pourrait croire dictée par mes premières impressions. Je laisserai donc le droit de prononcer aux hommes qui, comme vous, Monsieur, réunissent les connaissances nécessaires à la plus complète impartialité.

Agréez, &c.

Lyon, le 10 août 1853.

NOUVELLES ET DERNIERES RECHERCHES

SUR

L'EMPLACEMENT DE LUNNA

STATION ROMAINE ENTRE LYON ET MACON,

Lues à l'Académie impériale des sciences, belles-lettres & arts de Lyon.

N 1844, je publiai, dans les *Annales de la Société royale d'agriculture de Lyon*, des *Recherches fur l'emplacement de Lunna & fur deux voies romaines traverfant la partie nord du département du Rhône*, ouvrage réimprimé en 1853, avec quelques corrections, à la suite de l'*Hiftoire du Beaujolais*, de M. le baron Ferdinand de la Roche Lacarelle. En 1847, pour répondre à quelques objections, je publiai la *Lettre à M. Augufte Bernard*. Enfin,

en 1853, je fis insérer, dans la *Revue du Lyonnais* du mois d'août, ma *Lettre à M. Peyré sur la découverte d'une ville gallo-romaine*. Voulant aujourd'hui offrir un travail complet sur cette question, dont je m'occupe depuis treize ans, & qui se présente sous une face tout à fait nouvelle depuis la découverte de 1853, j'ai cru devoir faire précéder ce travail par un résumé de tout ce que j'avais écrit sur ce sujet, & épargner ainsi au lecteur la tâche assez difficile de consulter des opuscules dispersés de divers côtés. Ce résumé était donc nécessaire pour bien faire connaître l'état actuel de la question.

> Un chemin traversait cette plaine fertile ;
> Où l'on voit ces sillons, s'élevait une ville.
> Mais quel était son nom ! l'antiquaire indécis
> Le trouverait peut-être en fouillant ses débris.
> ANONYME.

S'il fut jamais une question d'antiquité longuement débattue, jugée de sept ou huit manières différentes, mais toutes entachées d'erreur (1), arrivée enfin à une solution que les hommes les plus compétents avaient crue définitive, puis replongée de nouveau dans l'obscurité par suite d'une découverte inattendue, c'est sans doute celle qui a déjà été l'objet de nos travaux & qu'une sorte de point d'honneur nous force à ne pas laisser retomber dans l'incertitude où elle est restée si longtemps.

Mais ce n'est pas la seule singularité que présente cette

---

(1) On a placé successivement Lunna : 1° à Lurcy; 2° à Lugny; 3° à Cluny; 4° à Beaujeu; 5° à Lancié; 6° à Saint-Jean-d'Ardières; 7° à Villefranche; 8° entre Belleville & Beaujeu.

question qui ne reſſemble à nulle autre. Après trois ſiècles de recherches ſtériles & de ſolutions erronées qui n'ont ſervi qu'à conſtater l'impuiſſance des ſavants à retrouver l'antique *Lunna*, il arrive aujourd'hui qu'au lieu d'*une Lunna* vainement cherchée, il s'en préſente DEUX, réuniſſant l'une & l'autre toutes les conditions requiſes, de ſorte que l'unique difficulté eſt maintenant de faire un choix rendu preſque impoſſible en préſence des titres produits de chaque côté. Nous croyons pouvoir affirmer qu'une ſemblable réunion de circonſtances eſt tout à fait ſans précédent dans l'hiſtoire de la *Géographie comparée*.

Une ſtation romaine a exiſté ſur l'ancienne voie qui reliait enſemble *Lugdunum* & *Matiſco*. Cette ſtation portait le nom de *Ludna* ou *Lunna*. Aucun hiſtorien n'en a parlé, mais deux documents fort anciens & également authentiques en font mention. Le premier en date eſt la *Carte* dite de *Peutinger*, qui doit ſon nom à ſon plus ancien poſſeſſeur connu & dont l'original exiſte à la bibliothèque impériale de Vienne. Le ſecond eſt l'*Itinéraire de l'Empereur Antonin*, ainſi nommé quoiqu'on ne puiſſe déſigner d'une manière certaine celui des empereurs ayant porté le nom d'Antonin, à qui on doive l'attribuer. C'eſt une eſpèce de *livre de poſte* qui donne le détail de toutes les ſtations ou étapes échelonnées ſur les grandes routes de l'empire romain avec les diſtances qui les ſéparent.

Entre les deux anciennes villes que nous venons de nommer, la *Carte* ne mentionne qu'une ſeule ſtation, celle de *Ludna*, qu'elle place à 16 lieues gauloiſes de *Lugdunum* & à 14 de *Matiſco*; total, 30 lieues gauloiſes, ſoit 45 milles romains, car telle est la proportion entre ces deux mesures (1).

L'*Itinéraire* (2) procède d'une manière toute différente & divise ainsi l'intervalle entre les deux villes.

Assa Paulini M. P. XV. Leug. X.
Lunna . . . M. P. XV. Leug. X.
Matiscone . M. P. XV. Leug. X.

Ainsi, au lieu d'une seule station intermédiaire, il en crée deux & partage la route en trois parties parfaitement égales, ayant chacune une longueur de 15 milles romains, soit 10 lieues gauloises. La *Carte* & l'*Itinéraire* diffèrent donc complètement sur les distances qui séparaient les stations intermédiaires, & pourtant, ce qui a droit de nous étonner, ils sont dans un parfait accord sur la distance totale entre les deux villes, distance qui est de 45 milles romains, soit 30 lieues gauloises. Hâtons-nous d'ajouter que ce dernier chiffre est d'une exactitude hors de toute contestation puisqu'il concorde d'une manière remarquable avec la distance actuelle, mesurée en kilomètres, entre Lyon & Mâcon. Il n'en subsiste pas moins entre ces deux documents une différence tellement tranchée qu'elle n'est point de celles qu'on peut expliquer par une erreur de chiffres, genre de solution si souvent employé par d'Anville, mais tout à fait inadmissible dans cette circonstance.

---

(1) Ce point est réglé par un passage d'Ammien Marcellin, l. XVI, c. 12, & par un autre de Jornandès, *de Rebus Geticis*, c. 36.

(2) *Antonini Augusti Itinerarium*, curante *Petro Wesselingio*, in-4. Amsterdam, 1735.

Avant d'aborder les graves difficultés que soulève cette question, il nous semble qu'il convient de tracer l'historique des phases diverses qu'elle a traversées avant d'arriver au point où nous la voyons aujourd'hui.

Il fut un temps où, sans tenir compte des distances, ni de la position des lieux, une ressemblance, même éloignée, entre le nom ancien & le nom moderne, suffisait aux savants de l'époque pour décider, par exemple, que *Genabum* se retrouvait dans Gien, *Bibracte* dans Beuvray, *Noviodunum* dans Noyon, & l'*Alesia* de Jules César dans Alais, ville des Cévennes (1). En adoptant cette règle, au lieu de chercher *Lunna* sur la route de Lyon à Mâcon, comme le bon sens le plus vulgaire semblait l'indiquer, on a cru la retrouver dans Lurcy sur la rive gauche de la Saône, ou dans Lugny, au delà de Mâcon. Mais l'opinion la plus généralement adoptée sur ce point, celle qu'on rencontre dans presque tous les ouvrages spéciaux, ayant plus d'un siècle d'existence, c'est que Cluny est l'ancienne *Lunna*. Josias Simler, historien & géographe suisse du xvie siècle (2), un de ceux qui ont le plus contribué à propager cette étrange supposition, va jusqu'à prétendre qu'au lieu de *Lunna* ou *Ludna*, il faut lire *Clunia* dans l'*Itinéraire* aussi bien que dans la *Carte*. Ce n'est pas la première fois que nous voyons les commentateurs altérer le texte des manuscrits les plus authentiques pour le faire concorder avec leurs opinions.

Le premier qui ait entrevu la vérité est le savant Adrien

---

(1) Millin, *Voyage dans le midi de la France*, t. I, p. 202.
(2) Né à Cappel, près Zurich, en 1530, mort en 1576.

de Valois (1). Après avoir réfuté l'opinion de Simler, il paraît incliner pour la pofition de Belleville & il avait raifon; mais il n'ofe fe prononcer & propofe, en même temps, Beaujeu qui s'écarte de 13 à 14 kilomètres à l'oueft de l'ancienne route de Paris. Or, on ne perfuadera jamais à ceux qui connaiffent le pays que la voie romaine, au lieu de fuivre la ligne droite au travers de la belle plaine qui borde la Saône, fe ferait détournée pour fe jeter dans les montagnes & venir couper à angle droit la vallée profonde ou s'allonge la petite ville de Beaujeu.

Aucun géographe, avant d'Anville n'avait eu l'idée, pourtant bien fimple, de chercher *Lunna* fur la route de Lyon à Mâcon & non ailleurs. Dans fes *Eclairciffements géographiques fur l'ancienne Gaule* (2), il avait d'abord indiqué Belleville comme ayant *peut-être fuccédé à l'ancien lieu nommé Lunna*. On voit que ce n'était là qu'une fimple conjecture. Plus tard, dans fa *Notice de l'ancienne Gaule* (3), il s'eft rétracté « parce que, dit-il, Belleville eft trop près d'Anfe & trop loin de Mâcon. » Il a reculé l'emplacement de *Lunna* au nord, jufque vers les confins du Beaujolais & du Mâconnais, c'eft-à-dire jufqu'à Lancié, commune du département du Rhône, autrefois partagée par la limite des deux provinces, ce qui produirait une différence de plus de fix kilomètres & demi avec les diftances de l'*Itinéraire*. Pour expliquer une erreur auffi forte de la part d'un homme auffi judicieux, il faut né-

---

(1) *Hadriani Valefii Notitia Galliarum*, p. 48, verbo *Afa Paulini*.
(2) Paris, 1741, in-12, p. 346.
(3) Paris, 1760, in-4, p. 426.

cessairement supposer qu'il n'a opéré cette fois que sur de mauvaises cartes, tandis que, en 1741, dans un premier examen, il en avait consulté une excellente, puisqu'elle le faisait tomber sur Belleville. La carte de Cassini qui représente cette partie de la France n'était pas encore publiée lorsque d'Anville composa sa *Notice de la Gaule*, & nous avons de ce fait une preuve matérielle. Cette carte nous montre la route de Paris telle qu'elle est aujourd'hui, c'est-à-dire, passant à un kilomètre environ à l'ouest de Belleville; or, en 1760, époque où fut publiée la *Notice de la Gaule*, cette route traversait encore Belleville, comme nous le verrons dans un instant. La carte n'est donc venue que plus tard.

Plus heureux que d'Anville, M. Walckenaër (1) a eu à sa disposition les cartes de Cassini. Il a trouvé, à l'aide du compas, que le milieu de la distance qui sépare Anse de Mâcon tombe précisément à *Saint-Jean-d'Ardière*, petit village situé sur la route de Paris & qui possède un beau pont sur l'Ardière. En fixant ainsi la position de Lunna, il a supposé que l'ancienne voie romaine suivait exactement la même direction que la route actuelle, ou, en d'autres termes, que ces deux routes n'en faisaient qu'une. Or, c'était une erreur. Depuis 1767, la route de Paris qui, jusques là, traversait Belleville, comme la voie romaine le faisait anciennement, a abandonné cette petite ville & a été transportée à un kilomètre environ à l'ouest, position qu'elle occupe encore aujourd'hui. Donc Lunna ne pouvait pas se trouver sur la nouvelle route.

(1) *Géographie ancienne, historique & comparée des Gaules celtique & transalpine*, 2 vol. in-8. Paris, 1839.

6

Les *Mémoires de la Société Eduenne* (1) préfentent ce point de géographie ancienne comme encore indécis. Dans la defcription du pays des Séguſiaves, on lit ces mots : *Lunna, lieu entre Aſſa Paulini & Matiſco, dont la poſition n'eſt pas bien connue.* Et plus loin : *Lunna, lieu à chercher entre Belleville & Beaujeu.*

La queſtion en était là & juſqu'en 1844, tous ceux qui s'en étaient occupés ne l'avaient étudiée que dans leur cabinet à l'aide des livres & des cartes. Pour la première fois, elle fut examinée fur le terrain même. Habitant le pays, & connaiſſant les localités ainſi que les traditions, notre poſition nous a fourni des lumières qui ont manqué à nos devanciers. Nous en avons profité pour tâcher de découvrir enfin la vérité.

La première & principale difficulté que nous avons eue à réſoudre dans notre premier travail conſiſtait à faire un choix entre les deux documents qui devaient nous ſervir de guides. La *Carte* ne place qu'une ſtation entre Lugdunum & Matiſco; l'*Itinéraire* en place deux, & tout cela avec des diſtances qui diffèrent complètement entre elles. Chercher à concilier des chiffres ſi diſcordants, c'était une tâche impoſſible à remplir & que perſonne n'a jamais tentée (du moins à notre connaiſſance). On n'avait pas même pris la peine de diſcuter les chiffres de la *Carte* & nous croyons être le premier qui l'avons eſſayé. Nous avons d'abord appliqué ces chiffres à la route actuelle, bien perſuadé que la voie romaine ne pouvait pas s'en écarter beaucoup, & que, même ſur pluſieurs points, ces

(1) Autun, 1844, in-8, pp. 8 & 11.

deux routes devaient se confondre ensemble. En adoptant l'évaluation de M. Walckenaër, qui porte à 1,481 mètres 26 c. le mille romain & par conséquent la lieue gauloise, à 2,221 m. 90 c., nous trouvions que les 16 lieues gauloises, comptées à partir de Lyon, tombaient à peu près au lieu nommé *les Tournelles de Flandres*, entre Villefranche & Saint-Georges-de-Reneins, & que c'est là qu'il faudrait chercher *Ludna* si l'on adoptait les chiffres de la *Carte* (1). Comme il n'existait sur ce point aucune ruine, aucun reste de constructions qui pût faire soupçonner l'existence d'une ancienne ville, nous n'hésitâmes pas à penser que ces chiffres étaient erronés. Et pourtant, neuf ans plus tard, en 1853, une ville gallo-romaine sortait des entrailles de la terre au point même que nous avions désigné. Mais ignorant alors ce que l'avenir devait un jour nous révéler, il fallut bien renoncer à chercher de ce côté une solution satisfaisante & voir si l'*Itinéraire d'Antonin* ne nous la fournirait pas. Une fois entré dans cette voie, notre tâche devint facile ; toutes les difficultés s'aplanirent, une concordance parfaite se rencontra sur tous les points ; une seule chose nous parut incompréhensible, c'est qu'on fût resté 300 ans à discuter dans le cabinet une question que tout le monde aurait pu résoudre en quelques heures sur le terrain.

Nous avons vu que l'*Itinéraire* partageait la distance de Lyon à Mâcon, en trois parties égales, de quinze milles romains chacune, soit dix lieues gauloises. La 1re station,

---

(1) *Recherches sur l'emplacement de Lunna*, p. 9 de la première édition, & p. 15 de la seconde.

à partir de Lugdunum, était *Affa Paulini*, repréfentée aujourd'hui par la petite ville d'Anfe, de l'avis de tous les antiquaires. Or, la diftance de Lyon à Anfe forme exactement le tiers de la diftance totale de Lyon à Macon, premier point de concordance. Quant à Belleville, il faut d'abord remarquer que, d'après les recherches faites par nous fur les lieux, nous avons acquis la certitude qu'avant 1767, la route de Paris traverfait Belleville en fuivant la même direction que la voie romaine, circonftance que M. Walckenaër a ignorée, ce qui l'a induit en erreur. Mais en appliquant à la route actuelle, qui eft parallèle à l'ancienne voie romaine, les mefures de l'*Itinéraire*, nous avons trouvé, d'après un fecond calcul rectifié, qu'en cherchant Lunna aux deux tiers de la diftance de Lyon à Mâcon, c'eft-à-dire à 44,333 mètres de Lyon & à 22,167 de Mâcon, ce point tombait précifément à la hauteur de Belleville, à 166 mètres feulement au nord du centre de cette ville, légère différence qui s'explique par quelques chauffées modernes conftruites fous Louis XV & qui ont rendu la route actuelle plus courte que la voie romaine forcée à quelques courbes pour éviter les débordements de la Saône.

Ainfi la queftion de chiffres était jugée; mais là ne fe bornaient point nos éléments de conviction. Belleville, dont le nom eft tout moderne, occupe-t-elle l'emplacement d'une ville gallo-romaine? La réponfe fe trouve dans les médailles, les ftatuettes & les mofaïques qu'on rencontre affez fréquemment en fouillant dans fon enceinte & tout à l'entour; car l'ancienne ville paraît avoir été bien plus étendue que la ville actuelle. L'époque de sa fondation est inconnue, tandis qu'on sait parfaitement que Beaujeu & Villefranche ont été fondés dans le moyen-âge par les Sires de Beaujeu. Une tradition constante, conservée parmi les habitants de Belleville (1), fait remonter son existence jusqu'à l'époque romaine, pendant laquelle elle portait, dit-on, le nom de *Lunna*. Enfin une dernière preuve vient s'ajouter aux autres. Une de ces routes secondaires que les Romains nommaient *compendia*, parce qu'elles abrégeaient les distances, partait & part encore de l'intérieur de Belleville pour se rendre à Autun par Cluny & par conséquent suit une ligne beaucoup plus directe en traversant les montagnes du Beaujolais & du Mâconnais. Elle est connue dans le pays sous les noms de *chemin ferré* ou de *chemin des Romains*. Il paraît tout naturel qu'elle dût s'embrancher sur la grande voie romaine, au point même de la station (2).

(1) Il en existe une preuve assez singulière : un arrêté pris par le Conseil général de la commune, le 5 pluviôse an II, adopta le nom de *Belluna*, attendu, est-il dit, *que la commune se nommait anciennement Lunna*. Cet arrêté, envoyé à la Convention, qui négligea de le sanctionner, n'eut point de suite, mais il constate, d'une manière évidente, l'opinion traditionnelle des habitants de Belleville sur l'antiquité de leur patrie.

(2) En sortant de Belleville, elle prend sa direction au nord-ouest, traverse les communes de Saint-Jean-d'Ardière & de Villié & après avoir franchi la montagne d'Avenas, descend dans la vallée de la Grône qu'elle suit en se dirigeant sur Cluny & de là sur Autun. L'avantage qu'avait cette route d'être plus courte, la fit préférer dans le moyen-âge par les voyageurs allant de Paris à Lyon, & réciproquement. Le précieux monument connu sous le nom d'*autel d'Avenas* rappelle l'offrande d'une église, faite à saint Vincent, par un roi de France (*Ludovicus Pius*) qu'on croit être Louis le Débonnaire. L'inscription donne une date (12 juillet) qui doit être celle du passage de ce prince. Comment croire, en effet, qu'il serait allé chercher un misérable village, perdu dans les montagnes, si la grande route ne l'y avait conduit tout naturellement ?

Après tant de preuves accumulées qui venaient corroborer encore l'autorité irréfiftible des chiffres, il femblait que la queftion agitée depuis trois fiècles était enfin réfolue. M. Walckenaër, le d'Anville de notre époque, qui certes, était un juge bien compétent, avait fait à l'auteur de ce travail l'honneur de lui dire *qu'il regardait la queftion comme définitivement jugée*, en ajoutant ces paroles également honorables pour lui & pour celui à qui elles s'adreffaient : « Vous avez très-bien fait de réfuter « l'opinion que j'avais émife ; il eft bien évident qu'étant « fur le terrain, vous avez dû y trouver des lumières que « mes cartes n'ont pu me fournir (1). »

Après un tel témoignage, il femblait que c'était un point complètement réglé & qu'il n'y avait plus à s'en occuper. Mais il n'en devait point être ainfi ; cette longue férie de phafes diverfes par lefquelles la queftion avait paffé, allait être couronnée par le plus étrange & le plus imprévu des incidents. La myftérieufe Lunna, fi longtemps cherchée, qu'on avait crue enfin définitivement retrouvée, a paru tout à coup fortir de fon tombeau, comme pour fe jouer encore des antiquaires & des géographes & leur *préparer* de nouvelles *tortures*.

Au mois de mai 1853, les ouvriers du chemin de fer de Paris à Lyon, en creufant une tranchée profonde non

---

Elle était encore fréquentée au XVI° fiècle. Le *Journal de Guillaume Paradin* (dont l'auteur de cet opufcule poffède le manufcrit autographe) prouve que François de Mandelot, gouverneur de Lyon fous Charles IX, avait fuivi cette route en *revenant de la court* (fic).

(1) Sa haute impartialité ne s'eft point arrêtée là, & c'eft fur fon rapport que l'Inftitut a décerné, en 1847, une mention honorable à cet opufcule.

loin & un peu au nord des *Tournelles de Flandres*, mirent à découvert les ruines d'une ville gallo-romaine dont personne jufqu'alors n'avait foupçonné l'exiftence. On y trouva un très-grand nombre de monnaies anciennes dont quelques-unes étaient gauloifes & la plupart romaines. Cette circonftance ne pouvait laiffer aucun doute fur l'antiquité des ruines qu'on avait fous les yeux. Plufieurs traces d'incendie annonçaient qu'elle avait péri par le feu. M. Peyré (1) fut le premier qui fit connaître cette importante découverte dans un article fort remarquable publié par la *Revue du Lyonnais* du mois de juin de la même année. Suivant fon expreffion : « Après quinze fiècles d'oubli, une ville fans nom fe produit au grand jour. » Il conftate fon enfouiffement à quelques mètres de profondeur « fans laiffer, dit-il, aucune empreinte dans les traditions locales, ni aucun veftige à la furface du fol. » Cette remarque eft précieufe dans la bouche d'un antiquaire auffi éclairé que M. Peyré, qui a d'ailleurs l'avantage de connaître parfaitement les localités. Elle explique d'une manière très-naturelle la difficulté prefque infurmontable qu'on a dû éprouver à retrouver une ville qui avait complètement difparu, & qui n'a revu la lumière que par l'effet du hafard le plus inefpéré. Quant à nous, fi, d'un côté, nous éprouvâmes une certaine fatisfaction à voir fortir de terre une ville au lieu même que nous avions défigné neuf ans auparavant, de l'autre, nous ne pûmes nous défendre d'une forte de découragement à la

---

(1) Ancien magiftrat, ancien membre du Confeil général du département du Rhône.

vue d'une nouvelle découverte qui semblait donner un démenti aux conclusions de notre premier travail. Mais nous avons bientôt repris courage, &, résolu comme nous l'étions à ne rechercher que la vérité, nous avons pensé qu'un nouvel examen devenait nécessaire.

Avant d'entrer dans la discussion, nous devons d'abord apprécier la valeur des deux titres qui vont nous servir de régulateurs, la *Carte de Peutinger* & l'*Itinéraire d'Antonin*. Quelle est l'époque de leur création ? Quel degré de confiance méritent-ils l'un & l'autre ? nous ne pouvons choisir un meilleur guide que le savant Mannert, le d'Anville de l'Allemagne. Voici le résumé de sa dissertation placée en tête de l'édition de la *Carte de Peutinger*, publiée à Leipzig, en 1824.

Agrippa, l'auteur des quatre grandes voies romaines qui sillonnaient la Gaule en partant de Lugdunum (1), est le premier qui, selon Pline, ait fait une carte de l'univers qu'il plaça sous les portiques de son nom, à Rome (2). Nous avons lieu de croire que cet ouvrage était composé en mosaïque, tel que l'ancien plan de Rome dont on voit encore de nombreux fragments au Capitole. Il résulte du même passage de Pline qu'Agrippa avait fait mesurer toutes les routes de l'Empire, & qu'Auguste fit achever les portiques d'après les intentions & suivant les plans de son gendre. (*Ex destinatione & commentariis M. Agrippæ.*)

Cette carte a dû être la source d'où sont sortis & l'*Itinéraire* dit d'*Antonin* & toutes les cartes que les Romains ont

---

(1) Strabon. Lib. IV, *in fine*.
(2) Pline III, cap. 2.

possédées, notamment celle qui existait sous les portiques des *Ecoles Méniennes* d'Autun, *Menianæ scholæ* (1).

C'est à tort qu'on a cru la carte dite de *Peutinger* faite sous Théodose & qu'on l'a nommée *Table Théodosienne*. Ce qui a donné lieu à cette erreur, ce sont douze vers latins mis en tête d'une copie faite sous cet empereur. Mannert prouve très-bien que cette carte est beaucoup plus ancienne. Elle remonte pour le fond à celle d'Agrippa. Celle que nous possédons aujourd'hui est une copie d'une *récension* faite vers l'an 230, sous le règne d'Alexandre Sévère & dans laquelle on a inséré quelques-uns des changements amenés par la suite des temps. Nous ferons néanmoins deux remarques qui paraissent avoir échappé au savant Mannert & qui viennent à l'appui de son opinion sur l'ancienneté de l'original primitif de cette carte. La première, c'est qu'on y voit figurer les trois villes d'*Herculanum*, *Pompéi* & *Stabia* détruites ou plutôt ensevelies l'an 79 de J.-C. par l'éruption du Vésuve. La seconde, c'est qu'on y voit également le petit royaume du roi *Cottius* (Cottii regnum) créé sous Auguste, au milieu des Alpes, & qui, à la mort de Cottius (ou plus probablement de son fils portant le même nom) fut, selon Suétone, réduit en province romaine par Néron (2). Ces trois villes & ce royaume subsistaient donc encore lorsqu'on dressa pour la première fois cette carte célèbre, & ce n'est point la faire remonter trop haut que de l'attribuer à Agrippa.

---

(1) Eumène, *Oratio pro restaurandis scholis*, c. 20 & 21. L'expression *orbem depictum* est remarquable.

(2) Suéton. *In Neron*, cap. 18.

Le copifte auquel nous devons la carte actuelle eft, toujours fuivant Mannert, un moine ignorant du XIIIᵉ fiècle. Il y a entremêlé plufieurs indications chrétiennes qui ne s'accordent guère avec les temples païens qu'on y remarque. Elle comprenait l'univers entier tel que le connaiffaient les Romains, tandis que l'*Itinéraire* ne fort jamais des limites de l'Empire. Cet itinéraire plus récent & moins détaillé que la carte dont il eft iffu, contient pourtant quelques routes nouvelles ajoutées par Dioclétien & Conftantin. Mannert croit que la dernière édition que nous poffédons de ce recueil date de la fin du IVᵉ fiècle. Il eft évident pour nous que plufieurs autres éditions ont dû précéder cette dernière & il eft probable que l'une de ces éditions eft due à l'un des huit empereurs qui, dans le IIᵉ & le IIIᵉ fiècle, ont porté le nom d'Antonin (1) que nous trouvons infcrit en tête de l'*Itinéraire* dont la création primitive doit remonter plus haut.

Enfin, le favant géographe fait une obfervation d'une grande importance; l'expérience lui a appris qu'en général les chiffres de la *Carte* méritent plus de confiance que ceux de l'*Itinéraire*. Ce dernier ayant été tranfcrit fucceffivement à plufieurs reprifes, a été plus fouvent expofé aux erreurs des copiftes que la *Carte*, qui n'a été copiée qu'une fois fur un original fort ancien.

Après ces explications préliminaires, examinons fi les reftes de l'ancienne ville fe trouvent placés au point indiqué par la *Carte*. Et d'abord, il faut bien fe garder de prendre pour bafe de nos calculs la borne kilométrique

---

(1) Jules Capitolin, *Vie de Macrin*, ch. 3.

n° 38 placée à la hauteur des premières ruines découvertes ; elle nous donnerait une différence plus que double de celle que nous allons trouver dans un inſtant. Pour être dans le vrai, nous devons adopter les meſures telles qu'elles étaient en 1844, avant la rectification de la côte de Limoneſt. Elles ont l'avantage de concorder d'une manière remarquable avec celles de la *Carte* & de l'*Itinéraire*, puiſqu'à Mâcon nous n'avons trouvé qu'une différence de 157 mètres que la voie romaine a de plus que la route françaiſe. Il réſulte de notre premier travail qu'en 1844, la *Croiſée de Belleville*, au point d'interſection de la route de Paris avec celle de Beaujeu, ſe trouvait à 44,167 mètres de Lyon. Aujourd'hui elle en eſt à 45,500 : la route a donc été allongée de 1,333 mètres. Si donc nous euſſions opéré en 1844, le point où étaient ſituées ces ruines, au lieu d'être à 38,000 mètres de Lyon, ſe ſerait trouvé n'en être diſtant que de . . . . . . 36,667 m.

Mais comme M. Peyré a pu reconnaître encore des ruines à 97 mètres au ſud de la borne n° 38, cela diminue d'autant la diſtance, de ſorte qu'il faut encore déduire 97 mètres du chiffre ci-deſſus, ci. . . . 97 m.

Reſte donc pour la diſtance réelle entre Lyon & les ruines. . . . . 36,570 m.

Voyons maintenant ſi cette diſtance s'accorde avec les 16 lieues gauloiſes que marque la *Carte* en partant de *Lugdunum* & qui, à raiſon de 2,221 m. 90 c. l'une, ſuivant l'évaluation de M. Walckenaër, produiſent un total de. 35,550 m.

Différence. . . 1,020 m.

Ce ferait donc 1,020 mètres que la route française aurait de plus que la voie romaine. Or, c'eft précifément le contraire qui devrait avoir lieu, mais dans une proportion à la vérité moins forte. La chauffée moderne de la plaine, entre le village des *Chères* & *Anfe*, ayant été tirée en ligne droite, a dû néceffairement rendre la route française plus courte que la voie romaine. Il convient donc d'ajouter quelque chofe à ces 1,020 mètres, & pour cela nous avons une bafe dans notre précédent travail. A Belleville, nous avons trouvé un excédant de 166 mètres que la voie romaine a de plus que la voie française. Cet excédant doit être moindre fur l'emplacement des ruines, puifque fur ce point la route n'a pas encore paffé fur la chauffée moderne entre *Saint-Georges* & la *Croifée*, chauffée qui, en diminuant la diftance, a dû augmenter la différence entre les deux routes. Nous croyons donc ne pas nous éloigner beaucoup de la vérité en réduifant les 166 mètres à 100 & en portant le total de la différence réelle à 1,120 mètres. Ainfi ces ruines fe trouveraient à 1,120 mètres au nord du point que Ludna devait occuper d'après la *Carte*.

Mais hâtons-nous de faire remarquer que, fi d'un côté M. Peyré a reconnu que les ruines s'étendaient jufqu'à 360 mètres au nord de la borne kilométrique n° 38, de l'autre il a conftaté plus tard qu'on a trouvé des médailles & des reftes de murs anciens à 40 mètres au fud de la borne n° 37. Ces conftructions, placées fur l'ancienne voie, devaient, felon toutes les probabilités, former l'extrémité méridionale de la ville & produire ainfi un déveoppement de 1,400 mètres, ce qui ferait concorder, à peu de chofe près, les diftances. On fait qu'en général, dans les petites villes traverfées par une grande route, on bâtit toujours de préférence fur cette même route, d'où il réfulte pour ces villes une longueur hors de toute proportion avec leur largeur. Nous pourrions en citer un exemple pris dans le voifinage. La ftation romaine dont Belleville occupe l'emplacement s'allongeait auffi outre mefure fur la grande voie qui la traverfait du midi au nord, puifqu'on trouve des objets d'antiquité & des reftes de conftruction le long de cette même voie & bien loin en dehors de fon enceinte actuelle.

Il eft vrai, & nous fommes forcé de le reconnaître avec M. Peyré, qu'il eft impoffible d'affirmer qu'il n'y a pas folution de continuité entre les ruines de la borne n° 38 & celles de la borne 37. Il eût fallu, pour juger la queftion en parfaite connaiffance de caufe, que la tranchée eût régné d'un bout à l'autre. Or, par fuite de l'abaiffement du fol dans le milieu de cette étendue, les travaux du chemin de fer fe trouvent en *remblais* fur ce point; nous ne pouvons donc favoir ce que recèle cette portion de terrain que recouvre la chauffée.

Malgré cette circonftance que notre devoir de rapporteur impartial nous défend de taire, il nous paraît bien difficile de penfer que ces deux groupes de ruines, féparés feulement par un intervalle de 943 mètres, n'aient pas été, dans le principe, reliés l'un à l'autre par une ligne continue de conftructions. Les maifons ifolées, furtout au bord des grandes routes devaient être rares à cette époque où la fécurité publique était loin d'égaler celle dont on jouit aujourd'hui dans les états policés.

Mais, admettons pour un moment cette différence de 1,120 mètres; d'Anville ne s'y fût pas arrêté un inftant, lui qui en écarte de bien plus confidérables. Celle qui nous occupe peut encore s'expliquer d'une manière très-naturelle par une remarque judicieufe du favant géographe. Les diftances, fixées par l'*Itinéraire* auffi bien que par la *Carte*, n'admettant jamais de fraction du *mille romain* ni de la *lieue gauloife*, &, d'un autre côté, la borne ne pouvant pas toujours fe trouver placée au centre de la ftation, il devait nécessairement en réfulter des différences en plus ou en moins, qui pouvaient s'élever jufqu'à près d'une demi-lieue gauloife, environ 1,100 mètres.

Mais revenons à ces reftes de conftructions auxquelles nous avons donné le nom de ville, bien que nous n'en connaiffions qu'une partie. Si l'on s'en tient à ce qui jufqu'à préfent a été mis à découvert, on eft forcé de reconnaître que, fauf quelques portions de murs & de parquets revêtus de ftuc, obfervés par M. Peyré, prefqu'aucune de ces conftructions ne donne l'idée d'une ville gallo-romaine d'une certaine importance. Au lieu de l'*opus reticulatum* (ouvrage à réfeau), au lieu de ces murs en pierres de taille, connus fous le nom de *grand* & de *petit appareil*, au lieu de ces parquets en mofaïques, nobles débris qu'on retrouve fi fouvent dans notre vieux Lyon, on ne voit que des fondations ou des voûtes compofées de pierres brutes du pays & abfolument femblables aux conftructions communes de notre époque. Mais cela ne prouve rien felon nous. On ne peut pas attendre d'une petite ville de province le même luxe de bâtiments que dans les grandes villes telles que Lugdunum & Vienne.

Et, du refte, il nous femble que 1,400 mètres d'étendue prouvent affez qu'il ne s'agit point ici d'un fimple village.

Au refte, quel que foit le nom qu'on veuille donner à ces ruines, nous fommes convaincu qu'elles étaient jadis traverfées par la voie romaine qui, pour échapper aux débordements de la Saône, devait s'en écarter un peu plus que la route moderne & s'élever fur cette petite colline. Si, dans les fouilles qui ont eu lieu, on n'en a point découvert de traces, on n'en peut tirer aucun argument. Ces fouilles ont occupé fi peu de largeur que la plus grande partie de la ville, ainfi que la voie antique ont dû refter enfouies dans la partie du fol non encore explorée. Comment croire en effet que cette ville (ou ce gros bourg), fi bien placée dans la direction que devait néceffairement fuivre la voie romaine, ne fût pas fituée fur cette route même, mais à quelques pas de là?

Dans une nouvelle reconnaiffance opérée fur les lieux le 15 février dernier, par M. Peyré, notre honorable collaborateur a conftaté l'exiftence de nouvelles ruines faifant fuite aux premières & fituées en face de la borne n° 38, fur le plateau élevé, joignant le chemin de fer du côté qui regarde la Saône. Les travaux d'agriculture qui viennent de révéler l'exiftence de ces ruines n'ont pas pénétré affez profondément pour les faire connaître d'une manière complète. Ils ont feulement amené à la furface du fol de nombreux débris de tuiles romaines. Cette nouvelle découverte confirme ce que nous foupçonnions déjà, c'eft que la tranchée profonde du chemin de fer n'a rendu à la lumière qu'une faible partie de la ville détruite.

A quelle cause doit-on attribuer la destruction de cette ville? Les traces d'incendie qu'on a rencontrées assez souvent dans les fouilles & qui ont été constatées par M. Peyré & par nous-même, nous conduiraient à penser qu'elle a été détruite par le feu. Mais à quelle époque faut-il rapporter cet incendie? Les nombreuses médailles trouvées dans ces ruines peuvent nous fournir, au moins approximativement, la date de cette catastrophe. Parmi ces médailles dont nous avons vu un grand nombre & dont les autres ont été examinées par M. Peyré, quelques-unes sont gauloises, mais la plupart sont romaines & appartiennent au Haut-Empire. Nous avons même trouvé deux *consulaires* des familles *Julia* & *Cornélia* (1). La suite des *impériales* s'arrête à Philippe dit *l'Arabe* qui parvint au trône en 244 & fut tué en 249. On ne trouve aucune médaille appartenant à ses successeurs. Il est vrai qu'il s'en est trouvé une de Gratien qui régna de 375 à 383; mais comme, malgré toutes nos recherches, nous n'avons pu en voir aucune des empereurs qui ont occupé le trône dans l'intervalle de 126 ans écoulés depuis la mort de Philippe en 249 jusqu'à l'avènement de Gratien en 375, cette médaille isolée ne prouve absolument rien, pas plus que celle d'un pape du moyen-âge trouvée également dans ces fouilles. L'explication de ce fait est des plus simples. La route ayant continué de passer sur l'emplacement de la ville détruite, ces monnaies ont été perdues par des voyageurs & non par des habitants de l'ancienne ville qui

---

(1) La dernière porte les noms de *Lentulus Spinther* & de *C. Cassius*. Voir Mionnet, famille *Cornelia*.

n'exiſtait plus. Comment expliquer autrement l'abſence des médailles de Trajan Dèce, de Valérien, de Gallien, de Claude-le-Gothique, mais ſurtout de celles ſi communes d'Aurélien, Probus, Dioclétien, Maximien, Conſtantin & ſes fils ? Il eſt donc rationnel de penſer que la deſtruction de cette ville a eu lieu de 245 à 250, ſi c'eſt le réſultat d'un ſimple accident. Mais ſi l'on veut y voir une de ces cataſtrophes ſi communes dans les Gaules, à cette époque de guerre civile & étrangère, on peut aſſigner cet événement, ſoit à l'année 250, où Dèce alla en perſonne apaiſer les troubles de la Gaule, ſoit à l'an 260, où Poſtumus ſe fit proclamer empereur dans la même province, & en chaſſa les hordes germaniques qui la ravageaient.

Nous venons de voir que Mannert fixe à l'année 230 la *recenſion* de la carte ſur laquelle a été copiée celle que nous poſſédons aujourd'hui. Cette recenſion ſerait donc antérieure de 20 ou 30 ans à la deſtruction de la ville qui nous occupe. Si cette ville était *Ludna*, il eſt tout naturel que ſon nom figurât ſur cette carte puiſqu'elle exiſtait encore.

Mais alors comment ſe fait-il que le nom de cette ville détruite ſe retrouve avec une légère modification (1), ſur l'*Itinéraire* dont Mannert croit la dernière édition poſtérieure de 160 ans à la *recenſion* de la *Carte ?* Comment ſe fait-il ſurtout que l'*Itinéraire* aſſigne à cette ville une nouvelle poſition à quatre lieues gauloiſes au nord de l'ancienne, poſition tout à fait inconteſtable, puiſqu'elle s'accorde *mathématiquement* avec les diſtances données par ce

---

(1) Nous ſerions tenté de croire que le nom primitif de cette ſtation était réellement *Ludna*, comme le porte la *carte*, mais que, plus tard, pour adoucir & latiniſer ce nom un peu gaulois, on l'a changé en celui de *Lunna*.

même *Itinéraire*, avec les antiquités trouvées à Belleville en dedans & en dehors de son enceinte actuelle, avec les traditions du pays, & qu'enfin l'embranchement d'une autre voie romaine vient ajouter une nouvelle preuve à toutes les autres. Certes, si l'on était forcé de faire un choix entre ces deux positions, & que la question fût soumise à un jury composé d'hommes spéciaux, nous pensons que Belleville aurait toutes les chances en sa faveur.

Mais, d'un autre côté, *Ludna* se présente avec des titres qu'il est impossible de méconnaître. Dira-t-on que c'est le hasard, ou si l'on veut la négligence du copiste de la *Carte*, qui a supprimé la station d'*Assa Paulini* & altéré les chiffres des stations intermédiaires? Ce serait un bien singulier hasard que celui qui aurait bouleversé les chiffres de détail, tout en conservant une exactitude parfaite dans le total de la distance de Lyon à Mâcon. Le hasard auquel on ferait jouer un si grand rôle, aurait produit un phénomène bien plus étonnant encore, ce serait de faire trouver une ville gallo-romaine jusqu'alors inconnue, au point indiqué par les chiffres de cette carte, chiffres que les savants n'avaient jamais tenté d'expliquer, par la raison bien simple que la ville enfouie dans les entrailles de la terre n'ayant laissé subsister aucun débris à la surface du sol, l'application de ces mêmes chiffres, qu'on croyait altérés, devenait impossible. C'est un exemple de plus qui vient nous apprendre combien on doit être réservé avant de condamner le texte des manuscrits que nous a légués l'antiquité.

Quant à l'origine gallo-romaine de ces ruines, il est impossible de la contester ; les nombreuses médailles trouvées dans les fouilles ne peuvent laisser aucun doute. La

Carte, le calcul des diſtances, les poteries romaines & les médailles forment donc un faiſceau de preuves qui ſemblent, par leur réunion, devoir ſatisfaire tout homme de bonne foi.

Mais ſi l'on admet les chiffres de la *Carte*, il faut biffer ceux de l'*Itinéraire*, malgré leur accord parfait avec les localités; déclarer que la ſtation d'*Aſſa Paulini* a été inventée par quelque copiſte ignorant, car il ne peut venir à la penſée de perſonne qu'on eût établi deux ſtations à 14 kilomètres & demi l'une de l'autre; telle eſt en effet la diſtance qui ſépare Anſe des ruines de *Ludna*.

En préſence de ces deux ſyſtèmes excluſifs l'un de l'autre & qui tout deux s'appuient ſur des titres inconteſtables, la difficulté ſemble devenir tout à fait inſoluble. C'eſt en effet l'impreſſion qu'au premier aſpect on ne peut manquer d'éprouver & que nous avons éprouvée nous-même.

Mais enfin, animé comme nous l'étions d'un vif déſir de trouver une ſolution, nous eûmes recours à ce que nous regardions alors comme un *moyen extrême*, en ſuppoſant (1) qu'il y avait eu deux *Lunna*, qu'après la deſtruction de la première, on l'avait rebâtie à quelque diſtance ſous le même nom. Nous citions, à ce ſujet, l'exemple de la célèbre Capoue dont le nom a été, après ſa deſtruction, tranſporté à une ville voiſine. Nous ne propoſions ce moyen qu'avec la plus grande réſerve, craignant que les ſavants ne trouvaſſent notre ſuppoſition trop hardie. Mais, depuis cette époque, nos convictions ont fait bien du che-

---

(1) *Revue du Lyonnais*, août 1853.

min. Ce qui n'était d'abord qu'une conjecture timidement hafardée, eft devenu plus tard, dans notre efprit & après un nouvel examen longuement médité, une certitude qui s'appuie fur une réunion de preuves telles que le doute ne peut plus être permis. En adoptant notre hypothèfe, tout s'explique, tout fe concilie de la manière la plus naturelle. Voilà donc, felon nous, comment les chofes fe font paffées.

Agrippa, créateur tout à la fois & de la carte célèbre dite de *Peutinger* & de la voie romaine fur laquelle nous opérons, avait fixé la première ftation à partir de *Lugdunum* à *Ludna* au lieu même où l'on a retrouvé fes ruines en 1853. Cette ftation unique avait l'avantage de partager la diftance de *Lugdunum* à *Matifco* en deux parties à peu près égales, fans excéder les forces d'un piéton ordinaire. Aujourd'hui on en a jugé de même puifque la feule étape entre Lyon & Mâcon eft à Villefranche. Au point indiqué par les chiffres de la *Carte*, on découvre les reftes d'une ville gallo-romaine; on eft bien forcé de reconnaître l'identité. Par une de ces cataftrophes fi communes dans les Gaules au IIIe fiècle, cette ville eft détruite. La férie des nombreufes médailles trouvées dans fon fein nous apprend que cette deftruction a dû avoir lieu de l'an 250 à 260 de J.-C., environ vingt ou trente ans après la *recenfion* de la *Carte*, faite fous Alexandre Sévère. Or, comme on n'a pas même effayé de rebâtir cette ville, il faut, de toute néceffité, admettre que, pour la remplacer, on a transféré la ftation fur un autre point, en confervant toujours le même nom, puifque nous le retrouvons dans l'*Itinéraire* avec une légère modification, *Lunna*, au lieu de *Ludna*.

Maintenant quelle est la position où l'on a dû établir la nouvelle station ? Pour répondre à cette question, il n'est pas même permis d'hésiter. C'est incontestablement Belleville, dont nous avons énuméré les titres aussi nombreux que décisifs. Cette nouvelle station avait le double avantage d'être le point de jonction d'une autre voie romaine & de posséder sur la Saône un port auquel venait aboutir cette voie secondaire. C'est probablement à cette réunion de circonstances que la position de Belleville dut la préférence qu'elle obtint sur son aînée. Mais, comme elle avait, d'un autre côté, l'inconvénient d'allonger beaucoup trop l'étape de *Lugdunum* à *Lunna*, on partagea la distance en deux parties égales en établissant une nouvelle station à *Assa Paulini*, petite ville qui devait exister antérieurement. Et voilà comment l'ordre des stations se trouva complètement changé dans l'*Itinéraire d'Antonin* dont la création est plus récente que celle de la *Carte* d'Agrippa, ainsi que Mannert l'a démontré.

Les choses ont donc dû se passer comme nous les rapportons & comme nous croyons en être certain, par la raison qu'en contestant notre affirmation, toute autre supposition nous rejetterait dans un dédale inextricable & sans issue où nous ne ferions que nous heurter contre des impossibilités.

En adoptant notre explication, toutes les difficultés disparaissent. La *Carte* & l'*Itinéraire*, jusqu'alors inconciliables, se trouvent avoir tous les deux raison, mais à des époques différentes. Non-seulement la lutte a cessé entre eux, mais ils s'accordent aussi parfaitement avec les indices & les faits que nous ont révélés les fouilles de 1853. Nous avons donc pu réfoudre enfin cette interminable queftion qui femblait renaître de fes cendres, & cela, tout en refpectant religieufement le texte des deux documents dont nous ne penfions pas pouvoir nous écarter.

Rien de plus facile en effet, dans ce genre de difcuffion, que de déclarer des chiffres *fautifs* & de n'en tenir aucun compte, comme on l'a fait fi fouvent. Nous penfons qu'il vaut mieux chercher à concilier ces chiffres entre eux, ou les éclaircir à l'aide des nouvelles lumières qu'on manque rarement de rencontrer en fe livrant à un examen attentif des localités, furtout lorfqu'on eft affez heureux pour pouvoir profiter des découvertes imprévues qu'une fouille eft venue mettre au grand jour. Si certaines erreurs géographiques fe font accréditées & longtemps maintenues, on le doit furtout à l'habitude qu'ont toujours eue les favants, de faire de la *Géographie comparée* dans leur cabinet. Notre illuftre d'Anville n'a pas été à l'abri de ce reproche, & malgré toute fa fagacité, c'eft prefque toujours à cette circonftance qu'il a dû les méprifes qui ont pu lui échapper. L'honorable M. Walckenaër avait donc raifon de nous dire : « Qu'on trouve fur le terrain « des lumières que les cartes ne peuvent pas fournir. »

C'eft la quatrième fois que nous prenons la plume pour éclaircir une queftion d'antiquité qui touche à l'hiftoire de notre pays & avec laquelle nous nous fommes, pour ainfi dire, identifié. Ce dernier travail, qui réfume les précédents, mettra fin, nous l'efpérons, à l'état d'incertitude où cette queftion s'était trouvée de nouveau rejetée & fera pour nous l'accompliffement de la tâche que nous nous étions impofée.

COUP D'OEIL

SUR LA DECADENCE

DES

BELLES-LETTRES, DES SCIENCES ET DES ARTS
CHEZ LES ROMAINS.

Discours de réception lu à l'Académie des sciences, belles-lettres & arts de Lyon,
dans la séance publique du 22 janvier 1856

PAR M. D'AIGUEPERSE.

MESSIEURS,

E devais déjà beaucoup à de modestes études qui ont fait le charme de ma vie ; je sens aujourd'hui que je leur dois encore davantage, puisqu'il m'est donné d'associer mes faibles travaux à ceux d'une réunion d'hommes aussi distingués dans toutes les parties des connaissances humaines.

Mais, par une triste compensation, ce jour réveille en moi un douloureux souvenir. Je n'aperçois plus parmi vous l'homme éminent qui fut, tout à la fois, mon ami &

mon maître dans la science de l'antiquité & qui, cédant aux préventions de l'amitié plutôt qu'à une juste appréciation des titres que vous êtes en droit d'exiger, eut, le premier, l'idée d'une candidature que, depuis, vous avez bien voulu ratifier par vos suffrages. La mort a moissonné M. Gregorj, votre savant confrère, lorsqu'il était encore dans toute la force de l'âge, & qu'un long avenir semblait réservé à cette carrière déjà si honorablement parcourue. Nous y avons perdu des trésors de science qu'une brillante intelligence, aidée d'une mémoire sans bornes, avait longuement amassés. Cette fin prématurée ne lui a pas permis de les léguer à sa patrie. Il n'y a que ceux qui l'ont connu dans l'intimité qui puissent mesurer toute l'étendue de cette perte. Il pensait que les hommes qui, par goût, se livrent à des travaux historiques, ne doivent pas se contenter de satisfaire une vaine curiosité, mais se proposer, avant tout, un but d'utilité pratique, & chercher dans le passé des enseignements pour l'avenir.

En m'inspirant de cette pensée, il m'a semblé que, parmi les grandes époques de l'histoire dignes d'exercer les méditations des hommes sérieux, il n'en était aucune plus remarquable que cette longue période de quelques siècles qu'on a désignée sous le nom de *Décadence de l'Empire romain*. Le monde avait déjà vu s'écrouler plusieurs empires vastes & puissants, & entre autres celui d'Alexandre, sans que les belles-lettres, les sciences & les arts eussent paru en souffrir. Cette fois, il en fut tout autrement. On vit leur flambeau s'affaiblir graduellement & finir par s'éteindre en devançant, dans cette voie de décroissance, la chute de la puissance militaire qui survécut à tout le reste. Un fait aussi remarquable venait contredire tout ce qu'on avait observé jusqu'alors. Nous espérons pouvoir l'expliquer d'une manière satisfaisante, mais nous devons auparavant tracer un aperçu rapide des connaissances humaines chez les Romains, & un précis des phases diverses qu'elles eurent à parcourir.

Le siècle d'Auguste fut pour Rome ce que le siècle de Périclès avait été pour Athènes, en tenant compte des différences de proportion entre une petite république & la maîtresse des nations. La poésie, l'éloquence, les sciences & les arts, atteignirent un degré d'élévation qu'il semblait impossible de dépasser.

L'éloquence fut la première à descendre des hauteurs où Cicéron l'avait portée. En effet, il ne lui était plus possible de s'y maintenir. Du moment où les destins de Rome & du monde ne se décidèrent plus au Forum ou au Sénat, du moment où tous les pouvoirs furent concentrés dans les mains d'un seul homme, l'éloquence, n'ayant plus à défendre les grands intérêts de l'État, fut bannie du théâtre de ses triomphes. On la retrouve encore dans les pages admirables de Tite-Live & de Tacite ; mais, sauf cette exception, elle sembla désormais reléguée dans les obscures contestations du barreau. Elle eut bientôt à subir une épreuve encore plus cruelle ; sous le règne des Tibère, des Néron, des Domitien & de leurs imitateurs, on la fit servir à la condamnation des malheureuses victimes accusées du crime, alors si commun, de lèse-majesté. Un homme que la Gaule avait vu naître, & que la nature avait doué des qualités les plus brillantes de l'esprit, Domitius Afer, acquit une odieuse célébrité dans cette carrière, d'ailleurs fort lucrative, puifque la dépouille du condamné payait ordinairement les fervices du délateur. La haine & le mépris qui fe font attachés à fa mémoire n'ont pu empêcher fes contemporains de rendre juftice à des talents dont il avait fait un fi funefte abus.

Ce grand fiècle d'Augufte, deftiné à voir éclore tant de merveilles, vit auffi paraître le plus beau monument hiftorique qui ait jamais été élevé à la gloire d'une nation, une hiftoire romaine, alors complète, mais dont nous poffédons à peine le quart aujourd'hui. L'exécution de cette œuvre immenfe parut dépaffer tout ce qu'on pouvait attendre de la vie entière d'un homme de génie, fi longue qu'elle fût. Le ftyle de Tite-Live eft, tour à tour, plein de douceur ou de force, de nobleffe ou de fimplicité, mais toujours à la hauteur de fon fujet, & pouvait-il en choifir un plus beau que l'hiftoire des maîtres du monde? On ne peut lui reprocher que d'avoir trop fouvent immolé les autres nations au peuple-roi dont il s'était fait une idole. Ses écrits, où refpire toute la grandeur romaine, avaient dû flatter fes contemporains reftés encore fidèles au culte des vieux fouvenirs, & les confoler du filence de la tribune. Traité avec diftinction par Augufte, il ne diffimulait point fes affections pour le parti vaincu. Le monarque tout-puiffant ne fe vengea du grand écrivain qu'en lui donnant le furnom de *Pompeïen*, & lui conferva toujours une amitié qui les honorait tous les deux (1).

Jamais, à aucune époque de l'hiftoire du monde, la poéfie n'avait brillé d'un auffi vif éclat que fous cet em-

(1) Tacite. *Annal.* IV, 34.

pereur; mais il sembla qu'il avait emporté avec lui dans la tombe cette génération de poëtes qui fit la gloire de son règne. Virgile, Horace, Varius, Tibulle, Properce & Ovide laissèrent d'inimitables chefs-d'œuvre, mais pas un seul successeur. On eût dit que la nature, épuisée par cet effort, avait voulu se reposer. Les règnes de Tibère, de Caligula & de Claude ne produisirent aucun poëte, car on ne peut donner ce titre au fabuliste Phèdre. Pour le mériter, il ne suffit point d'écrire avec élégance & pureté, de se montrer moraliste ingénieux, conteur spirituel & plein de goût, il faut encore y joindre l'imagination; or, Phèdre en était à peu près dépourvu. Sous le règne de Néron, Lucain fit une courte apparition. Avec un génie éminemment poétique, il s'abandonna trop à sa facilité; sa chaleur n'est souvent que de l'enflure. S'il fût mort moins jeune, il se serait probablement corrigé. Silius Italicus ne fut que le pâle copiste de Virgile, comme Stace le fut d'Ovide.

Dans quelques genres particuliers, la poésie se soutint mieux. La satire était de création toute romaine. *Satyra quidem tota nostra est*, a dit Quintilien (1). Elle ne devait absolument rien aux Grecs. Perse, mais surtout Juvénal, eurent le talent de la maintenir à une grande élévation de pensée & de style. Ils profitèrent des travaux de Lucilius & d'Horace leurs devanciers, mais sans les imiter servilement, & en conservant, l'un & l'autre, le caractère qui leur était propre. Martial eut surtout le mérite de l'originalité. C'était, suivant le portrait qu'en a tracé Pline le

(1) Lib. X. C. I.

Jeune (1), qui l'avait connu dans l'intimité, « un homme fpirituel, piquant, acerbe, qui a mis dans fes écrits beaucoup de fel & d'amertume, & non moins de candeur. » Cette alliance de qualités fi diverfes fe retrouve, en effet, dans fes œuvres. On peut dire de lui & de Juvénal que leurs ouvrages n'ont pu être écrits qu'au milieu d'un peuple parvenu au dernier degré de la corruption. A partir de cette époque, Rome eut encore des verfificateurs, mais, fauf une feule exception que nous fignalerons dans un inftant, elle n'eut plus de poëtes.

La philofophie grecque avait été tranfplantée à Rome par Cicéron, qui l'y avait pour ainfi dire naturalifée. Après lui, Sénèque fut le feul Romain qui parut capable de la cultiver fur ce fol étranger. Cet écrivain, qui a joué un fi grand rôle fous le règne de Néron, contribua fortement à corrompre le goût de fes concitoyens. Sentant bien qu'il ne pourrait jamais lutter avec Cicéron en reftant fur le même terrain que lui, il avait cherché à fe frayer une route nouvelle. Le fage Quintilien (2), tout en lui rendant juftice, avait fait de vains efforts pour mettre fes concitoyens en garde contre la féduction d'un modèle auffi brillant. L'abus de l'efprit, qui conftituait fon principal défaut, fut pouffé fi loin que Sénèque lui-même parut modéré en comparaifon de fes imitateurs.

On fait que la philofophie ancienne fe partageait en plufieurs branches dont les deux extrêmes étaient le *Stoïcifme* & l'*Epicuréifme*. L'un & l'autre exercèrent, en fens

---

(1) Plin. *Epiftol.*, III, 21.
(2) Quint. Lib. X. C. I.

oppofé, une grande influence fur la civilifation romaine. La première de ces fectes, qui, dans fon enthoufiafme pour la vertu, affectait de faire violence à tous les inftincts de l'humanité, comptait parmi fes adeptes, du refte peu nombreux, tous les hommes d'élite qui, par leurs actes, eurent le courage de protefter contre la tyrannie & la corruption de leur époque. Elle eut même la gloire de voir fes doctrines fiéger fur le trône impérial dans la perfonne de Marc-Aurèle. Sénèque affectait de marcher fous fes drapeaux en fe permettant néanmoins quelques écarts vers la philofophie éclectique. Mais, fauf fa mort qui ne fut pas dépourvue de fermeté, on peut affirmer qu'il ne fut ftoïcien que dans fes écrits. Par fa vie comme par fon immenfe fortune, qu'il avait amaffée tout en écrivant fur le mépris des richeffes, il femblait fe rapprocher beaucoup des maximes des Epicuriens. Cette dernière fecte, plus nombreufe que toutes les autres enfemble, recommandait, il eft vrai, la modération dans les plaifirs, mais fon véritable & principal but était de fatisfaire tous les appétits matériels. Elle niait la divinité, ou n'en faifait qu'un témoin indifférent de tout ce qui fe paffe ici-bas. On peut, fans injuftice, lui attribuer la profonde corruption qui s'introduifit à Rome auffitôt après la chute de Carthage. Ce fut la Grèce qui lui fit ce funefte préfent, &, felon la belle expreffion de Juvénal, *vengea* ainfi *l'univers vaincu :*

..... Victumque ulcifcitur orbem (1)

(1) Juvén. *Satir.* VI. v. 293.

Sous Trajan, & grâce à la douceur de son règne, l'éloquence sembla se ranimer un moment. Deux hommes intimement unis, Tacite & Pline le Jeune (1), la cultivèrent pour ainsi dire en commun, s'aidant mutuellement de leurs avis & servant de correcteur l'un à l'autre, avec une loyauté & une modestie qui font honneur à tous les deux. La postérité a mis une grande distance entre ces deux écrivains. Le style fleuri, abondant & le ton quelque peu adulateur du panégyriste de Trajan ont paru trop au dessous de la mâle énergie du grand historien. Si, par l'élévation & la force des pensées, la vigueur du pinceau & la connaissance du cœur humain, Tacite est sans rival, son style n'a pas toujours obtenu le même degré d'estime. Des puristes trop sévères ont blâmé ses formes abruptes à force de concision, offrant un contraste trop frappant avec cette pureté & cette douce abondance (*lactea ubertas*), dont Cicéron & Tite-Live avaient fourni de si brillants modèles. Avant Tacite, Sénèque se plaignait déjà que son siècle ne parlait plus latin (2) & il le prouve par de nombreux exemples d'autrui, auxquels, selon l'ingénieuse remarque de M. Villemain, il aurait pu quelquefois mêler les siens (3).

Après les deux grands historiens que nous avons nommés, Tite-Live & Tacite (4), vient en troisième ligne, Quinte-Curce, qui a eu aussi ses admirateurs passionnés. Il

---

(1) Plin. *Epistol.* VII. 20.
(2) *Ep.* 39.
(3) Préface du *Dictionnaire de l'Académie*.
(4) Nous n'avons pas dû parler de Salluste, mort avant le règne d'Auguste qui a été notre point de départ. Même observation pour Lucrèce & Catulle.

est bien difficile de déterminer l'époque où il a vécu, puisque, par une singularité vraiment inexplicable, aucun auteur n'en a fait mention avant le XIIe siècle. Aussi quelques savants, suivant en cela l'exemple du célèbre Père Hardouin, qui attribuait l'*Enéide* de Virgile, les *Odes* d'Horace & la plupart des ouvrages anciens que nous possédons, à quelque moines du moyen-âge, ont assigné la même origine à l'*Histoire d'Alexandre-le-Grand*. Il nous paraît plus que douteux qu'on ait pu écrire ainsi aux XIe & XIIe siècles. L'opinion la plus probable, celle de Vossius (1), fait vivre Quinte-Curce sous le règne de Vespasien. Son style, peut-être trop orné, mais toujours coulant & pur, & ses périodes soigneusement arrondies, ont dû exiger un grand travail. On y rencontre quelque chose de poétique, parfaitement en harmonie avec les actions du héros macédonien.

On peut citer encore Velleïus Paterculus, remarquable par l'élégante précision de son style & la vérité de ses portraits, mais qui s'est déshonoré par une basse adulation pour Tibère & son digne ministre, Séjan. — Florus, contemporain de Trajan, dont le résumé historique, qui n'est pas toujours exact, est accompagné de réflexions quelquefois judicieuses, trop souvent déclamatoires. — Suétone, secrétaire de l'empereur Adrien, & qui avait à sa disposition une foule de documents précieux, s'est montré biographe exact & minutieux plutôt qu'historien. Le sang-froid avec lequel cet écrivain sans passion, raconte tant de crimes & de turpitudes, semble, du moins, être pour nous un garant

(1) *De Histor.*, latin.

de sa véracité. Justin nous a donné l'abrégé de l'*Histoire universelle* de Trogue Pompée, dont nous ne pouvons assez déplorer la perte. Les six écrivains, auxquels nous devons le recueil intitulé *Histoire Auguste*, ont pris pour modèle Suétone auquel ils sont, en général, inférieurs, si l'on en excepte pourtant Vopiscus, le plus remarquable d'entre eux. Le seul historien que Rome, à son déclin, pût montrer encore, fut Ammien-Marcellin. Une certaine énergie dans sa narration, une rare impartialité, une généreuse indignation contre les vices de son siècle, rappellent parfois la manière de Tacite, comme on retrouve en lui celle de Polybe, lorsqu'il décrit les expéditions militaires auxquelles il a assisté; mais, d'un autre côté, sa diction rebutante & à peine latine, se ressent par trop de l'altération que la langue avait subie vers la fin du quatrième siècle. Il faut tout le courage dont peut s'armer le plus patient investigateur de l'antiquité pour supporter une pareille lecture.

Pour nous faire connaître l'état des sciences & des arts chez les Romains, l'antiquité nous a laissé un ouvrage précieux, c'est l'*Histoire naturelle* de Pline, qu'on a nommée à plus juste titre l'*Encyclopédie des anciens*. Cette immense composition, qui a été appréciée avec justice par Buffon & par Cuvier, fut publiée vers la fin du règne de Vespasien, un an environ avant que l'auteur trouvât, dans la grande éruption du Vésuve, une mort que l'amour de la science & le désir de secourir ses semblables ont rendue glorieuse.

Plus heureux que la poésie & l'éloquence, les arts leur survécurent longtemps sans rien perdre de leur éclat. On en fut redevable aux artistes grecs établis à Rome. Chose remarquable! les Romains passionnés jusqu'à l'extravagance pour les produits de ces beaux-arts qui fervaient à l'embelliffement de leurs palais & de leurs *villas*, dédaignaient, en quelque forte, les profeffions auxquelles il les devait. On ferait tenté de croire qu'ils avaient toujours préfente à l'efprit cette leçon que leur donne Virgile :

> Excudent alii fpirantia mollius AEra
> Credo equidem, vivos ducent de marmore vultus.
> . . . .
> Tu regere imperio populos, romane, memento !
> Hæ tibi erunt artes, pacifque imponere morem,
> Parcere fubjectis & debellare fuperbos (1).

Augufte qui fe vantait, à bon droit, de laiffer après lui une Rome de marbre au lieu d'une Rome de briques qu'il avait trouvée à fon avénement (2), donna une impulfion qui durait encore près de deux fiècles après lui. La plupart de fes fucceffeurs voulurent attacher leur nom à de beaux monuments. Une infcription, placée fur le monument lui-même, ne manquait jamais de défigner aux fiècles futurs celui qui l'avait conftruit ou fimplement reftauré. Cette coutume, que les papes ont eu raifon d'imi-

---

(1) D'autres avec plus d'art, cédons leur cette gloire,
Coloreront la toile, ou, d'une habile main,
Feront vivre le marbre & refpirer l'airain,

Toi, Romain, fouviens-toi de régir l'univers ;
Donne aux vaincus la paix, aux rebelles des fers,
Fais chérir de tes lois la fageffe profonde,
Voilà les arts de Rome & des maîtres du monde.

(*Traduction de* DELILLE.)

(2) Suét. in Aug. C. 28.

ter, a enfanté ou confervé une foule de chefs-d'œuvre.
Ces infcriptions exiftent encore aujourd'hui en grande
partie, & ce n'eft pas fans émotion que, fur la façade du
Panthéon, j'ai lu cette ligne fi belle dans fa fimplicité :

M. AGRIPPA. L. F. COS. TERTIVM. FECIT.

(Marcus Agrippa, fils de Lucius, l'a conftruit fous fon
troifième confulat.)

Tibère fut prefque le feul qu'une fordide économie empêcha d'imiter ces nobles exemples. Les profufions de Caligula & de Néron ruinèrent l'Empire, mais les arts en profitèrent. Vefpafien & Titus élevèrent le Colyfée, ouvrage gigantefque que Rome pouvait oppofer aux merveilles de l'Egypte (1), & qui furpaffait tout ce que la Grèce avait fait de plus grand, non que le génie lui eût manqué, mais par la feule raifon qu'elle n'avait pas, comme Rome, les tréfors du monde à fa difpofition. Il eft impoffible de parler de cet ouvrage prodigieux fans fe rappeler avec douleur qu'après avoir échappé aux ravages des Barbares, fa deftruction commença dans le moyen-âge, & que, plus tard, un Farnèfe l'exploita comme une carrière pour fe bâtir un palais. Et cela fe paffait au milieu du xvi° fiècle, plus de cent ans après la Renaiffance ! Cet acte de vandalifme a infpiré à notre illuftre & favant Père Montfaucon un beau mouvement, où éclate l'indignation de l'antiquaire & du chrétien. « Si la beauté du monument, s'écrie-
« t-il, a été impuiffante à le protéger contre des mains

---

(1) Martial. *De Spectacul*. Epig. 1.

« impies, on aurait dû, au moins refpecter le champ con-
« facré par le fang de tant de martyrs (1). »

Mais, de tous les fouverains de Rome, celui qui, dans cette lutte honorable, furpaffa tous les autres, & peut-être Augufte lui-même, ce fut Trajan. Jufqu'à lui, Rome prefque feule avait profité de la magnificence de fes Empereurs; les provinces n'y avaient eu qu'une très-faible part. Trajan fut plus jufte & plus grand. Si Rome s'embellit par fes foins d'un *Forum* admirable, notre vieux Lugdunum eut auffi le fien. L'Efpagne furtout, fa patrie, fut richement dotée. Elle montre encore avec orgueil le pont d'Alcantara & l'aqueduc de Ségovie. De tous les peuples qui avaient le bonheur de vivre fous fa domination, il n'y en eut prefque pas un feul qui ne vît s'élever des conftructions, le plus fouvent utiles, mais toujours magnifiques. Ses lettres à Pline le Jeune (2) exiftent encore comme pour attefter avec quel zèle il furveillait lui-même l'exécution de ces travaux, dans les parties les plus lointaines de fon empire. Le pont jeté fur le Danube était peut-être le plus étonnant de tant de chefs-d'œuvre; la jaloufie de fon fucceffeur le détruifit bientôt après.

Adrien fut paffionné pour les arts, mais ce fut moins en Empereur qu'en artifte jaloux de fes émules. Il ne lui fuffifait pas d'être au deffus du monde entier par la puiffance, il voulait encore être le premier dans les lettres, les fciences & les arts. Malheur au favant ou à l'artifte affez imprudent pour lui difputer la fupériorité dans quelque genre

---

(1) *Diarium Italicum.* Cap. X.
(2) Pline. *Epiftol.* Lib. X.

que ce fût. On sait qu'il en coûta la vie au célèbre Apollodore pour avoir osé critiquer un de ses ouvrages, le temple de *Vénus & Rome*, dont les ruines subsistent encore entre le Colysée & l'Arc de Titus. Ce prince rassembla dans sa *villa* de Tibur toutes les merveilles que peuvent enfanter les arts à l'aide d'immenses richesses.

Sous les deux Antonins, ces arts se maintinrent avec le même éclat. La statue équestre de Marc-Aurèle, que Michel-Ange ne se lassait pas d'admirer, est un des morceaux les plus remarquables de cette époque, mais surtout l'un des plus rares que l'antiquité nous ait laissés. C'est presque la seule statue en bronze qui, à Rome, ait échappé à la cupidité des Barbares & des différents pouvoirs qui s'y succédèrent jusqu'au moment où le zèle éclairé de quelques papes s'occupa de sauver ces nobles débris.

Septime Sévère fut le dernier des Empereurs qu'on puisse citer pour le nombre & le goût des monuments élevés sous son règne. Il en couvrit l'Afrique, sa patrie, où le voyageur les retrouve encore aujourd'hui au milieu du désert.

Après lui, la décadence se fait déjà sentir. Presque imperceptible d'abord, elle marche ensuite avec rapidité. Rome eut encore pour Empereurs de grands guerriers, tels que Claude le Gothique, Aurélien, Probus & Constantin ; mais leurs victoires n'arrêtèrent point l'invasion de la barbarie dans les sciences & les arts.

Rien ne peut mieux, qu'un cabinet de médailles, nous représenter les différentes phases que les arts ont parcourues. Depuis Auguste jusqu'aux Antonins, on y retrouve toute la pureté de goût & de dessin que les Grecs avaient fu donner à leurs monnaies, comme à leurs ſtatues & à leurs bas-reliefs. Mais enſuite, cette pureté s'altère graduellement & finit par diſparaître ſous Conſtantin & ſes ſucceſſeurs. On dirait, à voir les monnaies de leur temps, qu'elles appartiennent à un peuple barbare. Comment, avec les modèles admirables qu'on avait ſous les yeux, avait-on pu tomber ſi bas? On ſentait ſi bien cette profonde dégradation que, lorſque le ſénat voulut élever un arc de triomphe à Conſtantin, il ne trouva rien de mieux, pour l'orner, que de dépouiller celui de Trajan de ſes bas-reliefs. On eut même la maladreſſe de les placer à côté de ceux qui étaient l'ouvrage des artiſtes de l'époque, qu'ils écraſent encore aujourd'hui de leur ſupériorité. Conſtantin ne put ignorer un pareil larcin ; peut-être l'avait-il ordonné. Il nous ſemble qu'un ſentiment de pudeur aurait dû le lui interdire, ou, du moins, l'empêcher d'y ajouter l'inſulte. Cet empereur, dans le cours des différentes guerres qu'il avait eues à ſoutenir, avait parcouru preſque tout l'Empire romain. Partout il avait vu le nom de Trajan gravé ſur une foule de monuments ſuperbes. Il crut flétrir ce nom glorieux par l'ignoble ſobriquet de *Pariétaire* (1), herbe paraſite qui s'attache aux vieux murs ; mais il ne fit que dévoiler une baſſe jalouſie & l'impuiſſance où il était de l'égaler dans ce genre de gloire.

Qu'était devenue l'éloquence au milieu de la décadence univerſelle ? Elle s'était réfugiée dans le panégyrique. Nous avons encore les diſcours des Eumènes, des Nazaire, des Mamertin, des Pacatus. Ces panégyriques n'ont pas tou-

(1) *Herba parietaria vel parietina.* Aurel. Victor. Epitom. in Conſtantino.

jours, comme celui de Trajan, le mérite de la vérité, puisque le féroce Maximien y est loué plus souvent que Théodose. Ils ont bien moins de prix, comme morceaux d'éloquence, que comme documents historiques par quelques détails précieux qu'ils nous ont conservés.

Pendant le siècle qui précéda la prise de Rome par Alaric & la grande invasion des barbares, la nation romaine avait presque entièrement disparu, étouffée par les peuples qu'elle avait subjugués & réunis à son empire. Ses soldats, à cette époque, appartenaient tous à ces peuples étrangers. Si, du moins, ils avaient été commandés par les descendants des Scipions & des Césars! Mais non! Presque tous ses généraux portaient des noms barbares qui trahissaient leur origine.

Pendant que Rome empruntait aux nations étrangères ses généraux & ses soldats, elle leur devait encore ses poëtes. Ce fut la Gaule qui lui en fournit le plus grand nombre (1). Le plus remarquable fut le célèbre Ausone; on ne peut lui refuser beaucoup d'esprit, une connaissance parfaite des grands modèles de l'antiquité, & le talent de la poésie descriptive dont il fait preuve dans son poëme de la *Moselle*. Il peut, en outre, montrer un grand nombre d'épigrammes que Martial n'eût point désavouées. Mais vainement on chercherait chez lui ces grands mouvements & ces éclairs de génie qui n'appartiennent qu'aux véritables poëtes.

Le seul qui, dans ce siècle, eut quelques droits à ce titre naquit sur les bords du Nil, & ce fut Claudien. Au

---

(1) Ausone, Rutilius Namatianus, Sidoine Apollinaire.

moment où l'empire romain allait s'écrouler, la poésie, qui avait été une des premières à déchoir, fut la dernière qui sembla se ranimer pour jeter encore quelques lueurs au milieu de cette nuit profonde. Sans doute, on peut reprocher à Claudien de l'enflure & un peu de monotonie dans sa versification; mais on ne peut s'empêcher de reconnaître qu'il a du feu, des vers admirables, & parfois de belles inspirations. Il jouit, de son vivant, d'une grande réputation & obtint les honneurs d'une statue placée dans le *Forum* de Trajan. Il s'attacha à Stilicon, le plus grand homme de guerre de son temps, qui aurait pu sauver Rome & qui préféra la trahir. La plupart des poëmes de Claudien sont destinés à célébrer les victoires de son patron, ou à le venger de ses ennemis Rufin, Eutrope & Gildon.

Stilicon avait repoussé quelques peuplades germaniques appartenant à la nation des Francs & les avait forcées à vivre en paix sur leur territoire; Claudien s'écrie dans son enthousiasme :

Pascat Belga pecus mediumque ingressa per Albin,
Gallica Francorum montes armenta pererrent.

Que le pasteur gaulois, franchissant la frontière,
De l'ennemi vaincu vienne fouler la terre,
Et jusqu'aux bords de l'Elbe, à ses troupeaux errants
Qu'il fasse parcourir les montagnes des Francs.

Lorsque le poëte opposait ainsi l'une à l'autre, & comme ennemies, ces deux nations, il était loin de prévoir qu'un jour elles se fondraient ensemble pour n'en former qu'une seule qui remplirait la terre de son nom.

L'exorde de son poëme contre Rufin est le morceau de

ses ouvrages le plus souvent cité. Jamais préférence ne fut mieux justifiée. Il y examine la grande question de la Providence telle que l'expliquaient les philosophes païens. On dirait que Platon en a fourni les pensées, que Lucrèce en a dicté les vers. Si le poëte se fût soutenu à cette hauteur, sa place se trouverait marquée entre Lucrèce & Virgile. Malheureusement, il n'en est point ainsi.

Nous sommes heureux de nous arrêter à Claudien & de ne pas poursuivre plus loin l'historique de cette décadence intellectuelle qui a quelque chose d'humiliant pour l'esprit humain. Il nous reste maintenant à expliquer ses causes & à montrer comment il advint que ces nobles facultés de l'âme, qui avaient résisté à toutes les révolutions, survécu à toutes les catastrophes des empires, s'éteignirent lentement dans une longue agonie qui dura plusieurs siècles.

Tant que le monde connu des anciens resta partagé en états indépendants, il régna encore une sorte de liberté suffisante pour protéger l'homme de génie persécuté dans sa patrie. Ainsi, pour n'en citer qu'un exemple, Thucydide, exilé d'Athènes, se réfugia chez un peuple étranger, & là, grâce aux lois de l'hospitalité, si respectées des anciens, il put en toute sécurité écrire ses œuvres immortelles. Mais lorsque le monde entier fut réuni sous la domination d'un seul homme, & que cet homme fut presque toujours un tyran, aucun lieu de refuge ne put mettre en sûreté celui qui avait eu le malheur d'exciter les craintes, ou seulement les soupçons des maîtres de la terre. Partout, dans l'univers, une main puissante l'atteignit, sans qu'il pût lui échapper. Les nations étrangères & barbares n'ofaient pas même lui accorder un afile qui leur eût attiré la colère de leur redoutable voifin. Le monde fe trouva donc foumis à un defpotifme irréfiftible qui dépaffait de beaucoup tout ce qu'avaient vu les fiècles précédents. Quel ufage les mauvais Empereurs firent-ils de cet immenfe pouvoir? C'eft Tacite (1) qui fe charge de nous l'apprendre. Après nous avoir peint Domitien faifant mourir deux hommes illuftres pour avoir ofé louer la vertu dans leurs écrits, livrant ces mêmes écrits aux flammes par la main du bourreau, « banniffant de Rome les phi-« lofophes & tout ce qu'il y avait de plus noble dans les « fciences & les arts, afin de faire difparaître jufqu'aux « dernières traces de ce qu'il y reftait d'honorable (2) »; le grand hiftorien, à la vue des effets défaftreux de cette politique oppreffive, s'écrie avec douleur qu' « il eft bien plus facile d'étouffer le génie & les talents que de les ranimer : *Ingenia ftudiaque oppreferis facilius quam revocaveris.....* »

Et pourtant ce règne funefte n'avait duré que quinze ans. Qu'on juge de ce que dut produire le fyftème de Domitien, appliqué & fuivi avec une implacable perfévérance pendant environ trois fiècles, en tenant compte des moments de relâche dont Rome fut redevable aux Titus, aux Trajan, aux Antonin & à un petit nombre d'autres empereurs. Toute efpèce de fupériorité intellectuelle dut être odieufe aux tyrans, & furtout aux hommes

---

(1) Agricol. C. II & III.
(2) *Expulfis infuper fapientiæ profefforibus atque omni bonâ arte in exilium actâ ne quid ufquam honeftum occurreret.*

méprifables qui gouvernaient en leur nom. Faut-il s'étonner, après cela, fi les intelligences nous femblent affaiblies, & fi cette fatale période de temps ne nous apparaît que comme une longue éclipfe de l'efprit humain ? Et cependant, nous penfons que la Providence, qui marche toujours par des voies conftantes & régulières, produit dans chaque fiècle un nombre à peu près égal d'hommes de génie ; mais cela ne fuffit point, & il faut encore qu'il fe rencontre un Augufte ou un Louis XIV qui fache les reconnaître & les mettre à leur place, ou que, du moins, les circonftances politiques ne s'oppofent point au développement des brillantes qualités dont ils ont été doués en naiffant. Ce fut donc Rome, ou plutôt fon gouvernement oppreffeur, qui prit foin d'anéantir ces lettres, ces arts & ces fciences auxquels elle avait dû tant de gloire, & lorfque enfin elle fuccomba elle-même fous les coups des barbares, le mal était déjà confommé depuis longtemps.

Pendant qu'un mouvement continu entraînait ainfi vers l'abîme l'Empire romain & tout ce qui avait fervi à l'embellir ou à le fortifier, une religion nouvelle, qui devait changer la face du monde, croiffait dans l'ombre au milieu des perfécutions & en dépit des réfiftances impuiffantes du paganifme. Les vieux Romains, témoins de ces deux faits qui fe produifaient en même temps, prétendaient les expliquer l'un par l'autre. Au lieu de chercher la caufe de leurs malheurs dans le defpotifme ftupide de leur gouvernement, & dans la corruption qui avait pénétré jufque dans les profondeurs de la fociété dégénérée, ils croyaient la trouver dans le chriftianifme qui renverfait leurs vieilles croyances. A les entendre, Rome avait tout perdu en perdant ses dieux sous l'empire desquels elle avait grandi & prospéré. Si les armées romaines étaient partout battues, c'est que l'autel de la Victoire ne s'élevait plus au milieu du sénat. Le christianisme ne s'occupant que de la vie future, ne pouvait manquer, disaient-ils, d'être incompatible avec tout ce qui sert à donner de l'éclat à la vie présente.

Cette étrange accusation, réfutée depuis longtemps par les Pères de l'Eglise, l'était encore d'une manière plus éclatante par une comparaison qui devait frapper tous les regards. Pendant que, chez les païens, l'éloquence & la philosophie étaient pour ainsi dire muettes, & que, sauf une seule exception, le célèbre Symmaque, elles n'étaient cultivées que par une foule obscure de rhéteurs, de grammairiens & de sophistes, le christianisme pouvait montrer avec une juste fierté des hommes tels que Tertullien, l'éloquent défenseur des chrétiens, que Châteaubriand appelle le *Bossuet de l'Afrique*, & qui compense par l'énergie & la précision ce qui lui manque sous le rapport de la pureté du style. — Lactance qui, au milieu d'un siècle entaché de barbarie, sut conserver dans ses écrits l'élégance, la noblesse & la clarté de Cicéron qu'il s'était proposé pour modèle, ce qui lui a valu le glorieux surnom de *Cicéron chrétien*. — Saint Ambroise, qui exerça une si grande influence sur son siècle, & sut allier la douceur qui persuade à la sainte énergie d'un apôtre de l'humanité. — Saint Jérôme, qui fut peut-être le plus savant des Pères de l'Eglise latine.

Et au dessus de tous, saint Augustin qui, nourri de la

lecture des grands modèles de l'antiquité, dut fa converfion à un traité philofophique de Cicéron. Une âme aimante & tendre lui donna la véritable éloquence, celle qui part du cœur. Un genie fupérieur lui dévoila toutes les profondeurs de la philofophie, & il fut faire fervir au profit du chriftianifme les fublimes conceptions de Platon.

Et remarquez bien, Meffieurs, qu'il ferait facile de groffir cette lifte d'hommes célèbres en y ajoutant les noms des Bafile, des Grégoire de Nazianze, des Origène, des faint Jean Chryfoftôme & de tout ce qui a fait la gloire de l'Eglife grecque; mais nous avons dû, pour nous renfermer dans les limites de notre programme, ne citer que les écrivains qui ont employé la langue latine.

Maintenant, pour compléter la démonftration, jetons les yeux fur les temps modernes, & furtout fur les faits dont nous fommes témoins. La fupériorité fi marquée des nations chrétiennes fur les autres, foit dans les inftitutions gouvernementales, foit dans les lettres, les fciences, les arts, mais furtout celui de la guerre qui fit la grandeur de Rome, cette fupériorité, difons-nous, prouverait aux plus incrédules, s'il en était befoin, que, bien loin d'être une caufe de décadence comme on en accufait le chriftianifme, jamais religion ne favorifa davantage le développement des intelligences, & ne réalifa mieux cette loi du progrès vers lequel afpire fans ceffe l'humanité. La comparaifon devient encore plus faififfante à ne confidérer la queftion qu'au point de vue de la morale. Un mépris conftant des droits facrés de cette même humanité eft encore aujourd'hui, comme alors, le trait diftinctif de tous les peuples que n'éclaire point la lumière de l'Evangile.

Et comment pourrait-on foutenir encore que le chriftianifme affaiblit ces inftincts guerriers qui font la force d'une nation, qui ont fait l'honneur de notre vieille France & qui la feront toujours refpecter ? Avons-nous oublié ces preux chevaliers de la Croifade, dont le fouvenir vit encore dans l'Orient comme le type de la bravoure & de l'enthoufiafme religieux ? N'avons-nous pas vu naguère nos jeunes foldats unir comme leurs pères, une foi vive à un courage auquel rien n'a pu réfifter ? N'avons-nous pas vu enfin la religion fortifier nos braves à l'heure du combat, & adoucir leurs derniers moments lorfqu'ils fuccombaient au fein de la victoire ?

Après avoir affifté, pour ainfi dire, à cet affaiffement général qui a marqué la fin de l'Empire romain, on eft porté naturellement à fe demander : En fera-t-il de même de la période que nous parcourons aujourd'hui ? Une longue nuit doit-elle encore fuccéder à un jour éclatant de lumière ? Non, Meffieurs, nous ne le penfons pas. L'état des chofes a complètement changé de face. Au lieu d'un feul peuple impofant aux autres fa domination, fes lois, & trop fouvent fa tyrannie, profcrivant le génie au lieu de le protéger, que voyons-nous aujourd'hui ? Une vafte affociation de tous les peuples civilifés, indépendants les uns des autres, mais marchant enfemble dans la grande voie du progrès univerfel, mettant en commun leurs idées, leur expérience, leurs découvertes, & communiquant entre eux avec une rapidité que nos pères euffent reléguée dans la région des fables, fi on leur en eût parlé. A la vue de ce magnifique fpectacle qu'il n'a point été donné aux fiècles anciens de contempler, une penfée confolante se présente à notre esprit. Oui, sans doute, par suite de l'instabilité des choses humaines, il pourra se produire un déplacement des grands centres de lumière & de puissance, mais le flambeau des lettres, des sciences & des arts ne s'éteindra jamais.

Je n'ai pu résister au plaisir de donner, dans son entier, le morceau si célèbre de Claudien sur la Providence. Quoique très-connu, il ne l'est pas encore autant qu'il mérite de l'être. Rufin, qui a fourni le sujet de ce poëme, était parvenu, à force d'hypocrisie à capter la confiance du grand Théodose, qui, en mourant, le nomma ministre de son fils Arcadius. Rufin jeta bientôt le masque; mais, au moment où il croyait monter sur le trône, il fut massacré par les soldats dont il avait cru faire les instruments de son ambition.

> Sæpe mihi dubiam traxit, sententia mentem
> Curarent superi terras, an nullus inesset
> Rector, & incerto fluerent mortalia casu.
> Nam cum dispositi quæsissem fœdera mundi,
> Præscriptasque mari fines, annisque meatus,
> Et lucis noctisque vices : tunc omnia rebar
> Consilio firmata Dei, qui lege moveri
> Sidera, qui fruges diverso tempore nasci,
> Qui variam Phæben alieno jusserit igni
> Compleri, solemque suo : porrexerit undis
> Littora : tellurem medio libraverit axe.

Sed cum res hominum tanta caligine volvi
Adfpicerem, lætofque diu florere nocentes,
Vexarique pios; rurfus labefacta cadebat
Relligio, cauffæque viam non fponte fequebar
Alterius, vacuo quæ currere femina motu
Affirmat, magnumque novas per inane figuras
Fortuna, non arte regi; quæ numina fenfu
Ambiguo vel nulla putat, vel nefcia noftri.

Abftulit hunc tandem Rufini pœna tumultum
Abfolvitque Deos. Jam non ad culmina rerum
Injuftos creviffe queror. Tolluntur in altum,
Ut lapfu graviore ruant.

Il faut un certain courage pour ofer lutter contre d'auffi beaux vers. Auffi ce n'eft pas fans crainte que je hafarde cette imitation.

Un doute a bien fouvent fatigué ma penfée;
Les dieux, me fuis-je dit, dans mon âme oppreffée,
Gouvernent-ils la terre, ou, reftant à l'écart,
La laiffent-ils, fans guide, errer feule au hafard?
Lorfque je veux percer, dans cette nuit profonde,
Le myftère des lois qui régiffent le monde,
Je vois un doigt divin à l'océan tracer
La ligne que jamais il n'ofe dépaffer,
La terre nous offrir fes dons avec largeffe,
Le jour avec la nuit fe fuccéder fans ceffe,
Les ans & les faifons réguliers dans leur cours,
Et, toujours s'écoulant, recommencer toujours.
Tout me révèle un Dieu dans cet accord fublime;
Partout je vois fa main; aux aftres elle imprime
D'un mouvement fans fin la régularité,

Revêt l'aftre des nuits d'un éclat emprunté,
Fait briller le foleil de fa propre lumière,
A la mer en fureur oppofe une barrière ;
Au milieu de l'efpace & par fon bras puiffant,
Notre globe eft pofé fur fon axe roulant.

Mais lorfque, defcendant mon regard de la nue,
Sur l'homme & fes deftins je reporte ma vue,
Je ne rencontre là qu'énigme, obfcurité,
Le crime triomphant dans la profpérité,
A la face des dieux, opprimant l'innocence ;
Alors mon cœur brifé bannit toute croyance ;
Malgré moi je reviens au fyftème confus
Où le hafard fait tout, dont les dieux font exclus,
Où l'on explique tout par le mot de nature,
Syftème audacieux où, felon Epicure,
Les atômes pouffés par des hafards divers,
S'agitant dans le vide, ont créé l'univers,
Qui fait vivre les dieux au fein de l'indolence,
Et contefte, parfois, jufqu'à leur exiftence.
Enfin le doute ceffe & les dieux font abfous ;
Celui qui, fi longtemps, a bravé leur courroux,
Aujourd'hui renverfé, Rufin, par fon fupplice,
Satisfait, en tombant, à leur lente juftice.
Je ne me plaindrai plus de voir, dans nos malheurs,
Les méchants parvenir au faîte des grandeurs ;
Un Dieu le veut ainfi, mais fon but eft vifible ;
Plus ils font élevés, plus leur chute eft terrible.

Cette *imitation*, lue pour la première fois à la féance de la Société Littéraire de Lyon du 19 mai 1841, n'avait été publiée que d'une manière affez incorrecte dans un journal de l'époque.

ESSAI

SUR

QUELQUES CHIFFRES DE L'HISTOIRE ROMAINE,

Lu à la féance de l'Académie le 17 juillet 1860.

SI dans la lecture des hiftoriens romains on trouve un charme dont on ne fe laffe jamais, ce plaifir n'eft pas fans mélange. On eft arrêté bien fouvent par des difficultés prefque infurmontables pour la plupart des lecteurs. Les fommes, qui font partie effentielle de la narration, font toujours exprimées par des chiffres ou par des nombres qui forment autant d'énigmes pour tous ceux qui n'en ont pas fait une étude particulière. La principale de ces difficultés n'eft pas de connaître la valeur des monnaies romaines, chofe que l'on peut apprendre en quelques inftants ; mais elle confifte furtout à fe familiarifer avec leur manière de compter qui diffère totalement de la nôtre. Pour n'en citer qu'un exemple, qui pourrait deviner que ces deux mots : *Bis millies*, que tout écolier traduira à l'aide de son dictionnaire par *deux fois mille fois*, signifient en réalité *Deux cents millions de sesterces* ? Faut-il, après cela, s'étonner qu'une foule d'hommes éclairés, possédant à fond les classiques latins dont ils font leurs délices, conviennent qu'ils n'entendent rien à ces chiffres & qu'ils n'ont même pas cherché à les deviner ? Nous comprenons d'autant mieux leur répulsion à cet égard que nous l'avons partagée nous-même pendant la plus grande partie de notre vie & qu'il a fallu nous armer d'un certain courage pour aborder une matière aussi aride au premier aspect, mais qui a bien son importance dans l'histoire. Ainsi, lorsque nous lisons dans Tacite (1), que la fortune de Sénèque était de *Ter millies sestertium*, acquis dans l'espace de quatre ans, ce chiffre ne dit absolument rien à notre esprit; mais si nous apprenons qu'il représente *soixante millions de francs*, alors les réflexions se pressent en foule & nous savons ce qu'il faut penser des belles phrases du philosophe romain sur le mépris des richesses.

Nous n'avons pas la prétention de faire un traité *ex professo* sur la valeur des monnaies romaines, ni sur les altérations qu'elles ont subies pendant les guerres puniques. Nous nous garderons surtout de remonter jusqu'aux doctes recherches de Guillaume Budé (2), de Juste Lipse (3), de Jean-Frédéric Gronovius (4) & autres sa-

---

(1) *Annal.* XIII, ch. 42.
(2) De Asse.
(3) De Re numaria.
(4) De Sestertiis.

vants qui, les premiers, ont porté la lumière au milieu de tant d'obscurités, mais qui, aujourd'hui, ont le tort d'avoir pris pour point de comparaison des monnaies étrangères à notre époque & même quelquefois à notre pays. Notre tâche se trouvera bien simplifiée en consultant de préférence les travaux plus récents d'Alexandre Adam, savant écossais, & de M. Letronne, membre de l'Institut. Ce sont eux qui vont nous fournir l'évaluation du *sestertius*, qu'il ne faut point confondre avec le *sestertium* valant mille fois plus. C'est ce *sestertius* qui doit servir de base à tous nos calculs. Alexandre Adam en fixe la valeur à 1 den. 3. 3/4 sterling, soit 19 *centimes* 15/40. M. Letronne la porte à 20 *centimes & demi*. Entre ces deux évaluations, qui, comme on le voit, ne s'écartent guère l'une de l'autre, nous croyons devoir adopter un moyen terme, soit 20 *centimes*. Ce chiffre, qui ne doit pas s'éloigner beaucoup de la vérité, aurait, en outre, l'avantage de donner des résultats toujours en nombres ronds. Nous choisirons dans l'histoire romaine les principaux faits où les chiffres forment la partie la plus saillante de la narration & peuvent nous fournir d'utiles rapprochements avec ce qui se passe aujourd'hui sous nos yeux.

A l'une des plus belles époques de la république, lorsque Scipion, le premier Africain, après avoir vaincu Carthage, se fit lieutenant de son frère pour lui procurer les honneurs du commandement en chef dans la guerre contre Antiochus, on voulut, lorsqu'elle fut terminée, qu'il rendît compte devant le Sénat d'une somme de *Quatre millions de sesterces* (1) (*soit 800 mille francs*) qu'il

---

(1) Valer. Maxim., lib. III, cap. 7.

avait reçue en sa qualité de lieutenant. Scipion, en produisant son regiftre de recette & de dépenfe qu'il tenait à la main & qui aurait pu fermer la bouche à fes ennemis, le déchira, indigné qu'on exigeât de lui des pièces à l'appui de fa geftion. « Sénateurs, s'écria-t-il, je ne
« rendrai point compte à votre tréfor, comme lieutenant
« de mon frère, d'une miférable fomme de *quatre millions*
« *de fefterces*, moi qui, commandant en chef & fous
« mes propres aüfpices, ai verfé dans les caiffes de l'Etat
« *Bis millies*, 200 *millions de fefterces* (40 *millions de*
« *francs*), je ne penfe pas que la malveillance puiffe aller
« jufqu'à mettre en doute ma loyauté. Après avoir fou-
« mis à votre pouvoir l'Afrique entière, je n'en ai rien
« rapporté que je puiffe dire mien, fi ce n'eft le furnom
« que je porte. Les tréfors de Carthage ne m'ont pas
« plus corrompu que ceux d'Afie n'ont corrompu mon
« frère. Nous n'avons recueilli l'un & l'autre que l'en-
« vie. » Le Sénat tout entier applaudit à une défenfe fi pleine de dignité.

Bientôt après la chute de Carthage, les richeffes du monde entier affluèrent à Rome & y produifirent une véritable révolution dans la fortune publique auffi bien que dans les fortunes privées

Si l'on veut favoir quel était, vers la fin de la république, le chiffre moyen de la fortune des chevaliers romains, les financiers de l'époque, on peut prendre pour type Pomponius Atticus, le célèbre ami de Cicéron, dont Cornelius Nepos nous a donné l'intéreffante biographie, & qui fut fi bien concilier le goût des lettres avec les foins de cette fortune qu'il mit au fervice de tous fes amis. Son père lui avait laissé *vicies sestertium* (400,000 *francs*), ce qui paraissait bien modeste. Néanmoins, grâce à sa bonne administration, il sut toujours s'en faire honneur. Mais lorsque son oncle Cecilius y ajouta un héritage de *deux millions de francs* (*centies*), il passa pour un riche particulier. Toutefois, il resta toujours bien loin de Crassus qui, sous ce rapport, surpassa tous ses contemporains, excepté peut-être Lucullus dont nous ne connaissons pas le chiffre. Au rapport de Pline (1), Crassus possédait, en terres seulement, 40 *millions de francs* (*in agris bis millies*), outre l'argent, ses maisons en ville, ses esclaves & tout son mobilier. Pline ajoute que les trois affranchis de Claude, Pallas, Calliste & Narcisse, étaient encore plus riches.

A côté de ces richesses fabuleuses, nous voyons des ruines faites pour nous étonner, même dans notre siècle si fécond en ce genre de catastrophes. Ainsi Milon, l'ami & le client de Cicéron, qui entretenait à ses frais des troupes de gladiateurs, devait *quatorze millions de francs* (*septingenties*). Ce bilan, que Pline (2) regarde comme un prodige (*inter prodigia animi humani*), fut soldé par une banqueroute. L'ennemi de Milon, le fougueux tribun Clodius, avait payé son palais à Rome 2,960,000 francs (*centies quadragies octies*). Ce fait, que nous devons également à Pline (3), loin de nous surprendre, s'accorde parfaitement avec ce que nous avons pu voir de nos jours. Les instincts les plus démocratiques peuvent s'allier très-naturellement avec le goût du luxe le plus effréné.

---

(1) Pline, 33, 47.
(2) Pline, 36, 15.
(3) Pline, 36, 24.

César égala presque Milon dans l'abus que ce dernier fit de son crédit. Jeune encore & avant d'avoir occupé aucune charge, il devait déjà, au rapport de Plutarque, 1,300 talents (plus de sept millions de francs) (1). Lorsqu'après avoir rempli les fonctions de Préteur, le fort lui adjugea pour province l'Espagne ultérieure, il avoua, avant de partir pour son gouvernement, qu'il lui manquait 25 millions de sesterces (cinq millions de francs) *pour être vis-à-vis de rien* (2). Aussi ses créanciers voulurent s'opposer à son départ. Heureusement quelques-uns de ses amis intervinrent & purent le dégager en répondant pour lui (3). Crassus seul le cautionna jusqu'à concurrence de 830 talents (4,482,000 fr.). Arrivé en Lusitanie, il se livra au système de pillage le plus scandaleux. Les malheureuses villes qui lui ouvraient leurs portes étaient forcées de subir toutes ses exactions, comme si elles avaient voulu lui résister (4). Plus tard il extorqua au roi Ptolémée près de 6 mille talents (32,400,000 francs) qu'il dut partager avec Pompée. La Gaule, dont il pilla les temples, lui fournit pendant neuf ans une abondante mine d'or à l'aide de laquelle il put payer ses dettes & asservir sa patrie. Remarquons en passant qu'il ne fut jamais cruel ni rapace que lorsque les intérêts de sa politique lui en faisaient une nécessité. Ainsi, après avoir soumis la Gaule par la force des armes, au lieu de l'écraser de tributs, comme il l'aurait pu, il n'en exigea qu'une

(1) 7,020,000.
(2) Appien, lib. II., c. 2.
(3) Suétone, in Jul. Cæs., c. 18.
(4) Ibid., c. 54.

contribution annuelle de huit millions de francs (*quadringenties*) (1), ce qui certes était bien peu de chofe pour un pays auffi étendu, auffi peuplé & auffi riche en métaux précieux. C'eft fans doute à cette fage modération que l'on dut la facilité avec laquelle ce peuple accepta le joug des Romains.

Au commencement de la guerre civile, il acheta, fuivant Velleïus Paterculus (2), le concours du tribun C. Curion au prix de 10 millions de fefterces (*centies*), foit deux millions de francs. Le fcoliafte Servius nous apprend que Virgile (3) a entendu défigner Curion par ce paffage fi connu :

> Vendidit hic auro patriam, Dominumque potentem
> Impofuit.

Vers la même époque, Céfar donna à chacun de fes vétérans *Bina fefteriia*, deux mille grands fefterces (400 f.). Après la guerre terminée, il y ajouta *vicena millia numum*, 20 mille fefterces, foit 4,000 fr. par tête (4).

Ces différentes fommes peuvent nous faire connaître le tarif des confciences qu'il dut acheter pour parvenir au pouvoir.

Dans les cinq triomphes qui terminèrent fa carrière militaire, il fit porter devant lui, au rapport de Velleïus (5), plus de *fexies millies*, plus de 120 millions de francs.

---

(1) Suétone, cap. 25.
(2) 11, 48.
(3) AEnéid., lib. VI.
(4) Suétone, cap. 38, in Jul. Cæs.
(5) 11, 56.

Il donna à Servilia, mère de Brutus, une perle qu'il avait payée *sexagies sestertium* (1,200,000 fr.) (1).

A la mort de César il y avait, d'après les regiſtres du tréſor, *septies millies* (140 millions de francs) dépoſés dans le temple de Cybèle. Cicéron, dans ſes *Philippiques* (2), demande ce qu'ils ſont devenus. Marc-Antoine aurait pu, mieux que perſonne, en indiquer l'emploi. Aux Ides de Mars, jour de la mort de Céſar, Antoine devait *quadringenties* (huit millions de francs). Avant la fin du mois la dette était payée. On voit où il avait puiſé pour ſe libérer.

Quelques années auparavant, avait eu lieu le célèbre dîner improviſé par Lucullus en l'honneur de Cicéron & de Pompée, dans le ſalon d'Apollon, & qui, au rapport de Plutarque, avait coûté 50 mille drachmes (47,500 fr. d'après l'évaluation de Barthélemy). Pour un dîner annoncé comme devant être *ſans façon*, c'était un peu cher.

Tout le monde connaît le pari que Cléopâtre gagna contre Antoine en avalant dans une taſſe de vinaigre une des deux perles qui valaient chacune un million de francs. Pline (3) nous dépeint une autre femme, l'impératrice Lollia Paulina, qu'il a vue littéralement couverte de perles & d'émeraudes d'une valeur de huit millions de francs (*quadringenties*), fruit des pillages de ſon père Lollius Paulinus, à qui ils coûtèrent la vie. Cet auteur de qui nous tenons ces faits, ne perd jamais une occaſion de flétrir l'abus que les anciens faiſaient de leurs richeſſes.

---

(1) Suétone, in Cæs., 50.
(2) Phil. 11, 37.
(3) Pline, IX, 58.

C'est à Sénèque qui vient de nous fournir l'exemple d'une fortune paſſablement ſcandaleuſe, que nous devons de connaître le plus célèbre des trois Apicius, celui qui vécut ſous Auguſte & ſous Tibère (1). Ses goûts culinaires lui avaient coûté 20 millions de francs (*ſeſtertium millies in culinam congeſſit*). Lorſqu'il vit qu'il ne lui reſtait plus que *centies* (2 millions de francs), il s'empoiſonna de peur de mourir de faim.

Auguſte qui fut mieux qu'aucun autre empereur faire un noble uſage de ſes richeſſes & ſe tenir également éloigné de la prodigalité & de l'avarice, avait porté le *Cens* que devait poſſéder chaque ſénateur, de 800 mille *ſeſterces* à 1,200 mille (c'eſt-à-dire de 160,000 fr. à 240,000) en ſe chargeant de ſuppléer à ce qui pouvait leur manquer. Il nous ſemble, autant qu'on peut en juger à cette diſtance, que la fortune d'un ſénateur romain ne répondait pas à l'importance de ſon rôle dans la ſociété de cette époque (2).

On ſait que chez les Romains, la manière la plus honorable de s'enrichir était de recueillir un grand nombre de legs & de diſpoſitions teſtamentaires. Cela prouvait que le légataire avait eu beaucoup d'amis. C'était par ce motif qu'Auguſte tenait plus que perſonne à recevoir de pareilles marques d'affection, & non, comme on pourrait le croire, par un eſprit de cupidité, puiſqu'il rendait, le plus ſouvent avec uſure, aux enfants du teſtateur, le montant de la donation (3). Dans les vingt dernières années

---

(1) Senec, Conſol. ad Helviam, cap. 10.
(2) Suétone, in Aug., c. 41.
(3) Ibid. in Aug., c. 66.

de fa vie, il avait reçu par teftament, en différentes fois, *Quaterdecies millies*, foit 280 millions de francs (1). En s'excufant fur la modicité des legs par lui faits, il déclara que cette fomme énorme avait été abforbée prefque en entier au fervice de la République, ainfi que fes deux patrimoines provenant, l'un de fon père naturel, l'autre de fon père adoptif (Jules Céfar), de telle forte qu'il n'était refté à fes héritiers que *Millies & quingenties* (30 millions de francs).

Voici le montant des legs par lui faits à l'armée & au peuple :

Au peuple romain, *Quadringenties* . 8,000,000 fr.

Aux 35 tribus de Rome, *Tricies quinquies* 700,000

foit 20,000 fr. par tribu.

A chaque foldat prétorien, mille fefterces 200

A chaque foldat des cohortes urbaines, la moitié 100

A chaque foldat légionnaire, 300 fefterces 60

Tibère, au lieu de s'illuftrer comme Augufte par de magnifiques monuments, préféra théfaurifer. A fa mort, il laiffa dans les coffres, *Vicies ac septies* (540,000,000 fr.) que Caligula (2) diffipa entièrement avant la fin de l'année.

Néron, qui avait tant de points de reffemblance avec fon oncle Caligula, admirait, avant tout, dans ce dernier,

---

(1) Suétone, in Aug., c. 102.
(2) Ibid., in Calig., c. 37.

la rapidité avec laquelle il avait épuifé, en quelques mois, un tréfor formé avec les épargnes d'un règne de 23 ans. Auffi crut-il devoir l'imiter. Lorfque Tiridate, roi d'Arménie, vint à Rome en fuppliant (1), Néron, après lui avoir fait une réception où il déploya toutes les magnificences de l'empire, lui alloua pour fon entretien de chaque jour une fomme de 800 mille feſterces (160,000 fr.), en y ajoutant un préfent de plus de 20 millions de francs (*fuper feftertium millies*), au moment où Tiridate quitta Rome pour retourner dans fes Etats. Suétone, de qui nous tenons ces détails, convient qu'ils doivent à peine paraître croyables.

Aux funérailles de Vefpafien, il fe paffait une fcène bouffonne qui nous donne une étrange idée des mœurs des anciens. On fait que cet empereur, obligé d'acquitter les dettes énormes dont l'empire s'était trouvé grevé par les profufions de fes prédéceffeurs & par la guerre civile qui précéda fon avènement au trône, avait été forcé d'augmenter & prefque doubler les impôts anciens, de rétablir ceux abolis par Galba & même d'en inventer de nouveaux, ce qui lui avait valu l'imputation d'avarice, tandis qu'il ne faifait qu'obéir aux néceffités de fa pofition. Pendant qu'on lui rendait les honneurs funéraires, l'*archimime* (2), efpèce d'acteur chargé, fuivant l'ufage, de repréfenter l'empereur défunt & de l'imiter, foit dans fes actions, foit dans fes paroles, demanda à haute voix à fes intendants combien coûterait la cérémonie. Lorfqu'on lui

---

(1) Suétone, in Neron., c. 30.
(2) Ibid., in Vefpas., c. 19.

eut répondu que ces frais s'élèveraient à *dix millions de feſterces (centies)*, ſoit *deux millions de francs*, il s'écria : « Qu'on me donne *cent grands feſterces*, *centum feſtertia (20 mille francs)*, & qu'on me jette ſi l'on veut dans le Tibre. » Le ſavant Oudendorp remarque avec juſteſſe que le faux Veſpaſien ne demandait pour lui que la *centième* partie de ce que coûteraient les funérailles. Cette ſcène, tout à fait inconvenante à notre point de vue, devait néanmoins plaire à la populace de Rome qui, ſans tenir compte des grandes qualités de Veſpaſien, aimait à voir flétrir ce qu'elle appelait ſon avarice.

Mais laiſſons de côté ce qui n'était qu'une ignoble plaiſanterie, & venons à quelque choſe de plus ſerieux. Cet empereur, qui fut réellement un grand homme, nous a laiſſé un document précieux qui peut ſervir à nous donner une idée aſſez juſte des finances de l'empire romain à cette époque. A ſon avènement au trône, il déclara publiquement que la République, pour pouvoir ſubſiſter, (*ut reſpublica ſtare poſſet*) avait beſoin de 40 milliards de ſeſterces (*quadringenties millies opus eſſe*) ſoit 8 *milliards de francs* (1). Tel était alors le montant de la dette publique de l'empire romain. Et, par une ſingulière coïncidence, c'eſt à peu près le même que celui de la dette publique de la France dans ce moment. Malgré les reſſources immenſes que Veſpaſien avait à ſa diſpoſition, ce chiffre avait de quoi effrayer les maîtres du monde, car il ne faut pas perdre de vue qu'il s'agiſſait pour eux de ſommes actuellement exigibles & non pas de capitaux

---

(1) Suétone, in Veſpas., c. 16.

aliénés dont l'Etat n'aurait eu que la rente à fervir. Le fyf-tème des emprunts dont les gouvernements modernes ont fi largement ufé, n'avait pas encore été inventé. Vefpafien eut le courage de braver l'impopularité pour fauver l'Etat d'une banqueroute imminente. Il ne fe borna point à combler cet énorme déficit. Dans l'efpace d'un règne affez court, puifqu'il ne dura que neuf ans à peine, il fit difparaître à Rome & dans les provinces les ruines dues à l'incurie de fes prédéceffeurs, releva le Capitole incendié pendant la guerre civile, & attacha fon nom à deux monuments admirables, le Temple de la Paix & furtout le Colyfée, que Martial a eu raifon de comparer aux Pyramides d'Egypte.

Mais ce déficit devait fe renouveler fouvent par fuite de la malheureufe facilité de quelques empereurs à prodiguer les tréfors de l'Etat à l'avidité de la foldatefque dont ils croyaient s'affurer ainfi la fidélité. Cet abus fut pouffé au point de mettre l'empire à l'enchère, & Didius Julien l'obtint en promettant à chaque foldat prétorien 25 mille fefterces, foit 5,000 francs. Il en donna même 30 mille, foit 6,000 fr. Tel eft du moins le récit de Spartien (1), fon biographe. Mais Hérodien (2), fans nous faire connaître le chiffre promis, affure que Didius Julien ne put pas le payer. Ce dernier hiftorien, qui écrivait à une époque plus rapprochée des événements, mérite, felon nous, plus de croyance que Spartien.

Après un examen attentif de tous les faits & de tous les

---

(1) Spartien, in Didio, Jul., c. 3.
(2) Lib. II, cap. 25.

chiffres que nous venons de citer, on eſt naturellement amené à établir un parallèle entre la richeſſe du peuple-roi & celle des nations modernes. Si l'on veut juger de leur richeſſe relative par la maſſe des métaux précieux aujourd'hui en circulation en Europe, comparée à ce qu'elle était dans l'empire romain, qui comprenait, comme l'on ſait, outre l'Europe, une partie de l'Aſie & de l'Afrique, cette queſtion, pour être diſcutée à fond, exigerait des développements au deſſus de nos forces. Mais comme des baſes certaines nous manquent pour établir nos calculs d'une manière ſatisfaiſante, ſurtout en ce qui touche les anciens, nous ne pourrions, même au prix des plus grands efforts, arriver qu'à des évaluations à peine approximatives. Nous nous bornerons donc à quelques conſidérations générales.

Au ſiècle des Antonins, dans lequel on comprend aſſez généralement le règnes de Nerva, Trajan & Adrien, & que l'on regarde avec raiſon comme la plus belle époque de l'empire, puiſqu'elle lui aſſura une paix de quatre-vingt-quatre ans, une immenſe maſſe de richeſſes ſe trouvait accumulée à Rome, & l'ont vit, par ſuite de la ſécurité dont on jouiſſait alors, ſauf de rares exceptions, ſous Adrien, la fortune publique s'accroître en même temps que les fortunes particulières. Nous remarquerons en paſſant qu'à cette époque privilégiée où régnait la juſtice, on ne citait aucune de ces fortunes monſtrueuſes, qui provenaient le plus ſouvent des ſources les plus impures, telles que le pillage des provinces ou les confiſcations ſur les malheureux condamnés. La richeſſe était donc moins inégalement répartie que ſous les tyrans qui, à divers intervalles, ont pefé fur le monde romain. Elle était le produit naturel des relations commerciales établies entre les différentes parties du plus vafte empire qui ait jamais exifté, au milieu d'une tranquillité que la guerre ne troublait jamais, fi ce n'eft en dehors de fes frontières. Nous avons donc toutes les raifons de penfer qu'à aucune époque de fon hiftoire, le monde alors connu ne fut plus riche, & nous ajouterons même plus heureux que dans cette longue période de près d'un fiècle que le genre humain ne verra pas deux fois. Il faut remarquer en outre que les Romains n'ayant pas connu les inftitutions de crédit, telles que les banques qui fuppléent à l'argent & le remplacent au befoin, il leur fallait néceffairement une plus grande maffe de numéraire pour fuffire aux exigences du commerce. On ferait donc dès lors porté à fuppofer que la maffe de richeffes métalliques concentrées alors dans Rome n'était guère inférieure à celle que poffède aujourd'hui Londres ou Paris.

D'un autre côté, on eft forcé de reconnaître que, depuis plus de trois fiècles & demi, les mines de l'Amérique ont verfé en Europe une quantité d'or & d'argent bien fupérieure à tout ce qu'avaient pu produire dans l'antiquité les mines d'Efpagne, exploitées d'abord par les Phéniciens, les Carthaginois, puis les Romains avec leurs nombreux efclaves & les coupables condamnés à ces travaux forcés (*damnati ad metalla*) en y ajoutant l'or que l'Afrique & la Gaule produifaient en abondance & l'argent provenant des mines que poffédait Athènes. Mais il ne faut pas perdre de vue que différentes caufes contribuèrent à modifier fingulièrement la pofition en donnant aux métaux précieux une direction qui ne leur permettait plus de revenir. Ainsi, tant que Rome fut toute puissante, que les tributs du monde entier furent apportés à ses pieds & que les mines furent exploitées avec intelligence & activité, ces métaux furent abondants au centre comme dans tout le reste de l'empire. Mais lorsque, au lieu de recevoir des tributs, celle qui avait été la maîtresse des nations, se vit rançonnée à son tour par les barbares qui lui vendaient la paix au prix de ses trésors, son appauvrissement marcha avec une effrayante rapidité.

Une autre cause y contribua; cause fort ancienne, presque insensible d'abord, mais qui de nos jours s'est élevée à des proportions telles qu'elle mérite d'attirer toute l'attention de nos hommes d'Etat, & cette cause, la voici: Pline (1), dans un passage remarquable où il semble avoir prévu l'avenir, signale le danger du faible commerce que Rome faisait alors avec les Indes. « C'est une chose « digne de remarque, dit-il, qu'il n'y ait pas d'année où « l'Inde ne ravisse à l'empire romain 50 millions de « sesterces (dix millions de francs), & ne nous livre en « échange des marchandises qui, chez nous, se ven- « dent cent fois cette somme. » Ce commerce que Pline regardait alors comme une *cause d'épuisement* pour Rome (*exhauriente Indiâ*) alla toujours croissant. Après la chute de l'empire & dans le moyen âge, il se continua par l'intermédiaire des Pisans, des Vénitiens & des Génois.

---

(1) Pline, VI, 23. Digna res nullo anno minùs HS quingenties imperii nostri exhauriente Indiâ & merces remittente quæ apud nos centuplicato veneant.

La découverte du cap de *Bonne-Espérance* lui imprima un mouvement encore plus rapide. Les prévisions de Pline s'étaient accomplies depuis longtemps, &, au XVIII° siècle, Montesquieu (1) s'exprimait ainsi :

« Les Indes ont été, les Indes seront ce qu'elles sont « à présent, & dans tous les temps ; ceux qui négocieront « aux Indes y porteront de l'argent & n'en rapporteront « pas. »

C'est qu'en effet l'argent était le seul objet que l'Occident pouvait donner en échange à l'Orient.

Les travaux des mines ayant été négligés pendant le moyen-âge & les causes *d'épuisement* subsistant toujours, les métaux précieux devinrent plus rares que jamais. La découverte de l'Amérique vint fort à propos pour combler le vide énorme qui s'était produit dans la circulation. L'importation eut beau suivre une progression ascendante, l'exportation la suivit d'assez près. Aujourd'hui, c'est par centaines de millions que l'argent émigre dans l'extrême Orient pour l'achat des soies comme *matière première*. Ce qu'il y a de plus fâcheux, c'est que le seul métal accepté est l'argent, tandis que l'or est refusé, ce qui ne peut manquer de rompre la proportion établie depuis longtemps entre ces deux métaux & produire une grave perturbation dans le commerce. Robertson, dans ses *Recherches historiques sur l'Inde ancienne* (2) avait déjà remarqué la préférence que les Indiens accordent à l'argent sur l'or.

Chose remarquable ! pendant que l'exportation de l'ar-

---

(1) *Esprit des Lois*, XXI, c. I.
(2) *An historical Disquisition concerning ancien India*. Section IV, c. VI.

gent s'élevait rapidement à un chiffre qu'on n'avait jamais vu jufqu'alors, l'importation de l'or fourni par la Californie & l'Auftralie fuivait une progreffion à peu près égale. Si ces deux caufes continuent à opérer dans un fens oppofé, & fi l'on ne découvre pas de nouvelles & abondantes mines d'argent, il faut s'attendre à voir, dans un avenir peu éloigné, l'or détrôné defcendre du premier rang où les hommes l'avaient placé, &, par fuite, l'*auri facra fames*, fi fouvent accufée, n'aurait plus à répondre feule des crimes des humains.

NOTE

SUR LE CIPPE

NOUVELLEMENT DECOUVERT,

RUE DE L'ARCHEVECHE.

    D.   M.
ET·MEMORIAE
AETERNAE
AVITIAE RESTITVTE
FEMINAE·SANCTIS
SIMAE·T·FL·VLFVS
SIG·LEG·XXXVVSA
CONIVGICARISSIM
QVAEVIXITANN·XXV
ETSIBIVIVVS·FECIT
ETSVBASCIADEDICA
VIT

Monument élevé par Titus Flavius Ulfus *Signifer tricesimæ legionis Ulpiæ, Victricis, Severianæ, Alexandrianæ,* porte-enseigne de la 30ᵉ légion *Ulpienne*, *Victorieuse*, *Sévérienne*, *Alexandrienne*, à sa femme Avitia Restituta.

LEG. XXX. V. V. S. A. doivent se lire *legionis XXX* (30) *Ulpiæ, Victricis, Severianæ, Alexandrianæ.* (Voir Orelli, n° 3,394 & 3,395.) Le n° 3,394 parle également d'un *Signifer* de cette légion. Son titre d'*Ulpia* lui venait de Trajan (*Ulpius Trajanus*) & ceux de *Severianæ, Alexandrianæ* de l'empereur Sévère Alexandre.

Spon, dans *ses Recherches des antiquités & curiosités de Lyon*, p. 200 (1), a commis une erreur assez plaisante, ce qui lui arrive assez souvent. Il rapporte une inscription d'un vétéran de cette même légion, inscription qui était de son temps à l'Ile-Barbe, mais il l'a mal lue. Au lieu de lire *Leg. XXX. VLP. VIC.*, il a lu *Leg. XXXV. PVDIC* Ce surnom de *pudique* qu'il décerne à cette légion est un éloge dont certainement elle n'aurait pas voulu. (Voir Orelli, n° 3,373.)

Spon reconnaît que plusieurs lettres de cette inscription étaient recouvertes par des pétrifications, ce qui explique sa méprise.

---

(1) Page 200 de l'ancienne édition & page 235 de l'édition donnée récemment par M. J.-B. Monfalcon. Dans cette dernière, l'erreur dont parle ici M. d'Aigueperse est relevée.

INSCRIPTIONS DECOUVERTES EN 1836, QUAI DE L'ARCHEVECH

C·IVL·C·FIL·QVIR
CELSOMAXIMIANO
ADLECTOANNORQVATTVOR
INAMPLISSIMVMORDINEM
ABIMPTAELIOHADRIANO
ANTONINOAVGPIOP·P

C·IVL·C·FIL·QVIR·CELSO
A·LIBELLIS·ET·CENSIBVS
PROC·PROVINCIAR·LVGVDETAQVITANIC
PROCPATRIMONIPROC̄X̄X̄HEREDITATROMAE
PROCNEASPOLEOSETMAVSOLEIALEXANDRIAEPRO
X̄X̄HEREDITATPERPROVINCIASNARBONENSIS
ETAQVITANICAMDILECTATORIPERAQVITANICAE
XIPOPVLOSCVRATORIVIAELIGNARIAETRIVMPHAL

APPIANVS·AVG·LIB·TABVL·RATION·FERRAR

TRADUCTION.

1ᵉʳ *Compartiment.*

A Caïus Julius Celfus (1), fils de Caïus de la tribu Quirina, maître des requêtes (adreffées à l'empereur) & directeur des recenfements (2) (pour l'impôt de la capitation), intendant de l'empereur dans les provinces lyonnaife & de l'Aquitaine, intendant du patrimoine (particulier de l'empereur), intendant (de l'impôt) du vingtième (3) des héritages, à Rome, intendant de la *Ville-Neuve* (4) & du maufolée d'Alexandrie (5), inten-

---

(1) Ce Julius Celfus eft cité par Spartien in HADRIANO, cap. 18, comme faifant partie du confeil privé d'Adrien. La découverte de cette pierre vient confirmer le texte de Spartien que Gruter & Cafaubon voulaient changer. Ne connaiffant pas ce *Julius Celfus*, ils voulaient lui fubftituer Juventius Celfus. Avis aux commentateurs trop hardis à changer le texte des manufcrits.

(2) *enfus* fignifie ici un impôt qui fe percevait fur les peuples foumis aux Romains, tantôt par tête, tantôt fur les fonds de terre. Il paraît que les Gaulois payaient l'impôt par tête.

(3) Le fifc percevait le vingtième du montant de chaque fucceffion. C'eft à peu près ce que paie chez nous une fucceffion collatérale. A l'époque où cette infcription a été faite, l'impôt n'était perçu qu'en ligne collatérale ou entre étrangers. Trajan l'avait aboli en ligne directe. (Pline-le-Jeune, *Panégyr.*, chap. 37).

(4) Qu'était cette *Ville-Neuve*, c'eft ce que nous ignorons. Peut-être faut-il lier ce mot *Neofpoleôs* avec les deux fuivants, & alors cela fignifierait un quartier neuf d'Alexandrie.

(5) Le maufolée d'Alexandrie contenait le corps d'Alexandre-le-Grand & celui des Ptolémées, fes fucceffeurs. (Voir Suétone, in *Augufto*, chap. 18.)

dant du vingtième des héritages dans les provinces narbonnaife & aquitanique, directeur du recrutement militaire chez les onze (6) peuples de l'Aquitaine, curateur de la *via lignaria* (7), honoré du triomphe (8).

(6) XI POPULOS. M. Bréghot foupçonne ici qu'il y a erreur de la part du graveur qui aurait dû mettre IX (*novem*) au lieu de XI, attendu que l'Aquitaine ne contenait que neuf peuples & qu'on l'appelait quelquefois *Novempopulania*. Mais il ne s'agit pas ici de l'Aquitaine du temps de Jules Céfar, & qui était bornée par la Garonne, les Pyrénées & l'Océan. Augufte avait étendu l'Aquitaine jufqu'à la Loire, & Pline-l'Ancien (livre 4, chapitre 19) nomme 42 peuples faifant partie de l'Aquitaine.

(7) CUR. VIAE LIGNARIAE... J'ignore ce qu'était cette *Via lignaria*; aucun auteur à ma connaiffance n'en fait mention. Son nom femblerait indiquer que cette route aboutiffait à une forêt, & que c'était par là qu'arrivait à Rome le bois néceffaire à fon approvifionnement, de même qu'on appelait *Via falaria* la route par laquelle le fel arrivait à Rome.

(8) TRIUMPHA... La fin du dernier mot eft mutilée; il n'y a que deux manières d'achever ce mot: *Triumphalis* ou *Triumphali*. Si on lit triumphalis comme M. Bréghot, on joint ce mot aux deux précédents & alors on crée un *voie lignaria triomphale* tout à fait inconnue jufqu'à préfent. Nous connaiffons bien la *voie triomphale* que fuivaient les triomphateurs pour fe rendre au Capitole, mais nulle part fon nom ne fe trouve accolé à celui de *Lignaria*. Remarquons de plus que cette *via lignaria* ne pouvait être une rue de Rome, car aucune des rues de cette ville n'avait d'autre curateur que les Ediles. Augufte avait partagé aux premiers perfonnages de fon temps l'intendance des grandes routes de l'empire. Mais quant aux rues de Rome, c'était aux Ediles que le foin en était dévolu.

Je préfère donc lire *Triumphali*, & alors ce mot fe rapporte à Julius Celfus & termine dignement la longue énumération de fes charges & dignités; car pour un Romain qu'y avait-il au deffus du triomphe?

Peut-être on m'objectera que Julius Celfus n'était qu'un jurifconfulte & non un général, que par conféquent il n'a pu obtenir les honneurs du triomphe; d'abord je ferai remarquer que chez les Romains des hommes tout à fait étrangers à l'art militaire avaient remporté des victoires par le miniftère de leurs lieutenants, & obtenu par fuite le triomphe, car toute la gloire revenait au chef fous les *aufpices* duquel on avait combattu. Cicéron qui n'était rien moins que guerrier & qui le reconnaît lui-même dans une lettre à Atticus

2ᵉ Compartiment.

A Caïus Julius Celsus Maximien (9), fils de Caïus de la tribu Quirina, élu à l'âge de quatre ans, membre de l'Ordre illustre (du Sénat) par l'empereur Titus Elius Hadrien Antonin Auguste Pieux, *Père de la Patrie*.

Au dessous des deux inscriptions :

Appien (10) affranchi de l'empereur, contrôleur des comptes des mines de fer (ou des forges).

(V. 20) où il lui dit : j'ai campé à Issus dans l'ancien camp d'Alexandre, général qui valait un peu mieux que vous ou moi, Cicéron, dis-je, prétendait bien aux honneurs du triomphe parce que ses lieutenants avaient battu quelques brigands, & l'eût obtenu, si la guerre civile n'eût éclaté. Le mot *Dilectatori* prouve d'ailleurs que Julius Celsus n'était point étranger à l'art militaire, car on chargeait ordinairement des levées d'hommes (*dilectus*) des gens qui avaient servi & qui devaient se connaître en bons soldats.

(9) (MAXIMIANO). L'inscription latérale regarde évidemment le fils adoptif de Julius Celsus Le nom de Maximien indique que son père naturel se nommait *Maximus* & devait être de la famille des Fabius ou des Cynatius. Les enfants adoptifs ajoutaient à leur nouveau nom celui de leur père naturel dont ils changeaient seulement la terminaison. Ainsi, le fils de Paul Emile, adopté par un Scipion, se nomma *Publius Cornelius Scipio AEmilianus*.

(10) APPIANUS. AUG. LIB.-Cet Appien, affranchi de l'empereur, était chargé des comptes des *mines de fer* ou plutôt des *forges* appartenant à l'empereur. L'emploi des affranchis consistait en général à soigner les intérêts privés de leur maître ; les uns étaient à la tête des domaines ruraux, d'autres étaient chargés des capitaux placés à intérêts.

Je lis la dernière ligne ainsi : *Tabularius Rationum ferrariarum*. *Tabularius* signifie notaire, greffier ou écrivain ; ici c'était, je crois, un teneur de livres.

NOTICE

SUR

LA DECOUVERTE D'UNE INSCRIPTION

DANS LE LIT DE LA SAONE.

L E Musée lapidaire de Lyon vient de s'enrichir d'une fort belle inscription romaine de la meilleure époque. M. Martin-Dauffigny, qui a déjà déployé le plus grand zèle pour groffir le tréfor de nos richeffes archéologiques, a profité des baffes eaux de la Saône, pour en extraire une pierre d'un grand volume, provenant de la démolition du vieux *pont du Change*, mais qui jufqu'à préfent avait échappé aux recherches des antiquaires de notre ville. La beauté des caractères *auguftaux* femble nous prouver que, fi cette infcription n'eft pas du fiècle même d'Augufte, elle ne s'en éloigne pas beaucoup. Malheureufement nous n'en poffédons pas tout à fait la moitié. De trois blocs de pierre dont elle fe compofait, fuivant toute apparence, il ne nous en refte qu'un. Le *prénom*, le *nom*, & le *furnom* du perfonnage auquel ce monument honorifique a été élevé, manquent abfolument. Nous avons tout le refte, ou du moins les lacunes qui exiftent encore peuvent fe combler, non par de fimples conjectures, mais d'une manière à peu près certaine, fauf un feul mot fur lequel on peut différer d'opinion. Cette pierre ne nous donne que la fin de quatre lignes & il ne paraît pas qu'il y en ait eu davantage. Il ferait bien à défirer qu'on pût retrouver les autres blocs qui, joints à celui que nous poffédons, complèteraient l'infcription & nous donneraient le nom du gouverneur de la *province Lyonnaife* qu'on a voulu ainfi honorer. Ce ne ferait pas la première fois que notre Mufée lapidaire aurait vu réunir des fragments trouvés dans des temps & des lieux différents & reffufciter des monuments mutilés, jufqu'alors inintelligibles.

Voici l'infcription telle qu'elle fe préfente, & les deux différentes manières de la lire.

Première interprétation.

Prénom, nom, & lettre initiale du prénom du père fuivie de la lettre F.   q VIRIN a (tribu).
(Surnom), Legato a V.G. PR. PR.
Provinciae Lug V D. COS.
Defig. III. GALLIAE.

Qu'on peut traduire ainfi :
A. (Prénom, nom & furnom, fils de)... de la tribu *Qui-*

rina, Lieutenant de l'Empereur, Propréteur de la province Lyonnaife, Conful défigné. Les trois Gaules.

Deuxième interprétation.

Prénom, nom & lettre initiale du prénom du père fuivie de la lettre F. q VIRIN a (tribu).
(Surnom), Legato a V G. PR. PR.
Provinciae Lug V D. COS.
Tres Provinciae GALLIAE.
A. (Prénom, nom & furnom, fils de).... de la tribu *Quirina*, Lieutenant de l'Empereur, Propréteur de la province Lyonnaife, Confulaire. Les trois provinces de la Gaule.

Pour bien comprendre la pofition du gouverneur dont il s'agit ici, il faut fe rappeler que dans l'organifation de l'empire romain dont Augufte fut l'auteur & qui fubfifta plus de trois fiècles, c'eft-à-dire jufqu'à Conftantin qui la changea totalement, L'adminiftration des provinces fe partageait entre l'Empereur & le Sénat ; ce dernier était chargé des provinces du centre où nulle chance de guerre n'était à redouter & où par conféquent, il n'y avait que peu ou point de troupes. L'Empereur eut pour fon lot toutes les provinces frontières où étaient cantonnées les légions deftinées à les défendre, de forte qu'il avait fous fa direction immédiate toute la puiffance militaire, & c'était là ce qui faifait fa force. Les provinces *impériales* (Provinciæ Cefareæ) étaient gouvernées par des *Lieutenants de l'Empereur* qui prenaient le titre de *Legatus*

Augufti & de *Propréteur* (Pro Prætore). Les Gaules étaient inconteftablement au nombre des provinces *impériales* puifqu'elles étaient bornées par le Rhin, qui formait la limite de l'Empire. La *province Lyonnaife*, qui était l'une des *trois Gaules*, était donc dans le même cas, & nous trouvons dans Spartien la preuve qu'elle était adminiftrée par un *Lieutenant de l'Empereur*. Dans la vie de Septime Sévère (1), le biographe, en énumérant les divers emplois qu'il avait occupés avant de parvenir à l'empire, s'exprime ainfi : *Deinde Lugdunenfem provinciam Legatus accepit*. Une infcription (2) qu'on lifait fur le piédeftal d'une ftatue élevée à *L. Aradius Val. Proculus* qui avait rempli un grand nombre de charges dans diverfes parties de l'empire, lui donne entre autres ce titre : *Legato Pro Prætore Provinciæ Numidiæ*. Il nous femble que ce dernier offre une fimilitude parfaite avec le *Legatus Pro Prætore Provinciæ Lugdunenfis*.

Remarquons en paffant que ces charges de *Lieutenants de l'Empereur* étaient des poftes de confiance qui rendaient tout-puiffants ceux qui les occupaient, puifqu'ils réuniffaient dans leurs mains les pouvoirs civils & militaires. Il ne faut donc pas s'étonner fi cette dignité conduifait au confulat, la plus haute pofition que pût ambitionner un fonctionnaire romain.

Jufqu'ici dans cette infcription tout s'explique clairement, il n'y a qu'un mot dont l'interprétation puiffe préfenter quelques difficultés, c'eft celui de *Cos* qui termine

---

(1) Cap. 3.
(2) Orelli, 3672.

la troifième ligne. M. Allmer, dans une notice fort remarquable que le *Courrier de Lyon* a reproduite, le traduit par *Conful*; à l'exception de ce point, nous fommes d'accord avec lui fur tout le refte. Il nous paraît difficile en effet d'admettre que le perfonnage en queftion pût exercer en même temps les fonctions de gouverneur à *Lugdunum* & de conful à Rome. Il ne refte donc que deux hypothèfes poffibles. Ou il s'agit d'un *Conful défigné*, comme les recueils de Gruter (1) & d'Orelli (2) nous en fourniffent des exemples, dans lefquels nous voyons deux fonctionnaires ayant le titre de *Legatus Augufti Pro Prætore* & tous deux *Confuls défignés*; & dans ce cas il faudrait commencer la quatrième ligne de notre infcription par le mot *defig.*, c'eft-à-dire *defignato*; ou fi l'on repouffe cette interprétation, il faut adopter celle que le favant Orelli emploie affez fouvent, en expliquant *Cos* par *Confularis*, & pour cela, il s'appuie fur diverfes infcriptions (3) qui nous paraiffent concluantes. Si l'on adopte fon opinion, le gouverneur de Lugdunum ferait tout fimplement un *Confulaire*. On fait que ce titre fe donnait à ceux qui avaient exercé le *Confulat*, ne fût-ce que pendant quelques mois, comme cela fe pratiquait fous l'empire. Entre autres priviléges, ils jouiffaient de celui d'être les premiers qui étaient appelés à donner leur avis dans le fénat.

Peut-être on nous demandera à quel propos les *trois*

---

(1) L l, 1.
(2) Orel., 3486.
(3) Orel., n° 3666 & fuiv.

Provinces de la Gaule ont élevé un monument honorifique à un gouverneur de la *Province Lyonnaife*. Nous pourrions nous borner à répondre, que notre Mufée lapidaire nous fournit, en l'honneur des hommes les plus marquants de l'époque gallo-romaine, un grand nombre de monuments analogues. Mais nous penfons que celui qui nous occupe doit fon exiftence à des circonftances particulières qu'il ferait facile d'expliquer.

On fait que, chaque année, les députés des foixante nations gauloifes fe réuniffaient à Lugdunum, auprès de l'autel d'Augufte (*Romæ & Augufto*), & que là, on faifait des facrifices & l'on célébrait des jeux qui devaient y attirer une grande affluence de fpectateurs. Quelques pierres confervées dans notre Mufée nous apprennent que les députés, notamment les *Bituriges* & les *Arvernes*, avaient, dans l'amphithéâtre, des places réfervées. Le gouverneur de la *Province Lyonnaife*, en fa qualité de *Lieutenant de l'Empereur* (Legatus Augufti), & comme tel le repréfentant, devait naturellement préfider à ces jeux & à ces facrifices, & faire aux députés les honneurs de la ville. N'eft-il pas naturel de penfer qu'au moment où ces folennités venaient de fe terminer & où le gouverneur allait peut-être quitter Lugdunum pour fe rendre à Rome & y prendre poffeffion du confulat, ces députés ont voulu lui donner une marque éclatante de leur eftime & de leur reconnaiffance ?

DISTANCE
DE
VIENNE A LUGDUNUM.

Les deux distances données par l'*Itinéraire* & la Carte de Peutinger offrent deux difficultés, dont l'une peut se résoudre par une rectification de chiffre, mais l'autre paraît insoluble.

1º Celle de 23 milles, équivalant à 34,063 mètres, paraît tout à fait erronée. Comment les Romains qui, dans la construction de leurs routes, suivaient autant que possible la ligne droite, auraient-ils, sans nécessité, allongé celle-ci au moins de 5 milles, & cela dans un pays de plaine, coupé seulement par quelques vallons ? Il vaut donc mieux supposer qu'il y a eu altération du nombre, & que le second chiffre était un V au lieu d'un X. Ce qui ferait 18 milles, soit 26,658 mètres. Cela diffère bien peu des 27 kilomètres que l'on compte aujourd'hui. D'Anville a constaté une foule de femblables altérations dans les chiffres & il n'a jamais héfité à les rectifier.

2° La diftance de 16 milles qu'on donne au *Compendium* préfente une difficulté bien plus grave & l'on ne peut pas fonger cette fois à l'expliquer par une altération des chiffres. L'accord qui exifte entre l'Itinéraire & la Carte de Peutinger & plus encore le paffage de l'*Apokolokyntoni* nous le défend. Et cependant ce nombre de 16 milles a le défaut d'être tout à fait impoffible. En effet, les 16 milles, en adoptant l'évaluation la plus élevée, celle de 1,481 mètres par mille romain, ne repréfentent que 23,696 mètres, tandis que la diftance à *vol d'oifeau*, des portes de Vienne au pont de la Guillotière, mefurée fur la carte de Caffini, eft de 13,000 toifes, foit 25,337 mètres. De forte que la voie romaine aurait réuffi à faire une route tellement *abrégée* qu'elle aurait 1,641 mètres de moins que la diftance réelle mefurée à *vol d'oifeau*. Je ne crois pas que tout le talent des ingénieurs romains ait pu jamais aller jufque là.

D'Anville qui, a vu la difficulté, a cherché à l'expliquer en fuppofant que les 16 milles n'aboutiffaient qu'à la frontière qui féparait le territoire de Vienne de celui de Lyon. Cette explication eft loin d'être fatisfaifante. Les diftances font toujours comptées d'une ville à l'autre, abftraction faite des frontières. Il vaut mieux convenir que ce point d'antiquité eft inexplicable.

NOTICE
SUR SPON.

S I, entre toutes les villes de notre antique Gaule, Lyon se distingue par le nombre & l'importance des monuments épigraphiques que son sol a fournis, on peut ajouter qu'il a également produit des savants qui se sont chargés de recueillir & d'expliquer les vieilles pages de notre histoire. Celui qui a ouvert la voie, & que tous les hommes spéciaux placent aujourd'hui au premier rang, est Jacob Spon que Lyon a vu naître en 1647 & qui mourut à 38 ans, dans l'exil & la misère, après avoir rendu d'immenses services à la science. Son nom, bien loin d'obtenir la célébrité à laquelle il avait droit, n'est guère connu que des archéologues, &, même dans cette classe d'hommes, il jouit de plus de faveur à l'étranger que dans sa patrie. A 26 ans, il publiait, en 1673, son premier volume intitulé : *Recherches des antiquités & curiosités de la ville de Lyon*, ouvrage qui contient de précieuses indications & nous a conservé une foule d'inscriptions dont les pierres font aujourd'hui perdues. Quelques erreurs échappèrent naturellement à l'inexpérience de l'auteur, dans une carrière où il ne faifait que débuter. On lui a beaucoup reproché les 300 augures dont il avait doté *Lugdunum*, tandis que Rome n'en eut jamais plus de 15, nombre fixé par Sylla. Mais ce qui avait furtout excité l'hilarité de Meffieurs les antiquaires, trop heureux de pouvoir égayer un peu le férieux habituel de leurs études, c'était *la Légion pudique* dont Spon avait cru lire le nom dans le texte fort altéré d'une infcription romaine trouvée à l'Ile-Barbe. Nous verrons dans un inftant que Spon avait corrigé lui-même ces erreurs en grande partie. Il n'en reftait pas moins de fâcheufes préventions contre lui, préventions que fon remarquable *Voyage en Grèce* & fon ouvrage des *Mifcellanea* n'avaient pu faire ceffer entièrement.

Mais le jour de la juftice était arrivé. A peu près vers la même époque, trois hommes, fans s'être préalablement concertés, fe font occupés du foin de rétablir dans toute fa valeur la mémoire de Spon & de lui affigner le rang qui lui appartient.

M. le comte de Laborde a montré combien Spon avait fait preuve de fcience & de fagacité confciencieufe dans fon *Voyage en Grèce*. Parmi les voyageurs modernes, aucun d'eux n'avait encore fi bien fait connaître la Grèce & fes monuments. Ne difpofant que de moyens pécuniaires très-bornés, il a largement ouvert la voie aux autres archéologues en fe plaçant à leur tête. L'exactitude de fes defcriptions a été conftatée par deux membres de l'Académie de Lyon, MM. Chenavard & Rey.

M. Léon Renier qui, certes, eft un juge bien compétent, & dont le nom fait autorité dans la fcience épigraphique, a fait remarquer combien Spon avait rendu de fervices à cette fcience. Il le place au premier rang de ceux qui l'ont cultivée. Mais il a fait plus encore pour la gloire de notre favant compatriote, & c'eft à l'auteur du magnifique recueil des infcriptions romaines de l'Algérie que l'on doit la première idée d'une nouvelle édition de l'ouvrage de Spon, avec les corrections que ce dernier avait lui-même préparées, & dont on a retrouvé le manufcrit à la Bibliothèque impériale. « Ce ferait, dit M. Léon Renier, élever à ce favant un monument digne de lui & digne auffi de la ville de Lyon, que de reproduire avec les corrections, c'eft-à-dire fous la dernière forme qu'il avait voulu lui donner, l'ouvrage qu'il avait confacré aux antiquités de cette ville. Rien n'empêcherait d'ailleurs d'ajouter à cet ouvrage un certain nombre de notes pour le mettre au niveau du progrès de la fcience. »

Cette idée qu'exprimait M. Léon Renier, il a fu la réalifer. Il eft même allé plus loin. Non content d'ajouter au travail de Spon de précieufes notes, il l'a complété par un *fupplément* qui contient les infcriptions les plus importantes, découvertes depuis la première édition & relatives à l'adminiftration de la province lyonnaife. Il nous fait connaître les *légats impériaux*, les *légats cenfiteurs*, les *procurateurs impériaux*, & fait ainfi paffer fous nos yeux plufieurs perfonnages qui, fous la domination romaine, ont gouverné notre pays. Il a fu recompofer une hiftoire, non-feulement d'après les monuments épigraphiques que le fol de *Lugdunum* a pu lui fournir, mais encore d'après les infcriptions de tout l'univers romain (*totius orbis romani*, comme dit Gruter), infcriptions qui lui font auffi familières que celles de Lyon le font pour nous; de telle forte qu'il peut fuivre les traces d'un fonctionnaire romain dans toutes les parties de cet immenfe empire où ce dernier aura occupé un emploi. C'eft à des connaiffances auffi étendues que nous devons ces faits hiftoriques par lui révélés, ces reftitutions de textes incomplets ou mutilés & ces rapprochements ingénieux qui ont tant agrandi le domaine de l'épigraphie.

Auffi, après nous avoir fait connaître, dans fes *Mélanges d'épigraphie*, Fulvius AEmilianus & fa femme *Cervidia Veftina* qui ont joué un rôle important à Lugdunum, M. Léon Renier, par de favantes conjectures qui approchent beaucoup de la certitude, nous montre l'empereur Septime Sévère, dans un fragment d'infcription du plus beau ftyle, fourni par la démolition du *pont du Change*. Ce monument avait été élevé par les *trois provinces de la Gaule* à celui qui devait un jour gouverner l'empire, mais qui alors n'était que conful, après avoir adminiftré la *province lyonnaife* en qualité de légat impérial (*legatus Augufti*) & de propréteur. M. Léon Renier nous fait également faire connaiffance avec un perfonnage hiftorique, Furius Sabinius Aquila Timefitheus, qui, après avoir été *procurateur* de la province lyonnaife & de l'Aquitaine, devint préfet du prétoire, & à ce titre gouverna l'Empire avec fageffe, fous le nom du jeune Gordien III, qui avait époufé fa fille, Furia Sabinia Tranquillina. Cette infcription, l'une des plus précieufes que poffède aujourd'hui le magnifique mufée lapidaire de la ville de Lyon & qui avait difparu depuis plus d'un fiècle & demi, a été retrouvée en 1857, grâce aux indications d'Artaud, au zèle de M. Martin d'Auffigny, mais furtout à l'initiative de M. Léon Renier qui foupçonnait avec raifon des inexactitudes dans les copies données par Spon & le P. Méneftrier. Sans la nouvelle édition dont nous venons de parler & qui a amené des recherches couronnées de fuccès, ce beau monument ferait refté enfoui dans le mur où une épaiffe couche de mortier le dérobait à tous les yeux.

Enfin, M. Monfalcon, le favant bibliothécaire de la ville de Lyon, à qui l'on doit tant d'utiles travaux fur l'hiftoire & les antiquités de notre ville, femble avoir pris la tâche de réhabiliter une de nos gloires lyonnaifes. Dans la préface de fon livre intitulé le *Nouveau Spon*, publié en 1856, il prend la défenfe de cet habile archéologue & ne perd jamais une occafion de lui rendre pleine juftice. Il ne s'eft pas borné à affocier fes travaux à ceux de M. Léon Renier, pour la publication de la nouvelle édition du livre de Spon, c'eft à fon zèle auffi ardent qu'éclairé qu'on doit, en grande partie, la réuffite d'une entreprife qui fait le plus grand honneur à notre ville. Grâce à fes preffantes follicitations, le Confeil municipal a accordé avec générofité les fubventions néceffaires. C'était la meilleure de toutes les proteftations contre la prétendue indifférence trop fouvent imputée à notre cité pour tout ce qui touche aux lettres & aux fciences.

NOTICE

SUR

BOSCARY DE VILLEPLAINE.

> Fortuna nulli plus quam confilium valet
> PUBLII SYRI SENTENTIÆ.
> Le hafard ne peut jamais, pour perfonne, plus que
> la fageſſe & l'intelligence.

SI, a l'époque où nous vivons, tous les hommes appelés à jouer un rôle dans la révolution de 1789 à 1800 ont difparu de la fcène du monde, d'autres plus jeunes, qui ont pu converfer avec eux & recueillir de leur bouche de précieux détails fur l'hiftoire de notre pays, font encore vivants. C'eft donc un devoir pour ces derniers de conferver des fouvenirs expofés chaque jour à fe perdre. Ce devoir eft encore plus impérieux lorfqu'il s'agit de perpétuer la mémoire des hommes auxquels nous fommes attachés par les liens du fang ou de la reconnaiffance. C'eft à ce double titre que j'entreprends une œuvre peut-être au deffus de mes forces. Quoi qu'il en foit, ce que je dois à celui qui fut pour moi un fecond père ne me fera jamais dévier de la vérité dans le cours de ce récit.

Jean-Baptifte-Jofeph Bofcary de Villeplaine (1) naquit à Lyon le 12 juin 1757, dans la paroiffe Sainte-Croix, d'une famille honorablement connue dans le barreau de cette ville. Son père, originaire de Séverac en Rouergue, était venu s'établir à Lyon, vers 1730, & s'était acquis une grande réputation de capacité & de défintéreffement. Il en fut récompenfé par une alliance avec la famille Chol de Clercy anoblie, quelques années plus tard, par l'échevinage.

Le jeune Bofcary fit d'excellentes études fous M. l'abbé Courbon que nous avons vu, à l'époque de la Reftauration, premier Grand-Vicaire du diocèfe de Lyon, qu'il a adminiftré avec autant de fageffe que de talent pendant plufieurs années, en l'abfence du Cardinal Fefch. Doué de l'amour du travail, d'une intelligence peu commune & d'une mémoire des plus heureufes, le tourbillon des affaires dans lequel Bofcary de Villeplaine vécut plus tard ne lui fit jamais rien perdre de ce qu'il avait acquis fous un maître auffi habile. Il citait toujours à propos les grands auteurs claffiques, qui lui étaient familiers, mais fon inftruction était celle d'un homme de goût, c'eft-à-dire exempte de pédantifme.

Il était parvenu à l'âge de 20 ans, lorfque fon frère aîné Jean-Marie Bofcary, déjà établi à Paris, l'appela au-

---

(1) Le nom de *Villeplaine* était celui d'un domaine fitué près de Séverac & appartenant à la famille Bofcary.

près de lui dans l'intention de l'affocier un jour à fes travaux. Ce frère, plus âgé que lui de onze ans, occupait déjà, grâce à fon intelligence & à fa loyauté, une pofition diftinguée parmi les agents de change de la capitale. Quelques années plus tard, en 1784, il était fyndic de cette Compagnie. Il la quitta en 1786 pour fe mettre à la tête d'une maifon de banque qui fe trouva bientôt placée au premier rang. Dans cette nouvelle pofition, il reçut une marque d'eftime juftement méritée en devenant l'un des adminiftrateurs de la *Caiffe d'Efcompte* qui était à cette époque ce qu'eft aujourd'hui la *Banque de France* (1).

Peu de temps après l'arrivée de fon jeune frère à Paris, connaiffant déjà fon aptitude aux affaires, il le chargea d'une miffion en Efpagne, miffion où ce dernier juftifia pleinement la confiance qu'on lui accordait. A cette occafion Bofcary de Villeplaine apprit la langue efpagnole pour laquelle il conferva, toute fa vie, un goût très-vif; il s'eftimait furtout heureux de pouvoir lire Don Quichotte dans l'original.

Rentré en France après une abfence d'environ un an, il devint bientôt l'affocié de fon frère aîné, & quelques années plus tard, en 1785, il fut nommé agent de change. Les deux frères, qui vécurent toujours dans l'union la plus intime, mirent en commun leur intelligence & leur activité. Pendant plus de dix ans, leurs opérations ne furent qu'une longue fuite de profpérités. Au moment où éclata la révolution de 1789, ils poffédaient une fortune de cinq millions, dont trois à l'aîné, & deux au plus jeune, âgé

---

(1) Voir l'*Almanach royal* de 1784, 1785, 1786, 1791 & 1792.

alors de 32 ans ; cette somme représenterait aujourd'hui une valeur plus que double de ce chiffre. Ce qui valait mieux encore, ils jouissaient l'un & l'autre d'une considération qui ne s'attache qu'aux fortunes honorablement acquises.

Mais le temps des épreuves était arrivé. Nous touchons à la terrible époque de 89 qui ébranla la France jusque dans ses fondements. Si cette révolution n'eût pas eu lieu, ou si Boscary de Villeplaine eût vécu dans des temps plus tranquilles, il eût achevé paisiblement le cours d'une vie embellie par le bonheur de la famille & par tous les dons de la fortune. On se serait borné à dire de lui que c'était un honnête homme qui avait su se créer une belle existence. La Révolution le montra sous un jour bien différent & révéla en lui des qualités que, jusqu'alors, il n'avait pas eu l'occasion de faire connaître. Une rare énergie de caractère, un amour ardent de son pays, un jugement sûr qui lui désignait toujours le meilleur parti à suivre au milieu des dissensions de sa patrie, un respect profond pour la royauté, qu'il regardait comme la base de l'édifice social en France, enfin une horreur invincible pour tout ce qui ressemblait au désordre, telles furent les dispositions avec lesquelles il entra dans la Garde nationale, seul moyen qu'il eût de venir en aide à l'autorité qu'attaquaient de toutes parts les *démolisseurs*. A partir de ce moment, le soin de sa propre vie & celui de cette fortune qui semblait jusqu'alors avoir absorbé toute son activité, n'eurent plus à ses yeux qu'une importance très-secondaire. Il consacra à sa nouvelle mission tout ce qu'il possédait d'énergie & de capacité.

Remarquons en paffant la différence de caractère qui exiftait entre les deux frères, malgré la parfaite conformité de leurs opinions. L'aîné, doux & timide, fuyait les luttes politiques; le plus jeune s'y jetait au contraire avec toute l'ardeur qui lui était naturelle & ne perdait jamais l'occafion de réfifter en face aux factieux chaque fois qu'elle fe préfentait.

Il fe paffait à cette époque un fait bien digne d'attirer notre attention. Pendant que la plupart des hommes qui occupaient les premiers poftes dans la magiftrature, l'adminiftration, l'armée & la marine défertaient ces mêmes poftes pour paffer à l'étranger (1), on vit de fimples citoyens qui n'avaient jamais rien eu à demander aux faveurs de la Cour, fe ferrer autour d'un trône abandonné par fes défenfeurs naturels, & tenter de lui faire un rempart, hélas trop faible, pour arrêter le torrent qui devait tout entraîner. Bofcary de Villeplaine fut de ce

---

(1) Bofcary de Villeplaine a toujours penfé que l'émigration fut une grande faute politique, mais jamais il ne manifefta cette opinion avec plus d'énergie que dans une occafion dont nous fûmes témoin. La fcène fe paffait à la fin de 1813, au moment où, après les défaftres de Leipfig, l'avenir de la France fe préfentait fous l'afpect le plus fombre. Un émigré qui était préfent attribua tous nos malheurs à la Révolution dont ils étaient une fuite naturelle. « Sans doute, s'écria Bofcary de Villeplaine, avec véhémence, la Révolution « a produit des maux incalculables, mais ceux qui en parlent n'ont-ils « point de reproches à fe faire? Lorfqu'elle commença où étiez-vous, Mon- « fieur? à Coblentz, n'eft-il pas vrai? que faifiez-vous à Coblentz? à quoi « ferviez-vous, à Coblentz? Eh bien! moi, Monfieur, j'étais à mon pofte, « auprès du Roi & j'y fuis refté jufqu'au dernier moment. Si tous les honnêtes « gens en euffent fait autant, la France n'aurait pas eu à gémir fur le plus « exécrable des forfaits. » A cette apoftrophe foudroyante l'émigré ne répondit rien.

nombre & se fit remarquer parmi ceux qui montraient le plus de zèle. Cette circonstance, jointe à la considération personnelle dont il jouissait, lui valut le grade d'officier dans le bataillon de la section des *Filles Saint-Thomas*, bataillon devenu depuis célèbre par sa courageuse fidélité qui ne se démentit jamais.

C'est ici que se place naturellement une particularité qui peint bien l'époque de transformation que nous avons à traverser. Nommé officier, Boscary de Villeplaine était obligé d'apprendre les manœuvres militaires afin de pouvoir les commander à sa compagnie. On lui indiqua, comme *Instructeur*, un sergent du régiment des *Gardes françaises*, nommé *Lefebvre*, dont il fut extrêmement satisfait. Malgré l'inégalité de leurs positions respectives, il s'établit bientôt entre ces deux hommes une amitié qui a duré autant que leur vie. Cette inégalité, du reste, cessa bientôt. Par suite de l'émigration de ses chefs, le sergent devint officier, passa rapidement par tous les grades, fut colonel, puis général sous la république, & enfin, sous l'empire, devint Maréchal de France sous le nom de *Duc de Dantzick*.

A partir du jour où Boscary de Villeplaine fut nommé officier, commença pour lui une vie de dévoûment, nous ne dirons pas de tous les jours, mais presque de tous les moments. Le bataillon des *Filles Saint-Thomas*, composé presque entièrement d'hommes dévoués au parti de l'ordre & de la monarchie, se distinguait entre tous les autres par sa fermeté & sa promptitude à réprimer les *émeutiers*, qui le trouvaient toujours sur leur chemin. Mais aussi il fallait que le bataillon fût toujours prêt à marcher partout où la tranquillité ferait troublée. Les choses en étaient venues au point que le jour même où Boscary de Villeplaine épousait la fille aînée de son frère, il était obligé de quitter le banquet nuptial pour aller se mettre à la tête de ses grenadiers. A peu près vers la même époque, placé en face d'une émeute, il voulut avant d'employer la force, essayer de la calmer par des paroles de conciliation. Un misérable, un cordonnier, qui pensait, comme on disait alors, que *l'insurrection était le plus saint des devoirs*, répondit aux avances amicales du commandant par un coup de *tranchet* qui lui fit une blessure assez grave à la main. Tel était alors l'esprit des masses que les *meneurs* avaient fanatisées au point d'en faire de véritables bêtes féroces, n'obéissant qu'aux plus sauvages instincts.

Tout cela n'était que le prélude de ce qui devait bientôt suivre. Déjà s'approchait la funeste année 1792, destinée à dépasser en violence tout ce qu'on avait vu jusqu'alors. Dans toutes ces journées si tristement célèbres où la royauté, au lieu d'employer les bras de ses amis, succomba faute d'énergie, on retrouve toujours sur la brèche Boscary de Villeplaine & son fidèle bataillon, dont il avait été nommé, en 1791, commandant en second, & qu'il commanda en effet dans toutes les grandes occasions de l'année suivante.

Au 20 juin, des bandes composées d'hommes armés de piques & de bâtons ferrés, & guidés par le trop fameux Santerre, se précipitent dans la cour du Château des Tuileries & vont droit aux appartements, dans le dessein d'assassiner la reine, comme on l'a su plus tard. Le roi la fait aussitôt éloigner, ainsi que ses enfants & se présente aux brigands avec un calme qui semble les désarmer. Pendant ce temps, une partie d'entre eux cherchait à pénétrer dans la salle où la reine s'était retirée. Boscary de Villeplaine accourt avec ses braves grenadiers par l'escalier des *Carraches*, & prenant position dans une galerie par laquelle les assassins devaient nécessairement passer, il fait placer en travers une longue table & range sa petite troupe derrière ce retranchement improvisé d'un nouveau genre. Il était temps, la porte est enfoncée à coups de hache, les brigands se précipitent dans la galerie, mais ils restent interdits à la vue d'un obstacle auquel ils ne s'attendaient point & qu'ils n'essayèrent même pas de forcer. La contenance ferme des grenadiers leur imposa, & l'aspect du jeune Dauphin, que l'on fit monter sur la table, sembla adoucir ces tigres altérés de sang. M. de Beauchesne, dans son intéressante *Histoire de Louis XVII*, a constaté la part honorable que Boscary de Villeplaine a prise à cette journée.

Le 20 juin ne fut que le précurseur du 10 août, de ce jour néfaste qui emporta une royauté de quatorze siècles. Dans la nuit qui précéda cette fatale journée, Boscary de Villeplaine se trouvait aux Tuileries avec tout son bataillon. Dès le matin, l'infortuné Louis XVI, accompagné de la reine & de ses enfants, passa la revue des troupes réunies pour la défense de la monarchie. A la vue du monarque, les tambours battirent aux champs, les cris de *Vive le Roi!* se firent entendre, les gardes nationaux les répétèrent; il n'y eut que les canonniers du bataillon de *La Croix-Rouge* qui crièrent constamment *Vive la Nation!* De nouveaux bataillons mêlés d'hommes armés de piques, s'introduifaient dans les cours du château; on vint cependant à bout de les en faire fortir & ils fe placèrent fur le Carroufel dans une attitude qui montrait affez leurs difpofitions hoftiles.

M. Rœderer, à la tête du Directoire du département, arriva alors dans la chambre du confeil, où était le roi & toute fa famille : « Le danger, leur dit-il, eft à fon comble « & au deffus de toute expreffion; la garde nationale fi- « dèle eft peu nombreufe, le refte eft corrompu & ferait « même difpofé à tirer fur le château ; toute la famille « royale court le rifque d'être maffacrée avec ceux qui « l'entourent, fi le roi ne prend fur-le-champ le parti de « fe rendre à l'Affemblée nationale. »

Cette propofition déplut beaucoup à la reine; mais fur les inftances de M. Rœderer, le roi fe décida enfin à fe rendre à l'Affemblée avec fa femme & fes enfants, & ordonna de faire venir les grenadiers du bataillon des *Filles Saint-Thomas*, pour lui fervir d'efcorte. Ce fut alors que Bofcary de Villeplaine, avec cette rectitude de jugement qui ne l'abandonnait jamais dans les circonftances les plus critiques, ofa donner à Louis XVI un confeil qui, s'il eût été fuivi, aurait fauvé la famille royale & peut-être la monarchie. Ecoutons à ce fujet M. de Lacretelle dans fon *Hiftoire de la révolution françaife*, édition de 1824.

« Le roi déterminé à ce funefte parti (celui de fe retirer « au fein de l'Affemblée), fit venir M. Bofcary de Ville- « plaine, l'un des commandants du bataillon des *Filles* « *Saint-Thomas*, & lui ordonna de fe réunir avec fes « troupes aux Suiffes, pour lui fervir d'efcorte dans fa « marche à l'Affemblée; M. Bofcary le conjura de prendre

« un autre parti. Dès que Votre Majesté, lui dit-il, se sera
« livrée, ses sujets les plus dévoués ne pourront plus rien
« pour elle : ne vaudrait-il pas mieux qu'elle choisît ce
« moment pour sortir de Paris? Nous formerions avec les
« Suisses un bataillon carré ; nous avons au moins huit
« pièces de canons à notre disposition, il est vrai que nos
« canonniers ne sont pas sûrs, mais les pièces seraient
« servies par les Suisses. Les rebelles ne pourront être
« prêts avant deux heures ; je sais que la route de Rouen
« est parfaitement sûre. Ce parti serait excellent, reprit
« le roi, si j'étais seul ; mais voyez (en lui montrant la
« reine & ses enfants) les êtres que j'exposerais au car-
« nage. »

La reine insista de nouveau en disant : « Mais Sire,
« M. Boscary a raison. » — « Non, répondit le roi, on
« nous attaquera pendant notre marche ; nous nous dé-
« fendrons, il y aura du sang versé à cause de moi, &
« c'est ce que je veux empêcher à tout prix. » La reine
se tourna vers M. Boscary en lui faisant un geste de douloureuse résignation ; elle avait compris que tout était
perdu (1).

Aujourd'hui qu'on juge les choses de sang-froid, il est
évident que ce parti était, non-seulement le meilleur,
mais le seul qui pût sauver la famille royale. Placée au
centre d'un carré formé par les troupes fidèles, elle serait
facilement parvenue à Courbevoie, où l'on aurait trouvé
un puissant renfort dans le reste du régiment suisse, qui
aurait même pu venir au devant du roi. De là à Rouen,

(1) Je tiens ces derniers details de la bouche de M. Boscary lui-même.

la route était libre, les émeutiers des faubourgs de Paris ne fe feraient certainement pas hafardés en rafe campagne, & d'ailleurs il était facile de faire venir de Rouen, où commandait M. le duc de Liancourt, le régiment fuiffe de *Salis* qui s'y trouvait en garnifon. M. de Liancourt s'attendait à chaque inftant à voir arriver à Rouen la famille royale; la population de la ville était généralement bien difpofée. Que de crimes & de hontes on aurait épargnés à la France fi l'on avait fu prendre ce parti !

Après d'inutiles repréfentations, M. Bofcary dut obéir aux derniers ordres qu'ait donnés fon infortuné fouverain. Il l'efcorta jufqu'à l'Affemblée avec les grenadiers de fon bataillon, les Suiffes & les grenadiers du bataillon des *Petits-Pères*. On fait avec quelle lâche perfidie la troupe de factieux qui s'intitulait *Affemblée nationale* répondit à la confiance de fon roi qui avait cru trouver un afile dans fon fein.

Au moment où le malheureux Louis XVI venait de fe mettre entre les mains de fes plus cruels ennemis, M. Bofcary avait compris que fa miffion était arrivée à fon terme & qu'il n'avait plus à défendre une royauté anéantie. D'un autre côté, il favait bien que les anarchiftes ne pardonneraient jamais à ceux qui les avaient combattus avec tant de perfiftance. Auffi, en faifant fes adieux à fes braves & fidèles grenadiers, il les engagea à pourvoir chacun à leur fûreté & à fe dérober aux vengeances de leurs implacables ennemis. L'avis n'était pas inutile; tous ceux qu'on put faifir, même les fimples gardes nationaux, périrent, ou dans les maffacres de feptembre ou plus tard fur l'échafaud. Qu'on juge du fort réfervé à leur chef, si la faction dominante avait pu s'emparer de lui. Mais il sut se dérober à ses recherches avec autant d'adresse que d'intrépidité. Retiré dans la terre de Romaine, située en Brie, qu'il possédait de moitié avec son frère, on le voyait bien armé, parcourir ses bois pendant le jour, & se livrer au plaisir de la chasse qu'il avait toujours aimé. Seulement il avait soin de ne jamais coucher deux nuits de suite sous le même toit. La population du pays à laquelle il n'avait jamais fait que du bien, était hostile, en grande partie ; mais comme elle savait qu'il en eût coûté la vie à ceux qui auraient voulu mettre la main sur lui, personne n'osa tenter l'aventure. Ces braves gens trouvèrent plus prudent de faire venir de Paris un détachement de l'armée révolutionnaire composé de cinquante hommes qui arrivèrent le matin au château de Romaine, mais le propriétaire était déjà dans les bois. Prévenu à temps, il leur échappa & alla se réfugier chez un de ses fermiers, à Villepinte, sur la route de Meaux. Un marchand de vin de Beaujeu, ancien militaire avec lequel il était lié, parvint, non sans peine, à pénétrer jusqu'à lui, tant on était sur ses gardes, dans la crainte des traîtres & des espions. Après lui avoir fourni le moyen de se déguiser en *garçon de marchand de vin*, il le conduisit dans le Beaujolais. A l'aide d'un faux passeport & toujours bien déguisé, M. Boscary se rendit à Lons-le-Saulnier, sachant qu'il y trouverait des facilités pour passer en Suisse.

Arrivé dans cette ville, il se présenta chez une marchande de bas qu'on lui avait indiquée comme ayant déjà fourni des guides à plusieurs Lyonnais forcés de s'expatrier. Après avoir fait l'emplette de quelques paires de bas,

dont il n'avait nul besoin, il s'ouvrit à la marchande fur le
fervice qu'il en attendait; mais cette femme, craignant fans
doute d'avoir affaire à quelque traître, lui répondit qu'elle
ne favait ce qu'il voulait dire & que jamais elle ne s'était
mêlée de fervices de cette nature. M. Bofcary étant parvenu cependant à la raffurer, elle lui dit alors de defcendre
dans la rue, & qu'avant une demi-heure il verrait paffer
une femme avec un panier fur la tête. « Vous ne lui par-
« lerez pas, ajouta-t-elle, vous vous contenterez de la
« fuivre à cinquante pas de diftance; elle vous conduira
« dans un endroit où vous trouverez des guides. » Tranfporté de joie, M. Bofcary crut donner un témoignage de
fa reconnaiffance à cette femme, en lui offrant de l'argent. Je fuis affez payée, lui dit-elle, par le petit bénéfice
que j'ai fait fur le prix des bas que je viens de vous vendre,
& il ne lui fut pas poffible de lui faire rien accepter de plus.
Il eft à regretter que le nom de cette digne femme fe foit
perdu; il paraît certain que beaucoup d'autres Lyonnais
lui ont dû leur falut dans ces temps défaftreux.

Au bout d'une demi-heure la femme *au panier* vint effectivement à paffer. M. Bofcary la fuivit fans rien dire; elle
le conduifit à plus d'une lieue de la ville, dans une maifon ifolée où il fe trouva tout à coup au milieu d'une réunion d'hommes d'affez mauvaife mine; c'étaient les guides
qu'on lui avait promis. Naguère contrebandiers de profeffion, ils avaient échangé leur métier fi hafardeux contre
un emploi beaucoup plus noble, mais auffi plus périlleux,
celui de conduire hors de France & de fauver ainfi de
malheureux profcrits. Il ne faut point oublier qu'ils rif-
quaient leur vie en fe chargeant d'une pareille miffion;

on sait que la République était impitoyable lorsqu'on tentait de lui arracher ses victimes. Après avoir soupé ensemble, M. Boscary se mit en marche avec deux de ces hommes, ils étaient tous les trois bien armés ; la marche fut longue & pénible & dura toute la nuit à travers les bois & les rochers. Ils évitaient avec soin les chemins battus & les sentiers frayés, afin d'échapper à la vigilance des postes nombreux répandus sur la frontière. Après avoir ainsi franchi les premières assises de la chaîne du Jura, on arriva le matin à un ruisseau qui formait la limite de la France ; &, lorsqu'on fut sur la rive opposée, les deux contrebandiers dirent à celui qu'ils venaient de sauver : *Vous pouvez à présent vous moquer de la République.* Comme ils avaient été charmés de la gaîté qu'avait montrée M. Boscary au milieu des dangers & des fatigues de la route, ils ajoutèrent : *En vérité, vous avez l'air d'un bon vivant & franchement c'eût été dommage qu'on vous eût guilloriné.*

Après avoir généreusement récompensé ses guides, M. Boscary se rendit chez le Bailli de l'endroit qui, sachant son arrivée, l'avait fait aussitôt appeler. Comme son extérieur n'annonçait pas l'opulence, le Bailli lui dit : « Vous
« ne pouvez point séjourner dans ce pays, il est trop
« pauvre pour nourrir tous les réfugiés qui se présentent ;
« il faut continuer votre route & passer dans un autre
« canton. » M. Boscary lui répondit : « Je ne serai point
« à charge à votre pays ; je porte sur moi de quoi payer
« toute la dépense que j'y ferai. Les restes de ma fortune
« sont placés à Londres. Je les ferai venir quand je vou-
« drai ; en un mot, malgré mes malheurs, *j'ai encore cent*
« *mille écus au bout de ma plume.* » — « Ah ! monsieur,

« lui dit le Bailli en changeant de ton, vous pouvez ref-
« ter chez nous tant que vous voudrez, vous nous ferez
« honneur & plaifir. »

Ce que difait M. Bofcary était l'exacte vérité. De tous les capitaux qu'avaient poffédés les deux frères, il ne leur reftait que 600,000 fr. qu'ils avaient eu l'heureufe idée de confier à la maifon Théluffon, de Londres. M. Bofcary de Villeplaine en avait la moitié.

Nous fommes entré dans des détails un peu minutieux fur fon évafion, détails qui femblent tenir du roman, mais peignent bien cette funefte époque. C'eft d'ailleurs l'hiftoire d'une foule de nos malheureux compatriotes forcés de fuir pour dérober leur tête à la hache révolutionnaire.

Il paffa prefque tout le temps de fon exil à Saint-Gall & n'eut qu'à fe louer de l'accueil qu'il reçut de fes habitants. Après le 9 thermidor, il quitta la Suiffe & vint à Lyon, fa ville natale; il y refta près d'une année, au milieu de fes parents & de quelques anciens amis qui, tous, par les foins les plus affectueux, s'empreffèrent de lui faire oublier ce qu'il avait fouffert.

Qu'était devenu, pendant ces cruelles épreuves, fon frère aîné refté à Paris? Emprifonné dans le cours de la *Terreur*, il n'attendait plus que l'échafaud. La chute de Robefpierre le fauva. Au printemps de 1795, il vint dans le Beaujolais avec fa famille rejoindre le pauvre exilé; cette réunion eut lieu à Régnié, chez leur beau-frère, M. d'Aigueperfe (1). Qu'on juge de ce que durent éprouver, en fe retrouvant, ces deux frères fi tendrement unis

(1) Juge au tribunal civil de Villefranche fous le Confulat & l'Empire.

qui avaient cru ne jamais fe revoir ! Cette fcène dont fut témoin celui qui écrit ces lignes, a laiffé dans fes fouvenirs une impreffion que le temps n'a pu effacer.

Dans le courant de cette même année, Bofcary de Villeplaine retourna à Paris, où il reprit fon état d'agent de change & s'occupa de rétablir fa fortune, mais en feptembre 1797, il eut la douleur de perdre le frère chéri auquel il devait tant. Il acquitta noblement fa dette envers fa veuve & fes enfants : fon active follicitude raffembla les débris de leur fortune & il fut en tirer le meilleur parti poffible dans leur intérêt. Il vécut toujours au milieu d'eux & fut conftamment l'objet de leurs affections les plus tendres.

Lorfque au 18 brumaire (novembre 1799) Napoléon vint préfider aux deftinées de la France, Bofcary de Villeplaine falua fon avènement au pouvoir, en confacrant tout ce qu'il avait de capitaux difponibles à acheter des rentes fur l'Etat. Au bout de quelques années, une partie de ces capitaux avait *fextuplé* de valeur, d'autres avaient gagné encore davantage. C'eft ainfi qu'il fit une feconde fois fa fortune qui finit par dépaffer de beaucoup celle qu'il avait perdue à la Révolution. Bien des gens appelleront cela du *bonheur*, c'était tout fimplement de l'intelligence ; il avait deviné le génie de Napoléon.

En 1805, il acheta la belle terre de *La Grange-du-Milieu* qui jadis avait appartenu au maréchal de Saxe ; il y conservait avec un refpect religieux tout ce qui pouvait rappeler le fouvenir de l'illuftre guerrier. Le château, dont l'architecture date du règne de Louis XIII, eft fitué à cinq lieues de Paris, fur un vafte plateau qui domine Villeneuve-Saint-Georges & la jolie vallée d'Yères. La falle des gardes du Maréchal est extrêmement remarquable par sa beauté & son étendue. On y voyait son buste & celui de la célèbre Adrienne Lecouvreur, dont on connaît la liaison avec le grand capitaine, à qui elle sacrifia toute sa fortune pour l'aider à soutenir ses droits au duché de Courlande. C'est surtout dans cette belle habitation que M. Boscary s'estimait heureux d'être entouré de sa famille & de ses amis.

En 1808, il parut au Conseil d'Etat présidé par l'Empereur, pour y défendre les intérêts de la Compagnie des Agents de change dont il était l'un des syndics. Il s'agissait d'une question d'une haute importance pour cette Compagnie, à qui l'on contestait le droit de conclure des *marchés à terme* pour ses clients. Peu satisfait des explications fournies par l'un des syndics, Napoléon dit à haute voix : « *Parlez, Monsieur Boscary.* » M. Boscary parla en effet, avec ce sens droit & cette netteté qu'il portait dans toutes les affaires. Après une lumineuse discussion qu'il eut l'honneur de soutenir avec le chef de l'Etat le procès fut jugé & complètement gagné. Plus tard, on entendit Boscary de Villeplaine déclarer qu'il n'avait trouvé, dans le Conseil d'Etat, qu'un homme qui eût bien compris la question, & cet homme était l'Empereur.

En janvier 1814, à l'époque de la réorganisation de la garde nationale, au moment où la France allait succomber sous les efforts de ses nombreux ennemis, M. Boscary donna, malgré son âge, une nouvelle preuve de dévoûment à son pays, en acceptant dans la 2e légion un grade bien inférieur à celui qu'il avait occupé vingt-deux ans auparavant. Le 30 mars, à l'attaque de Paris par les alliés, il était chargé de la défense de la *Barrière blanche*, au dessous de Montmartre & y courut les plus grands dangers. La faible ligne de troupes françaises qui occupait la plaine Saint-Denis ayant été refoulée par un *hourra* de Cosaques & de cavalerie prussienne, une partie des fuyards força la *Barrière blanche* & plusieurs d'entre eux appuyèrent le bout de leur fusil sur la poitrine de M. Boscary, qui maintint sa consigne jusqu'au moment où les assaillants, devenus de plus en plus nombreux, rendirent toute résistance impossible.

A la Restauration, les Bourbons lui prouvèrent qu'ils n'avaient point oublié ses services. Présenté à toute la famille royale, à la tête du petit nombre de grenadiers qui avaient survécu, il en reçut les témoignages les plus éclatants de gratitude & de bonté. *Non-seulement*, leur dit Louis XVIII, *j'admire votre conduite, mais je la vénère.*

Après l'avoir nommé officier de la Légion-d'Honneur, dont il était déjà membre, il lui octroya, en outre & spontanément, des lettres de noblesse qu'il n'avait point demandées & qui attestent la reconnaissance du monarque. Cette reconnaissance alla encore plus loin. Dans une audience particulière, le roi demanda à M. Boscary de Villeplaine quel était le *titre* qu'il désirait joindre à ses lettres de noblesse. *Sire*, répondit ce dernier avec une noble assurance, *je remercie V. M. de tant de bonté. Il y a trop longtemps que je suis connu sous le nom que je porte pour en changer aujourd'hui. Je désirerais même n'y rien ajouter.* Devant un si rare exemple de modestie, le roi dut céder, mais il voulut s'en dédommager en composant lui-même le blason de celui qu'il croyait n'avoir jamais assez récompensé (1). On y voit figurer *un château* avec *une branche de lis*. On comprend que ce château était celui des Tuileries qui, deux fois, avait été le théâtre des actes de dévoûment dont la royauté voulait perpétuer le souvenir.

La position sociale de M. Boscary de Villeplaine, ses lumières & sa grande capacité en matière de finances, pouvaient assurément lui donner le droit de prétendre à de brillants emplois, mais par suite de ce caractère de modestie que nous venons de signaler, il ne brigua jamais que des fonctions sans éclat. Simple membre du bureau de charité du 2e arrondissement de Paris, sur lequel il demeurait, il fit aussi partie de la *Commission mixte* pour le rétablissement de la statue équestre de Louis XIV, à Lyon. Ce sont là les seuls emplois qu'il ait occupés sous la Restauration. Tout entier aux douceurs de la vie privée, il faisait l'usage le plus honorable de sa belle fortune. Marié avec la fille aînée de son frère, il n'eut point le bonheur d'en avoir des enfants, mais il regardait comme les siens ceux de ses frères & sœurs & vivait au milieu d'eux comme un bon père au sein d'une famille nombreuse dont il est vénéré & chéri. Comme il s'occupait sans cesse du bonheur de ceux qui l'entouraient, chacun d'eux à son tour cherchait à contribuer au sien. Aussi, dans la dernière partie de sa vie, a-t-il vécu heureux autant qu'il nous est donné de l'être ici-bas.

Naturellement enjoué, il aimait à faire régner la gaîté

---

(1) Ces armoiries sont : *D'azur au château d'argent, maçonné de sable, surmonté d'une épée d'or & d'une branche de lis au naturel, posée en sautoir; l'écu timbré d'un casque taré de profil, orné de ses lambrequins.* Extrait de l'Ordonnance royale.

autour de lui. Sa converfation, pleine de faillies heureufes & quelquefois piquantes, était auffi attachante qu'inftructive, mais n'avait jamais rien de bleffant pour perfonne. Bien loin de là, il était charmé lorfqu'on lui répondait fur le même ton. Auffi cette liberté qu'il avait établie chez lui, rendait fa maifon extrêmement agréable.

Il avait toujours refpecté la religion de fes pères & avait fu la faire refpecter par ceux fur lefquels il avait quelque autorité. C'était un mérite affez rare dans un temps où l'efprit *voltairien* avait encore confervé tant d'empire. Il ne pouvait furtout fupporter ces froides railleries qui alors étaient de mode & qui, aujourd'hui, ne font plus qu'une preuve de mauvais goût.

Après une carrière fi honorablement parcourue, parvenu à l'âge de foixante & dix ans & demi, il fut enlevé fubitement à fa famille & à fes amis, le 28 décembre 1827. Sujet à de fréquents accès de goutte, qui avaient toujours été inoffenfifs, le dernier n'infpira pas plus de crainte que les précédents. Mais au moment où perfonne ne foupçonnait le moindre danger, il fut emporté en quelques inftants, par une apoplexie nerveufe, fuite d'une goutte fupprimée. Le vénérable curé de l'Affomption, M. Galard, lui avait donné les derniers fecours de la religion. Sa dépouille mortelle dépofée au cimetière du P. de La Chaize, reçut les honneurs militaires. M. Dugas Montbel, membre de l'Inftitut, fon ami, prononça fur fa tombe un difcours du plus touchant intérêt & dont nous avons emprunté quelques paffages.

Si maintenant nous jetons un regard rétrofpectif fur cette vie fi bien remplie, nous voyons qu'il ne dut rien au hafard, mais tout à lui-même. Jamais perfonne ne juftifia mieux que lui ce vieil adage romain, confervé par Sallufte (1), que *chacun eft l'artifan de fon fort*. Si l'on ne voyait en lui qu'un financier habile, on fe tromperait étrangement. Il rechercha, il eft vrai, la richeffe, mais ce fut pour en faire part à tous les fiens. N'ayant aucun goût pour le luxe, l'argent n'était pour lui qu'un moyen de faire des heureux; c'eft ce qu'il fut faire de fon vivant, fans attendre, comme il arrive trop fouvent, que la mort eût fait le partage de fes biens. Après avoir accompli, avec le zèle le plus ardent, tous les devoirs d'un bon citoyen envers fon pays, il crut avoir acquis le droit de fatisfaire fes goût perfonnels, en vivant entouré de fa famille, de fes amis, & nous ajouterons de l'eftime publique, fe dérobant ainfi à l'éclat d'une pofition plus élevée à laquelle il aurait pu atteindre facilement s'il eût recherché tout ce que l'ambition la plus légitime pouvait offrir à fes défirs.

(1) Lettres à Céfar, II.

M. G. VINCENT DE SAINT-BONNET,

Premier avocat général à la Cour royale de Lyon.

Monsieur Gabriel-Gennetine Vincent de Saint-Bonnet, premier avocat général à la Cour royale de Lyon, chevalier de la Légion-d'Honneur, ancien adminiſtrateur des Hoſpices civils, naquit à Lyon au mois de février 1788. Sa famille, l'une des plus honorables de notre ville, était originaire du Forez, où elle poſſédait & poſſède encore la terre de Saint-Bonnet-les-Oules.

Il n'avait pas encore ſix ans, lorſque le malheur des temps l'appela à jouer un rôle dans une de ces ſcènes déchirantes dont notre malheureuſe cité était alors le théâtre. M. Vincent de Margnolas, ſon oncle, qui avait le tort d'être millionnaire, venait d'être empriſonné; ſa belle-ſœur, Madame Vincent de Saint-Bonnet, femme d'un rare mérite, voulut le fauver. Elle conduifit fon fils, le jeune Gennetine, auprès du repréfentant Fouché, alors en miffion à Lyon. L'enfant lui préfenta un placet, en lui criant : « Grâce ! grâce pour mon pauvre oncle ! » Le cruel proconful fe montra inexorable. Quelques jours après, on promit la vie au malheureux prifonnier, s'il voulait livrer fon tréfor que l'on favait avoir été caché par lui : croyant fe fauver, il fit ce qu'on voulut & fut exécuté le lendemain. Quelques années plus tard, fon fils, jeune encore, s'attacha à la fortune de Napoléon, fit un chemin rapide dans la carrière des honneurs & mourut Confeiller d'Etat avant d'avoir atteint l'âge de 30 ans. Il portait le plus vif intérêt à fon coufin & lui fervit de Mentor pendant qu'il faifait fon droit à Paris.

En 1801, le jeune Gennetine entra dans la maifon d'éducation de l'*Enfance*, à la Croix-Rouffe, l'une des meilleures inftitutions de ce genre qui exiftaffent à cette époque. Il y connut le jeune Lamartine, qui alors n'était remarquable que par une figure charmante & par un caractère aimable qui le faifait chérir de tous fes condifciples. L'amitié la plus vive unit bientôt ces jeunes élèves qui, deux ans plus tard, paffèrent enfemble au collége de Belley, tenu par les Jéfuites. Il exifte encore un précieux témoignage de cette amitié ; c'eft une lettre en vers écrite pendant les vacances de 1805 par le jeune Alphonfe à fon ami Gennetine ; elle eft datée & fignée. Rien dans ces vers n'annonçait le premier poëte de notre époque. Trente ans plus tard, M. de Lamartine, à qui fon ami montrait cette lettre oubliée depuis longtemps, ne comprenait pas qu'il fût l'auteur d'une œuvre auffi médiocre. Il voulut la racheter & offrit en échange une épître de cinquante vers adreffée à M. Vincent de Saint-Bonnet & qui ferait inférée dans la prochaine édition de fes œuvres. Ce dernier refufa & garda fa précieufe lettre qui eft reftée comme point de départ du grand poëte.

A la fin de 1805, il alla à Paris pour y faire fon droit & affifta à l'ouverture de l'école de droit, rétablie par Napoléon. Après avoir pris fes grades d'une manière fort diftinguée, il fût, lors de la grande organifation judiciaire de 1811, nommé fubftitut du procureur impérial près le tribunal civil de Lyon ; & depuis ce moment il n'a jamais quitté la carrière du miniftère public, où il s'eft conftamment diftingué par une élocution facile & brillante, mais plus encore par une élévation de fentiments, une indépendance de caractère, une droiture & une impartialité qui n'ont jamais fléchi un feul inftant. C'eft furtout dans les caufes criminelles que fon genre de talent brillait avec le plus d'éclat ; on fe fouviendra longtemps de l'effet qu'il produifit dans la caufe du célèbre *Lelièvre* dit *Chevalier*, accufé & convaincu d'avoir fucceffivement empoifonné fes trois femmes. On n'a pas non plus oublié au barreau les difcours *de rentrée* qu'il fut appelé plufieurs fois à prononcer & parmi lefquels on en diftingua deux plus particulièrement, l'un fur *l'impartialité du magiftrat*, l'autre fur fa *refponfabilité*.

Outre les qualités du magiftrat, M. Vincent de Saint-Bonnet poffédait au plus haut degré celles de l'homme du monde. Son efprit vif & brillant, fes manières qui atteftaient une éducation parfaite, une gaîté intariffable, mais toujours renfermée dans la limite des convenances, le faifaient rechercher avec empreffement dans les meilleures fociétés de notre ville. Mais ce qui valait mieux encore, fon cœur fentait & comprenait l'amitié comme elle doit être fentie & comprife. Ce qui le prouve, c'eft qu'il eut de nombreux amis & les conferva tous jufqu'au dernier moment.

Appelé par les fuffrages de fes concitoyens au pofte honorable d'adminiftrateur des Hofpices de notre ville, il en exerça les fonctions pendant quatorze ans, y montra conftamment tout ce que peuvent, pour le foulagement du malheur & de l'indigence, la charité la plus active, le dévoûment le plus entier. Jamais l'infortune ne l'implora en vain ; il prodiguait des confolations à ceux qu'il ne pouvait foulager autrement. Son teftament eft venu ajouter une nouvelle preuve de fon amour pour les pauvres & les malheureux (1).

Son efprit éclairé voulut acquérir de nouvelles lumières en parcourant prefque toute l'Europe ; M. Vincent vifita fucceffivement la Suiffe, l'Allemagne, la Hollande, la Belgique, l'Angleterre & l'Italie. Partout il fit de nombreufes obfervations & recueillit une ample moiffon de notes. Malheureufement fes occupations ne lui ont pas permis de les coordonner & de les mettre en œuvre. Son dernier voyage, celui qui l'intéreffa le plus vivement fut celui d'Italie ; fon imagination brillante fut exaltée au plus haut point à la vue de cette terre fi riche tout à la

---

(1) Il a légué à l'hofpice de la *Charité* 12,000 francs pour fonder une place d'incurable à la nomination de fa famille, & 1,000 francs aux pauvres de Saint-Bonnet.

fois des dons & des merveilles de la nature & des souvenirs de l'antiquité ; mais les premiers lui plaisaient encore plus que les seconds. Une éruption du Vésuve, la vue du soleil couchant sur la baie de Naples, les bosquets d'orangers de Sorrente & les arbres exotiques cultivés en pleine terre dans les jardins de Portici exerçaient sur lui une impression encore plus vive que les antiquités d'Herculanum & de Pompeï.

A Rome il eut le bonheur d'obtenir une audience particulière du pape Grégoire XVI à qui il fit en latin une petite allocution qui fut très-bien reçue. Le Révérend Père Vaure, qui servait tout à la fois d'introducteur & d'interprète, ayant expliqué au Saint-Père que M. Vincent avait été le camarade de collége de Monseigneur de Bonald, ce nom seul valut à notre compatriote l'accueil le plus affectueux. Le pape montra la gaîté la plus aimable & toute l'entrevue se passa en témoignages de bonté d'une part & en démonstrations de respect & de reconnaissance de l'autre. Vingt mois se sont à peine écoulés & déjà l'un & l'autre ont disparu de la scène du monde ! En sortant de l'audience, M. Vincent de Saint-Bonnet dit à un ami qui l'y avait accompagné : « Nous
« venons de voir le souverain le plus puissant de l'univers.
« Sa puissance ne repose pas sur la force, mais sur la
« persuasion. Dans toutes les parties du monde, il a des
« sujets dévoués, toujours prêts à sacrifier leur vie pour
« exécuter ses ordres : quel autre souverain pourrait en
« dire autant ? »

Sans ambition personnelle, M. Vincent de Saint-Bonnet concentrait toutes ses affections dans sa famille & ses amis. Il leur sacrifia même un avancement qu'on lui offrit, il y a quelques années, & auquel lui donnaient droit ses longs & honorables services ; mais, pour l'accepter, il fallait quitter Lyon & se séparer de ce qu'il avait de plus cher : son choix fut bientôt fait.

Dès le commencement de sa longue & douloureuse maladie, lorsque ceux qui l'entouraient n'avaient encore aucune crainte, lui ne conservait déjà plus aucun espoir ; mais loin d'en être abattu, il annonçait sa fin & envisageait la mort avec une constance & une fermeté que peuvent seules donner une bonne conscience & l'assurance d'une meilleure vie. Il a été le premier à demander les secours de la religion, & les a reçus avec la foi la plus vive. Ses sentiments religieux, héréditaires dans sa famille, ne l'avaient jamais abandonné, même au milieu des dissipations du monde.

Les soins les plus tendres que lui ont prodigués ses parents, ses amis, mais surtout le meilleur des frères, n'ont pu le sauver.

Un immense concours de citoyens se pressait à ses funérailles & attestait combien sa perte avait été universellement sentie ; on y remarquait M. le Président de la Chambre des Députés, les membres de la Cour royale, M. le Premier Président à leur tête, les membres du Tribunal de première instance & du barreau, & enfin tout ce que notre ville compte d'hommes honorables.

ELOGE HISTORIQUE

DE

M. BREGHOT DU LUT

I eſt des hommes auxquels il n'a manqué qu'un plus vaſte théâtre pour conquérir la poſition à laquelle ſemblaient les appeler leurs talents & leurs connaiſſances. Le mérite n'eſt rien par lui-même s'il ne ſe produit au grand jour de ce centre de lumières & d'intrigues qu'on nomme Paris. Sans doute la capitale n'a pas la prétention de produire ſeule des hommes remarquables dans toutes les branches des connaiſſances humaines; mais elle jouit du privilége inconteſté de faire les réputations & de diſpenſer les honneurs, privilége dont elle n'uſe preſque jamais qu'en faveur de ceux qui habitent dans ſon ſein. Le ſavant laborieux & modeſte, fixé dans ſon département où il cultive en paix les lettres & les sciences, est à peu près certain, quel que soit d'ailleurs son mérite, de ne jamais voir les honneurs de l'Institut venir le chercher dans sa retraite.

Ces réflexions se sont présentées naturellement à notre esprit à la vue des nombreux & remarquables travaux accomplis par l'honorable confrère dont nous déplorons la perte.

Claude Bréghot du Lut naquit à Montluel, le 11 octobre 1784, d'Antoine-Joseph Bréghot & de Suzanne Péricaud. Son père était alors avocat au Parlement de Dijon, dans le ressort duquel la Bresse se trouvait placée avant la Révolution. Plus tard il fut nommé aux fonctions de juge de paix dans sa petite ville, fonctions qu'il exerça trente ans avec honneur.

Fils d'avocat, le jeune Bréghot fut destiné de bonne heure à la carrière du barreau. Il fit au collége de Montluel ses premières études. Chose remarquable! celui qui devait rassembler dans sa tête des connaissances si nombreuses & si variées manquait naturellement du don le plus précieux pour un savant, la mémoire. Grâce à un travail opiniâtre, stimulé par la férule du professeur, il parvint à acquérir cette faculté dont il devait faire un si noble usage. Lui-même se plaisait à citer cette particularité de sa vie, qui vient confirmer ce passage si connu de Virgile :

. . . . . Labor omnia vincit
Improbus.

Du collége de Montluel, le jeune élève passa à Lyon dans le pensionnat Reydellet. A l'âge de douze ans il montrait déjà des difpofitions pour la poéfie, & fe trouvait toujours le premier de fa claffe en vers latins & français.

Mais ce qui le diftinguait furtout à cette époque, c'était une ardeur infatiable de s'inftruire, ardeur qui depuis ce moment ne l'a jamais abandonné & à fait tout à la fois l'occupation & le charme de fa vie. Cette paffion, toute louable qu'elle était en elle-même, l'expofa pourtant à quelques dangers par la faute d'une perfonne qui lui abandonna, avec plus de générofité que de prudence, une bibliothèque entière, en lui permettant d'y choifir tout ce qu'il voudrait. Le jeune Bréghot fe jeta de préférence fur les auteurs latins, & plein de joie, les emporta dans fon collége. Quelques jours après, M. l'abbé Foreftier (1), fon profeffeur, vifitant les pupitres de fes élèves, fit main-baffe fur tous les livres qui lui parurent dangereux ; mais, trompé par le titre inoffenfif de l'un d'eux (2), le bon abbé, après avoir confifqué Catulle & Martial, laiffa à fon élève le plus dangereux de tous ; il ajouta même que fi tous fes livres euffent valu celui-là, il ne lui en eût pris aucun. Plus tard, le jeune Bréghot, chez qui des fentiments religieux puifés dans fa famille avaient toujours confervé une grande influence, reconnut le poifon caché fous ce titre impofteur, & fit, en brûlant ce livre, ce que fon profeffeur aurait dû faire beaucoup plus tôt.

---

(1) Son véritable nom était de Villers. A cette époque les eccléfiaftiques non affermentés étaient forcés de changer de nom pour fe fouftraire aux lois révolutionnaires.

(2) *Joannis Meurfii Elegantiæ latini fermonis.* Ce livre n'eft point du favant *Meurfius*, dont on a, par une fraude coupable, ufurpé le nom. Son véritable auteur eft Nicolas Chorier.

Ce même abbé Foreſtier lui donna les premières leçons de langue grecque. Quelques années après, il eut pour profeſſeur un évêque ſchiſmatique grec qui rempliſſait alors les modeſtes fonctions de prote chez l'imprimeur Kindelem. Après l'avoir quitté, il s'appliqua ſans relâche à ſe perfectionner dans cette belle langue dont l'étude l'a occupé toute ſa vie.

A l'âge de ſeize ou dix-ſept ans, il publia, dans les journaux & dans divers recueils périodiques, des imitations en vers français de pluſieurs épigrammes extraites de Martial & de l'Anthologie grecque. Dans ces premiers eſſais d'un jeune homme, on reconnaiſſait déjà le ſavant profond & le poëte habile à faire paſſer dans notre langue les fineſſes du grec & du latin.

Mais tous ces travaux littéraires n'avaient été pour lui qu'un jeu, ou plutôt un délaſſement. D'autres travaux plus ſérieux l'avaient occupé. En 1806, il entra au barreau de Lyon & fut inſcrit ſur le tableau des avocats. Avant de ſe livrer à la plaidoirie, il ſe rendit à Paris pour ſe perfectionner à l'école des grands modèles que poſſédait la capitale. Il travailla comme ſecrétaire de M. Gairal, un des membres les plus diſtingués du barreau de Paris, qui comptait alors des hommes tels que MM. de Sèze, Bellart, Chauveau-Lagarde & Delamalle.

Malgré tout ſon zèle à s'inſtruire dans l'étude des lois, on comprendra facilement qu'il ne pouvait perdre une auſſi belle occaſion de continuer ſes études littéraires & de mettre à profit toutes les reſſources que la capitale lui offrait dans ce genre : auſſi le vit-on ſuivre avec aſſiduité, au Collége de France, les cours de MM. Andrieux & Gail.

MM. Boissonade & Clavier, avec lesquels il se lia, achevèrent de l'initier dans tout ce que la langue grecque avait de plus difficile. Les connaissances puisées dans les leçons de ces grands maîtres, & perfectionnées par un travail opiniâtre & continu, placèrent enfin M. Bréghot au rang des hellénistes distingués de notre époque.

Le savant M. Beuchot fut aussi l'un de ceux avec lesquels il eut le bonheur d'avoir des rapports intimes pendant son séjour à Paris, & cette liaison a duré autant que lui. Il profita de ce séjour pour fouiller toutes les grandes bibliothèques, & y explorer surtout les manuscrits de Martial & de l'Anthologie grecque. L'un & l'autre étaient déjà & furent toujours l'objet de sa prédilection ; leur étude constante a été pour lui une source de jouissances dont il ne se lassait jamais.

Au bout de deux ans il revint à Lyon & exerça comme avocat. On put dès lors remarquer qu'il avait porté dans l'étude des lois cette profondeur & cette sagacité qu'il avait montrées dans l'étude des auteurs de l'antiquité. Mais, pour tempérer l'aridité des occupations du barreau, il se livra à ses délassements ordinaires, &, chaque année, l'*Almanach des Muses* & le *Bulletin de Lyon*, seul journal que notre ville possédât alors, lui durent quelques imitations en vers français de l'Anthologie grecque, de Martial & d'Owen.

En 1807, il fut un des fondateurs de la *Société littéraire de Lyon*, dont il a fait partie jusqu'à sa mort, & qu'il a présidée à diverses reprises.

En 1812, il publia le *Ciceroniana* en société avec M. Péricaud aîné, auquel il était attaché encore plus par une conformité de goûts & d'études que par les doubles liens de parenté qui les uniſſaient. Cet ouvrage eſt un choix fait avec goût de tout ce qui peut ſervir à nous faire connaître le grand homme auquel il eſt conſacré.

En 1815, il épouſa Mlle Falſan appartenant à une famille honorable de notre ville. Dans cette union ſi bien aſſortie, rien n'eût manqué à ſon bonheur domeſtique, ſi la mort n'était venue briſer ces liens au bout de neuf ans. Reſté veuf à quarante ans, M. Bréghot crut que ſa qualité de père lui défendait de former de nouveaux nœuds. Tout ſon temps, toutes ſes facultés ſe partagèrent entre les ſoins dus à ſes enfants, ſes devoirs de magiſtrat & ſes goûts littéraires, qui lui devenaient encore plus chers depuis qu'il y trouvait un ſoulagement à ſa juſte douleur.

Nous venons de ſignaler un changement dans ſa poſition ſociale ; l'année même où il s'était marié, M. Bréghot était entré dans la magiſtrature. D'abord ſubſtitut du procureur du roi, il devint plus tard vice-préſident du tribunal civil, puis enfin conſeiller à la Cour d'appel. Nous laiſſerons à une voix plus éloquente le ſoin de louer en lui les vertus du magiſtrat, de peindre ſa haute impartialité, ſa juſtice éclairée & l'abſence de toute eſpèce d'ambition, ſi ce n'eſt celle de faire ſon devoir. Pour nous, qui n'avons connu que l'homme de bien, l'homme ſenſible & bon, & ſurtout l'homme de lettres, nous continuerons à rappeler les titres nombreux qui doivent préſerver ſon nom de l'oubli. Nous ferons ſeulement remarquer que jamais ſes études de prédilection ne l'enlevèrent à aucun de ſes devoirs de magiſtrat, devoirs qu'il rempliſſait ſcrupuleufement avant de fe livrer à ce qu'il pouvait appeler fes plaifirs. Un préjugé beaucoup trop répandu, furtout dans notre ville, femble interdire aux hommes publics les travaux fcientifiques & littéraires, même dans leurs moments de loifir, tandis qu'on leur permet, à titre de délaffement, des diftractions trop fouvent futiles. M. Bréghot s'affligeait d'une pareille injuftice, & comme fa confcience ne lui reprochait abfolument rien à cet égard, il repouffait avec énergie tout ce qui pouvait reffembler à un blâme. Un jour, après un dîner qui avait réuni plufieurs magiftrats, l'un deux lui parla des auteurs de l'antiquité, objet de fes études. Affis à une table de jeu, M. le procureur général Courvoifier qui faifait les honneurs de la foirée, fe retournant tout à coup vers M. Bréghot, ne prit part à la converfation que pour lui dire : « Monfieur, vous avez perdu beaucoup de temps à ces chofes-là ! » — « Je ne joue jamais au bofton, » répartit M. Bréghot. C'était fe défendre avec autant de dignité que de préfence d'efprit contre une mercuriale que rien ne motivait.

Pendant les féries, M. Bréghot faifait de fréquents voyages littéraires, foit à Paris où il voyait les hommes les plus éminents dans les lettres & les fciences, foit dans le Midi où il s'était lié avec M. Rouard, le favant bibliothécaire de la ville d'Aix. Il entretenait une correfpondance active avec les hommes dont s'honorent la France & l'Etranger : il fuffira de citer MM. François de Neufchâteau, Boiffonade, Jofeph-Victor Leclerc, Beuchot, Gazzera, de Turin, Peignot, de Dijon, Weiss, de Befançon, Labouiffe-Rochefort, &c.

Mais, de tous ces hommes fi diftingués, celui peut-être avec lequel il eut le plus de rapports fut notre illuftre compatriote Dugas-Montbel. Ce dernier le confulta maintes fois & en obtint d'utiles confeils pendant le cours de fon beau travail fur Homère, travail qui lui a valu une illuftration méritée. S'il eft vrai qu'*on ne doit aux morts que la vérité* (1), ce fait peut fe publier aujourd'hui fans craindre de bleffer l'amour-propre de l'un, ni la modeftie de l'autre.

En 1821, M. Bréghot fut appelé à faire partie de l'Académie de Lyon, dont il devint l'un des membres les plus affidus & les plus laborieux. Quatre ans plus tard, & dans une circonftance remarquable, il préfidait cette Compagnie. C'était le 31 août 1825 : M. de Sèze affiftait à la féance qui était publique ; une place d'honneur lui avait été offerte à la droite du Préfident. Après avoir rendu compte des travaux de l'Académie pendant le femeftre qui venait de s'écouler, M. Bréghot fut amené naturellement à parler de l'hôte illuftre que la Compagnie poffédait dans fon fein, & fur lequel fe portaient tous les regards. La préfence du défenfeur de Louis XVI lui infpira de nobles & touchantes paroles. M. de Sèze fe leva, & répondit avec chaleur à des fentiments fi bien exprimés. Il ferait difficile de décrire l'émotion qui s'empara de toute l'affemblée : de douces larmes coulèrent de tous les yeux. Cette fcène s'eft confervée dans le fouvenir de tous ceux qui ont eu le bonheur d'en être témoins, & M. Bréghot

---

(1) « On doit des égards aux vivants ; on ne doit aux morts que la vérité. » (VOLTAIRE, *Première lettre fur OEdipe*.)

l'a toujours regardée comme une des circonstances les plus honorables de sa vie.

Occupé sans relâche de ses études littéraires & philologiques, M. Bréghot a laissé de nombreux ouvrages, soit imprimés, soit manuscrits, tous remarquables par une érudition profonde, des recherches immenses, & une rare sagacité pour démêler la vérité sur les points les plus obscurs. On trouvera dans l'*Histoire de l'Académie de Lyon*, par M. J.-B. Dumas (1), la notice à peu près complète de ses ouvrages ; nous nous bornerons à citer les principaux.

Il fut un des fondateurs & des rédacteurs des *Archives historiques & statistiques du département du Rhône*, recueil précieux pour l'histoire de notre patrie.

Il fournit de nombreux articles à la *France littéraire* de Quérard, sur les classiques grecs & latins.

Lorsque, en 1824, quelques bibliophiles lyonnais eurent l'heureuse idée de réimprimer les œuvres de Louise Labé, & plus tard celles de Pernette du Guillet, ce fut M. Bréghot qui enrichit ces nouvelles éditions d'un glossaire & de notes précieuses pour l'intelligence du texte.

Il fournit à la *Biographie universelle* de Michaud quelques articles, &, entre autres, celui de Martial.

Ce poëte latin avait été plus particulièrement l'objet de ses études, & nous croyons pouvoir affirmer qu'aucun savant de notre époque ne le possédait mieux que lui. Sa réputation à cet égard était si bien établie, que, à l'époque où M. Lemaire publia sa collection d'auteurs latins

(1) Tome 11, pages 78 à 83.

avec notes & commentaires, on proposa à M. Bréghot de se charger du Martial, en lui offrant de son travail une somme assez importante, moyennant laquelle il aurait dû renoncer à y mettre son nom. M. Bréghot répondit qu'il ne voulait d'autre salaire que l'honneur, mais que cet honneur-là, il ne pouvait le céder à personne. On ne put donc s'entendre, & nous y avons perdu une édition de Martial qui eût peut-être fait oublier toutes les autres.

Nous en avons été dédommagés en partie par son travail sur ce poëte dans la collection de M. D. Nisard. M. Bréghot a revu la traduction, & on lui doit les notes des six premiers livres.

En 1835, à la suite de l'*Anacréon polyglotte*, parurent les poésies de Sapho, traduites en français par M. Bréghot : on retrouve son exactitude & son élégance ordinaires dans la traduction de ces fragments précieux, les seuls qui nous restent de cette femme célèbre.

En 1839, il publia, en société avec M. Péricaud, un *Catalogue des Lyonnais dignes de mémoire*, destiné aux membres de la Société littéraire qui se proposaient de faire une *Biographie lyonnaise*, & leur indiquant les sources où ils devaient puiser. Cet ouvrage a été imprimé aux frais de notre Compagnie.

Parmi les connaissances si variées que possédait M. Bréghot, nous ne devons pas oublier la science épigraphique. Les plus belles inscriptions grecques & latines que possède le musée de Saint-Pierre ont été expliquées par lui, soit dans les *Archives du Rhône*, soit dans les deux volumes de ses *Mélanges biographiques & littéraires*, publiés de 1828 à 1831, ouvrage qui sera toujours recherché par les philologues & surtout par ceux qui s'occupent de l'histoire de notre province.

Mais, outre ses ouvrages imprimés, M. Bréghot en a laissé d'autres en manuscrit, & ce ne sont pas les moins précieux. On cite entre autres :

Un *Essai sur le Plagiat*, dont le titre seul suffirait pour exciter la curiosité. Il contient, dit-on, de piquantes révélations & d'intéressantes recherches, à commencer par les temps anciens jusqu'à nos jours.

Un *Commentaire sur les poésies d'André Chénier*, ce jeune poëte que la faux révolutionnaire a enlevé de si bonne heure à sa patrie & à l'avenir de gloire qui lui semblait assuré. Nul mieux que M. Bréghot ne pouvait signaler tout ce qu'André Chénier devait à la lecture des anciens dont il s'était nourri.

Un *Glossaire de Montaigne*. Outre l'explication de tous les vieux mots de l'ingénieux écrivain, on y trouvera ce qu'aucun de ses nombreux éditeurs n'a pu donner jusqu'à présent, & qu'il était réservé à M. Bréghot d'accomplir. On sait que Montaigne est assez prodigue d'allusions & de citations, qu'il emprunte le plus souvent aux anciens & quelquefois aux modernes, mais presque toujours sans nommer les auteurs dont plusieurs étaient restés inconnus à ses commentateurs. A force de patience & de recherches, grâce surtout à son immense lecture, M. Bréghot est parvenu à retrouver la source des citations restées sans nom d'auteur dans les éditions de Coste, Naigeon, Eloi Johanneau & J.-V. Leclerc. Cette lacune importante se trouve ainsi comblée.

Une *Traduction complète de Martial en vers français*.

Ainsi que nous l'avons vu, M. Bréghot avait déjà traduit & publié isolément les morceaux les plus remarquables de son poëte favori. On a trouvé dans ses papiers le complément de cet ouvrage, auquel il a travaillé près d'un demi-siècle ; espérons qu'il sera un jour rendu public. Pour donner une idée de la manière dont M. Bréghot traduisait, nous prendrons au hasard trois des nombreuses épigrammes depuis longtemps publiées :

A CORNELIUS FRONTON.

LIVRE I, EP. 56.

Veux-tu savoir, ô toi, l'honneur de la patrie,
Les biens qui suffiraient à mon âme ravie :
Quelques arpents de terre, en un champêtre lieu,
Que je cultiverais, libre & content de peu ;
Au bas d'une colline, un modeste ermitage
Où l'aisance & la paix soutiendraient mon ménage.
Ira-t-il se morfondre à la porte des grands,
Celui qui, satisfait du produit de ses champs,
Aux hôtes des forêts tantôt livre la guerre,
Tantôt jette aux poissons un hameçon trompeur,
Ou recueille un miel pur en des vases de terre,
Et qui, plein de mépris pour un luxe imposteur,
Dans ses simples repas, qu'il digère sans peine,
Se nourrit des seuls mets que fournit son domaine ?
Haïssez un tel sort, vous qui me détestez,
Et courez dans la ville après les dignités.

LIVRE VIII, EP. 69.

Paul qui s'eſt établi juge en dernier reſſort
De tous les auteurs de notre âge,
Tandis qu'ils ſont vivants les déchire avec rage,
Mais il les vante après leur mort...
Qu'il ait raiſon, ou qu'il ait tort,
Je ne ſuis pas preſſé d'obtenir ſon ſuffrage.

LIVRE XII, EP. 31.

Ces fontaines, ce bois, cette épaiſſe verdure,
Ce ruiſſeau qui promène une eau limpide & pure,
Ces roſiers qui deux fois ſe couronnent de fleurs
Dont celles de Pœſtum envîraient les couleurs,
Ces légumes exquis qu'épargne la froidure,
L'anguille qui ſerpente en ces baſſins riants,
Et cette blanche tour, que, non moins blanche qu'elle,
Habite de pigeons une troupe fidèle,
Je les revois enfin après trente printemps !
D'une femme chérie agréables préſents,
Aux plus riches tréſors Martial vous préfère;
Vous êtes ſon empire, & ſi Nauſicaa
Offrait de lui céder les jardins de ſon père :
J'aime mieux, dirait-il, celui de Marcella.

Après cette énumération abrégée des principaux ouvrages de M. Bréghot, qu'on nous permette d'établir un parallèle, à l'imitation de Plutarque, qui terminait toujours ainſi l'hiſtoire des Hommes illuſtres dont il fut le biographe

Si, remontant dans les ſiècles paſſés, nous cherchons à comparer M. Bréghot avec l'un de ces hommes qui ſe font fait un nom dans les lettres & les sciences, nous n'en trouvons aucun avec lequel il ait autant de point d'analogie que Gilles Ménage, l'homme le plus savant de son siècle, & que ses contemporains ont comparé à Varron, le plus savant des Romains. M. Bréghot, de même que Ménage, connaissait à fond les étymologies de notre langue. Tous deux ont laissé de précieuses recherches sur ce sujet; tous deux possédaient les langues grecque, latine & italienne. Jusque-là rien de bien étonnant, mais ce qui l'est beaucoup plus, c'est la prédilection marquée que tous deux avaient pour Martial; Ménage le savait à peu près par cœur, & le prouva dans une circonstance assez singulière (1). On peut en dire autant de M. Bréghot; tous deux s'étaient placés au rang des critiques les plus distingués de leur époque; tous deux, enfin, avaient une érudition immense & variée à l'infini.

Ainsi s'écoulait paisible & douce la vie de M. Bréghot, au milieu de ses études chéries & d'une famille dont il était adoré. La vieillesse, qui amortit la plupart des passions, n'avait diminué en rien sa passion dominante, celle de s'instruire. Il pouvait dire comme un homme célèbre :

(1) « Il n'y a point de poëte latin où il y ait plus de choses qui puissent tomber dans la conversation que dans Martial; on y trouve tout. Là-dessus, une personne me demanda un jour si j'y trouverois le manteau de M. de Varillas de qui on venoit de parler. Je répondis sur-le-champ & sans hésiter :

« Dimidiasque nates Gallica palla tegit. » (Lib. 1, ép. 93.)

(*Ménagiana* de 1715, tome II, page 189.)

Je deviens vieux en apprenant toujours.

On fait que Caton le Cenfeur apprit le grec dans un âge très avancé (1). L'année même où il eft mort, M. Bréghot apprit l'efpagnol afin de continuer fes études fur l'origine & la formation des langues, lire Don Quichotte dans l'original, ainfi que les commentateurs efpagnols de Martial. Peut-être auffi voulait-il apprécier par lui-même la nobleffe & la beauté d'une langue que, fuivant Charles-Quint, l'homme devrait employer de préférence lorfqu'il s'adreffe à Dieu.

Le nom que nous venons de prononcer nous amène naturellement à parler des fentiments religieux qui avaient toujours animé M. Bréghot, mais qui avaient paru acquérir encore plus de vivacité dans le cours de fes dernières années. On connaît le mot célèbre du chancelier Bacon, le génie le plus éminent de fon fiècle : *Un peu de philofophie nous éloigne de la religion, beaucoup de philofophie nous y ramène*. Ce mot fi profond & fi vrai s'eft trouvé confirmé par l'exemple de M. Bréghot : chez lui, une piété fincère & fans fafte s'alliait avec les connaiffances les plus étendues & avec toutes les qualités de l'homme public & privé.

Depuis quelque temps fa fanté s'était altérée, fans l'être affez pour donner de l'inquiétude à fa famille & à fes amis ; auffi, fa mort dut-elle leur paraître fubite & imprévue. Lui feul ne s'y était pas trompé, & l'avait vue

---

(1) Plutarque, *Vie de Caton*, chap. v.

approcher avec le calme que donnent une bonne confcience & l'efpoir d'un meilleur avenir. On peut lui appliquer ces vers de La Fontaine :

> La mort ne furprend point le fage.
> Il eft toujours prêt à partir.

M. Bréghot s'eft éteint doucement & fans agonie, le 30 novembre 1849, entre les bras de fes enfants à qui il laiffe un noble héritage dans un nom que la fcience & la vertu fe font plu à illuftrer.

NOTICE BIOGRAPHIQUE

SUR

AMBROISE COMARMOND

MEMBRE DE L'ACADÉMIE DE LYON,

CONSERVATEUR

DES MUSÉES ARCHÉOLOGIQUES DE CETTE VILLE, ETC.,

Lue dans la séance de l'Académie, du 24 mai 1859.

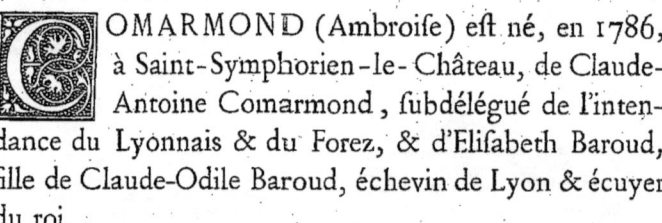OMARMOND (Ambroife) eft né, en 1786, à Saint-Symphorien-le-Château, de Claude-Antoine Comarmond, fubdélégué de l'intendance du Lyonnais & du Forez, & d'Elifabeth Baroud, fille de Claude-Odile Baroud, échevin de Lyon & écuyer du roi.

Il paffa fes premières années à l'intendance de Lyon & dans les propriétés de fon père, à Saint-Symphorien & à la Rajaffe.

L'orage révolutionnaire ayant éclaté, fon père fut profcrit & obligé de fe cacher. Il en fut quitte pour la perte d'une partie de fa fortune.

Lorsque la tempête eut cessé & qu'on put, sans risquer sa vie, suivre la religion de ses pères, une belle chapelle, qui faisait partie de l'habitation de M. Comarmond père, servit à remplacer l'église paroissiale que Napoléon n'avait pas encore rendue au culte.

Le jeune Comarmond eut pour précepteur un Chartreux que la Révolution avait chassé de son couvent. C'était un homme excellent & très-simple. Il se nommait Moirou. Pendant près de quatre ans, il donna à son élève des leçons de grammaire, d'histoire sacrée & profane, & quant au latin, il le conduisit jusqu'à l'explication de Tite-Live.

M. l'abbé Crozier, dont le souvenir s'est conservé religieusement dans la mémoire de tous ceux de ses élèves qui vivent encore, succéda au P. Moirou pendant deux ans. Au bout de ce temps, il contracta une société avec M. Philippe pour la direction du pensionnat de *l'Enfance*, situé à la Croix-Rousse, & emmena avec lui le jeune Comarmond, dont celui qui écrit ces lignes devint alors le condisciple. C'était un des meilleurs colléges de l'époque. Presque tous les professeurs étaient des prêtres déguisés sous de faux noms pour se soustraire à la persécution qu'on exerçait encore contre eux sous le Directoire.

Le nombre des élèves s'élevait à près de cent. Parmi eux se trouvait un enfant de dix à douze ans, qui devait un jour acquérir une grande célébrité, & avec lequel Comarmond se lia de la manière la plus intime. C'était Lamartine, qui n'était alors que l'enfant le plus aimable. Notre grand poëte, dans ses *Confidences*, n'a point oublié cette partie de sa vie ; on doit regretter seulement qu'il n'ait été juste, ni envers ses maîtres, ni envers ses camarades. M. Philippe n'avait pas, il est vrai, les sympathies de tous les élèves, mais son associé, l'abbé Crozier, était chéri, & nous dirons presque adoré de tous sans exception. Et pourtant M. de Lamartine les enveloppe tous les deux dans la même réprobation. Quant à ses anciens condisciples, il ne les traite pas mieux. Nous serons plus juste envers lui qu'il ne l'a été envers eux & nous reconnaîtrons avec plaisir que c'était un enfant charmant dans toute l'étendue du mot. Sans annoncer encore le génie poétique qui, plus tard, s'est développé chez lui, on ne pouvait manquer d'être frappé de sa physionomie si bonne, si expansive, si intelligente, de ses yeux si expressifs & de ses beaux cheveux blonds flottant sur ses épaules. Aussi nous pouvons affirmer qu'il était réellement l'enfant gâté de la maison.

En sortant du collége, le jeune Comarmond dut choisir une carrière. Son goût l'entraînait vers la profession militaire. Deux ans furent employés pour se préparer à entrer à l'école polytechnique. Mais sur les vives instances de sa mère, il y renonça & se décida pour la médecine. Il n'y avait qu'un an qu'il suivait les cours de l'Hôtel-Dieu, sous le majorat de M. Cartier, qui fut plein de bonté pour lui, lorsqu'il concourut pour une place d'élève interne; il fut assez heureux pour réussir. A l'expiration de la seconde année, il faisait souvent le service de remplaçant.

Vers la même époque, il eut le malheur de perdre sa mère, femme éminemment distinguée & dont le mérite peut se mesurer aux regrets universels qu'elle inspira dans un pays où elle faisait tant de bien.

Bientôt il fut envoyé à Paris pour fuivre les cours de l'Ecole de médecine. Il fuivit également ceux du Collége de France, de MM. Thénard, Lefèvre Ginot, Cuvier, Geoffroy Saint-Hilaire, Haüy & Faujas-de-Saint-Fond.

Pendant la troifième année, il perdit fon père. Une fœur aînée remplaça ce chef de la famille.

Il termina fes études par une thèfe dont le fujet, par lui choifi, était les *Probabilités de la vie humaine*. Elle fut fi bien accueillie par fes profeffeurs que quelques doutes s'élevèrent fur le véritable auteur de ce travail qu'on regarda comme au deffus des forces d'un élève ordinaire. M. Erparon, l'un d'eux, fonda à cet égard le jeune Comarmond, qui ne put lui répondre autre chofe, finon que cet ouvrage était bien le fien.

Recommandé à quelques hauts dignitaires de l'Empire, il était admis dans leurs maifons où il reçut un accueil diftingué. On alla jufqu'à lui propofer un établiffement qui l'aurait fixé à Paris, mais l'amour de fa patrie & de fa famille le rappela à Lyon.

A peine arrivé, il reçut de M. de Bondy la miffion bien délicate de l'accompagner, comme médecin & chirurgien, dans fes tournées pour la confcription. On fait combien de fraudes fe commettaient alors pour échapper au terrible *impôt du fang*, devenu tout à fait intolérable dans les dernières années de l'Empire. Comarmond, en accompliffant un devoir rigoureux, fut réfifter à toutes les féductions & n'imita jamais les funeftes exemples que lui avaient donnés d'autres confrères moins fcrupuleux. Il ne lui en coûta pas le moindre effort pour repouffer l'or qu'on faifait briller à fes yeux ; mais il avouait qu'il lui fallait toutes ſes forces pour réſiſter aux larmes d'une malheureuſe mère. Auſſi il ne tarda pas à ſe démettre de ces pénibles fonctions. M. de Bondy n'accepta qu'avec regret cette démiſſion.

A ſon retour à Lyon il avait repris ſon ſervice d'élève interne à l'Hôtel-Dieu, ſous M. Bouchet, ſervice qu'il ceſſa au bout d'un an.

C'eſt à cette époque qu'il épouſa Mlle Auguſtine Chirat, fille de M. Charles-Bernardin Chirat, qui, pendant pluſieurs années, avait rempli avec diſtinction les fonctions de préſident du Tribunal de commerce de Lyon & de plus celles de député au Corps Légiſlatif. Cette union, fondée ſur une eſtime & une affection mutuelles qui remontaient déjà à pluſieurs années, a toujours été regardée par M. Comarmond comme la circonſtance la plus heureuſe de ſa vie. Il exiſtait entre ces deux époux une telle ſympathie que Mme Comarmond, partageant tous les goûts de ſon mari, avait acquis toutes les connaiſſances néceſſaires pour l'aider à former la belle collection d'antiquités & d'hiſtoire naturelle qui l'a occupé pendant la plus grande partie de ſa vie & à laquelle elle a pris tant de part.

A dater de ſon mariage, il ſe livra activement à l'exercice de la médecine & s'acquit bientôt une nombreuſe clientèle ; mais les pauvres abſorbèrent la plus grande partie de ſon temps. Il fut l'un des fondateurs du *Diſpenſaire*, inſtitution dont nous n'avons pas beſoin de faire l'éloge & dont il a fait partie pendant vingt-quatre ans, ſoit comme adminiſtrateur, ſoit comme médecin. Mais il croyait n'en jamais faire aſſez & ſon cabinet était, en outre, ouvert gratuitement deux fois par femaine à tous les pauvres qui fe préfentaient. Il lui eft arrivé bien fouvent de fournir les remèdes à ceux qui ne pouvaient les payer. On fait que, dans la claffe aifée, il exifte beaucoup de gens qui *oublient* de payer leur médecin. Jamais M. Comarmond n'exerça de demande judiciaire, mais il difait en plaifantant *qu'avec l'argent qu'il avait ainfi perdu, il aurait pu acheter un beau domaine.*

Tout en s'occupant de fon état, M. Comarmond fe livrait avec ardeur à former fa belle collection d'hiftoire naturelle & d'antiquités, pour laquelle il n'a épargné ni peine ni dépenfe. Il était parvenu à réunir 400 vafes en verre antique, 1,500 ftatuettes ou uftenfiles en bronze, plus de 300 bijoux en or, argent & pierres gravées, près de 1,000 vafes grecs ou romains en argile, des buftes, des tombeaux en marbre, des meubles gothiques & de la renaiffance, des ivoires, des émaux, des armes & boucliers antiques, un magnifique médaillier compofé de pièces de choix. Ce cabinet était une des curiofités de notre ville. Les favants étrangers & les hommes diftingués qui la traverfaient s'y arrêtaient pour le vifiter.

Nommé bibliothécaire du Palais-des-Arts, M. Comarmond dreffa le catalogue des livres confiés à fes foins. Il fut obligé de renoncer à fon état de médecin pour confacrer tout fon temps à fes nouvelles fonctions.

En 1837, M. Martin, alors maire de Lyon, lui propofa de vendre à la ville toutes fes collections. On en fit l'eftimation. Un acte de vente fut figné, & le prix, quoique inférieur de cinquante mille francs au prix d'achat, fut accepté par M. Comarmond. La penfée que fon cabinet resterait à la ville, qu'il ne serait point dépecé, & que lui seul en serait le conservateur, fut ce qui le décida à accepter l'offre qui lui était faite.

Mais le traité, pour être valable, devait être ratifié par le Conseil municipal; l'affaire traîna longtemps & le maire ayant été changé, elle en resta là.

Nous devons regretter que cette belle collection que M. Comarmond avait mis plus de trente ans à former, ait été dispersée & que la plus grande partie ait passé à l'étranger.

En 1840, M. Terme le nomma conservateur des musées archéologiques. A dater de cette époque, il mit tous ses soins à rechercher les inscriptions. Aussi le musée lapidaire qui, à son entrée, comptait à peine 200 monuments dans tous les genres, s'est trouvé plus que quadruplé par les fouilles de Vaise, la démolition du vieux pont du Change, les découvertes isolées & les dons de quelques particuliers. Dans la salle des antiques, quelques découvertes & de nombreux achats sont venus accroître les collections de la ville.

Tout son temps était consacré à l'étude & au travail.

Pour lui il n'y avait point de vacances. Nommé membre correspondant du ministère de l'intérieur & de l'instruction publique, inspecteur des monuments historiques du Rhône & de l'Ardèche, & plus tard correspondant du ministère d'Etat, on comprendra facilement combien il devait être occupé pour suffire à tout, lorsqu'on saura que ces différentes fonctions n'ont jamais été pour lui des *sinécures*.

Mais ce qui distinguait surtout M. Comarmond c'était ce coup-d'œil d'un antiquaire exercé par une longue pratique qui lui faifait reconnaître, au premier afpect, ce qu'était un objet antique qu'on lui préfentait. Il lui affignait à l'inftant même fa deftination, fon fiècle & la nation à laquelle il avait appartenu. Il favait furtout fe garantir des fraudes des fauffaires, après leur avoir néanmoins payé tribut dans les premiers temps où il fe livra à ce genre d'études. Mais quel eft l'antiquaire qui pourrait fe vanter de n'avoir jamais été leur dupe!

M. Comarmond a eu de nombreux amis & il le méritait. Il était heureux de pouvoir rendre fervice & jamais le défir d'obliger n'a été pouffé plus loin. Une de fes principales qualités était un défintéreffement bien rare à l'époque où nous vivons. Il fe croyait prefque obligé de venir au fecours de ceux qui, ayant fait une découverte utile dans les arts ou l'induftrie, n'avaient pas les capitaux néceffaires pour l'exploiter : fes intérêts & fa fortune ont eu bien à fouffrir de fa trop grande facilité à cet égard.

Il a vu approcher la mort avec la fermeté que donne une bonne confcience. Ses connaiffances de médecin ne pouvaient lui laiffer aucun doute fur l'imminence du danger. Peu de jours avant fa fin (1), il a écrit à fes amis des lettres d'adieu où refpire toute la bonté de fon âme, dans un de ces moments fuprêmes où l'on fe montre tel qu'on eft. M. le docteur Fraiffe, fecrétaire général de la Compagnie, dans quelques paroles prononcées fur fa tombe, a fu dignement apprécier les qualités éminentes du confrère que nous avons perdu.

(1) Elle a eu lieu le 6 décembre 1857.

Lifte des principaux ouvrages de M. le Docteur Comarmond.

Thèfe fur les probabilités de la vie.
Notice fur le choléra & les moyens à employer pour le combattre.
Comptes-rendus du Difpenfaire de Lyon.
Mémoire fur les antiquités de l'Ardèche.
 Id. fur l'abbaye & l'églife de Cruas. ⎫
 Id. fur l'églife de Champagne. ⎬ (2)
 Id. fur l'abbaye & l'églife d'Ainay. ⎭
Notice fur l'état des aqueducs de Pilat.
 Id. fur les fouilles de Vaife.
Mémoire fur les antiquités & les ftatues antiques de Lyon.
 Id. fur l'écrin d'une dame romaine.
 Id. fur les débris d'une ftatue coloffale en bronze, trouvés dans la Saône, quai des Auguftins.
Mémoire fur l'irrigation en France.
 Id. des êtres organifés dans l'ordre de la création.
L'âge de pierre, l'âge de bronze & l'âge de fer.
Mémoire fur l'incendie.
Notice fur une ftatuette d'Hercule enfant, en bronze.
Mémoire fur plufieurs infcriptions découvertes, adreffé au miniftère.
Defcription du mufée lapidaire de Lyon.
 Id. des objets antiques & du moyen-âge contenus dans les falles du mufée.

---

(1) C'eft d'après ces deux mémoires que ces deux monuments ont été claffés au nombre des monuments hiftoriques.

Notice fur la naumachie du Jardin-des-Plantes.

Notice fur des bronzes gaulois trouvés chez M. Donat, à Vernaifon.

Id. fur les découvertes faites dans les conftructions de l'Ecole Vétérinaire.

Id. fur les découvertes faites dans le nouveau cimetière de Loyaffe.

Mémoire fur les découvertes faites à Lyon, depuis plufieurs années, & fur le nivellement du fol gallo-romain.

Mémoire fur les contrepoids de lances gauloifes, confidérées jufqu'ici comme haches.

Notice fur la robe antique & les moyens employés par les fauffaires pour la contrefaire.

Compte-rendu du congrès fcientifique de Lyon, en 1841, dont il fut fecrétaire général.

Mémoire fur les fépultures *d'incinération*, dans le compte-rendu du congrès de Strasbourg.

Mémoire fur les poudingues de la Saône, dans le compte-rendu du congrès de Strasbourg.

Notice fur l'ancien quartier de Lugdunum dit *in Kanabis*.

JOURNAL

DE

GUILLAUME PARADIN(1).

UR une hauteur qui domine la petite ville de Beaujeu, s'élevait jadis un château-fort, avec tours, tourelles, foffés, pont-levis, & tout l'attirail féodal du temps. A quelques pas de là fe voyait auffi un chapitre de chanoines, pieufe fondation des maîtres du château. De tout cela il ne refte aujourd'hui qu'un monceau de ruines (2) & quelques fouvenirs. Le nom des Sires de Beaujeu, qui fe trouve lié à notre vieille

---

(1) Voyez fon article dans la *Revue du Lyonnais*, tom. IV, pag. 140.

(2) Du château des Sires de Beaujeu il ne refte debout que quelques pans de murs d'une tour carrée. L'églife du Chapitre a été démolie à la fuite de la révolution. Les maifons des chanoines difpofées autour d'une petite place, fubfiftent encore ; mais la demeure des Paradin eft habitée aujourd'hui par des mendiants.

monarchie françaife, vivra longtemps dans les annales du moyen-âge. Le chapitre fondé par eux a jeté moins d'éclat, mais ne mérite pourtant pas d'être mis en oubli. Au XVIᵉ fiècle, deux hommes dont le nom doit être cher aux Lyonnais, l'ont illuftré par leurs écrits ; on comprend que nous voulons parler des deux frères Guillaume & Claude Paradin. On doit au premier, entre autres ouvrages, la plus ancienne hiftoire de Lyon que nous poffédions, & une hiftoire de Bourgogne que M. de Barante cite fouvent ; le fecond a publié quelques ouvrages que les curieux recherchent encore (1).

Nos concitoyens qui s'intéreffent à l'hiftoire de leur pays apprendront fans doute avec plaifir que l'on vient de découvrir à Beaujeu un manufcrit en forme de journal, écrit prefque en entier de la main de Guillaume Paradin, pendant les années 1572 & 1573. Dans un temps où l'on fouille toutes les bibliothèques & toutes les archives du royaume, pour y trouver quelques documents hiftoriques, échappés aux laborieufes inveftigations des favants des trois derniers fiecles, la découverte d'un journal autographe, refté ignoré jufqu'alors, eft aujourd'hui un événement & prefque une bonne fortune. Heureufement le propriétaire du manufcrit (2) n'a pas voulu en jouir feul, & il s'eft empreffé de le mettre à notre difpofition. Nous allons en extraire les articles qui peuvent offrir quelque intérêt, mais nous négligerons tout ce qui a rapport aux affaires domeftiques de Paradin, aux détails d'intérieur du

---

(1) Voyez la *Revue du Lyonnais*, tom. IV, pag. 152-153.
(2) M. D'Aigueperfe, greffier du tribunal de commerce de Lyon.

chapitre dont il était le chef, ou bien aux querelles des chanoines. Nous devons prévenir nos lecteurs d'une précaution affez fingulière que l'auteur ne manque jamais de prendre, lorfqu'il raconte des faits de nature à le compromettre fi fon manufcrit fût tombé en des mains étrangères. Cette précaution confifte à écrire en *caractères grecs* tout ce qu'il n'écrit que pour lui-même. Il en ufe furtout lorfqu'il parle des Huguenots, ou qu'il rapporte quelque anecdote fcandaleufe.

Dimanche 18 may 1572.

Partirent mes frères pour aller à Xaintes tous deux à cheual & auons le famedy précedent acheté une jument de Crefpin ou de fon fils pour la fomme de XV ▽ fol. (15 écus fol.) Ce figne ▽ fignifie *écu*.

Lundy 19 may 1572,

Je enuoyai le liure de Melibée efcript de la main de monsr de Cheurieres, enfemble ma paraphrafe fur icelui toute efcripte de ma main à monsr Giliquin (1) à Villefranche par monsr le chanoyne Edille.

Lundy dernier jour de juing 1572.

Mes frères arriuèrent céans venant de leur voyage de

(1) C'eft fans doute Antoine Giliquin, échevin de Villefranche, en 1562.

Xaintes eſtant tous deux en bon point. Dieu en ſoit béniſt & loué.

Madame (l'abbeſſe) leur auoit donné cent eſcus ▽ ſol (1).

Samedy 5 juillet.

Nous ſont reſtés des cent ▽ (eſcus) de Xaintes toutes choſes payées la ſomme de quarante-neuf ▽ ſol.

Mercredy 9 juillet.

Le fils de l'hoſte de St-Germain-des-Boys, nommé George, nous ramena notre jument qui auoit ce polain chez eux au retour de Xaintes.

Ladite jument auec le polain nous couſta bien près de *ſept francs & demy* d'entretien chez ledit hoſte (2).

Jeudy 10 juillet.

Mes frères & moi menaſmes la jument auec ſon polain en Andillé. Je feis une gageure que c'eſtoit un mulet parce qu'il auoit une croix ſur le doz, ce fut contre le Curé de Sainct Ligier que je perdis.

Vendredy 11 juillet.

Λον Φειτ κουγριρ γοτρε Ιυμεντ αυ γρανδ ογος (âne) δε Ϋαρεγγες.

---

(1) L'écu *ſol* en or valait 8 fr. 28 c. de notre monnaie actuelle.
(2) Le marc d'argent étant à 15 fr. 15 ſols, les 7 & demi valent 21 fr. 32 c.

Ce jour le tonnerre tua cinq hommes eftant foubz vng noyer vers Mafcon, parquoi fe fault tenir preft & veiller, car l'on ne fçait l'heure.

Samedy 12 juillet.

Je leus tout le jour l'hiftoire de Surius (1).

Mercredy 16 juillet.

Je receus lettres de mons^r de Cheurieres & de mons^r Giliquin, venant led. s^r de Cheurieres, de Sauoye & n'ayant encores veu le Melibée reformé. Il m'efcripuoit qu'il me feroit plus ample refponce ayant veu led. liure de Melibée qui eftoit lors à Cheurieres.

Monsr Giliquin me mandoit autant, difant toujours led. s^r qu'il me recompenferoit.

Vendredy 18 juillet.

L'on prefta les ornements & habits des trepaffés à Madame de La Cleyette pour faire les obfèques de la quarantaine & an réuolu de feu fon mary & les vindrent querre fur vng mulet à coffres auec vne lettre de mons^r de Fougieres. L'on y enuoya le Curé de Sainct Ligier pour les conduire & s'y prendre garde.

Le preuoft me dict que le roy de Nauarre (2) auoit efcript de fa main & par homme exprez à mons^r de Pole.

---

(1) Laurent Surius, auteur afcétique, principalement connu par fa compilation des Actes des Saints, publiée en 1570. Il était né à Lubeck, en 1522, & mourut en 1578.

(2) Depuis Henri IV.

Monsr le fecreftain m'efcripuit que Bezançon s'eftoit prins foy même pour eftre neutre en cefte guerre de Flandres & que le duc de Wirtemberg eftoit en la conté de Montbelliard auec 14 mille hommes (1).

Dimanche 20 juillet.

Mon frère le Chanoyne a retiré l'inftrument de mutuelle donation que nous nous fifmes piéça (2) de nos héritages & poffeffions d'Andillé, laquelle donation le preuoft nous auoit defpefché en papier feulement & en fault faire une copie pour la faire expédier aud. s^r preuoft pour moy.

Jeudy dernier jour de juillet.

Arriua le s^r Claude Sever venant de Paris & ayant bien faict fes affaires, dont tout le monde louoit Dieu.

Samedy 2 d'aouft.

JE CACHAI LE PETIT SAC DES RELIQVES D'OR ET DE SOIE AV RANCHET DE MON COFFRE EN LA SALLE (3).

Veu vng figne au ciel à fix heures du foir comme feu fortant d'une fournaife (4).

---

(1) Cet article eft croifé de deux traits de plume, dont l'encre paraît beaucoup plus récente que celle du corps de l'écriture. Eft-ce Paradin qui a voulu le biffer comme inexact? Nous l'ignorons.

(2) Il y a quelque temps.

(3) Cet article prouverait que, malgré la paix qui précéda la Saint-Barthélemi, la fécurité était loin d'être rétablie.

(4) C'était fans doute une aurore boréale.

Dimanche 3 d'aouſt.

Ceulx de la ville entreprindrent de faire vne proceſſion en blanc le lundy ſuivant 4 du préſent & nous aduertirent ceulx de céans ſinon que après veſpres, les priant de s'y trouuer, mais les deux Maziers firent la reſponce pour tous aux deux Eſcheuins de la ville, aſſauoir qu'ils auoient parlé trop tard & que la pluſpart de ceulx de l'Egliſe auoient délibéré d'aller demain chacun à leurs négoces, mais que s'ils vouloient différer juſques à mercredy qui ſeroit jour de feſte, qu'ils s'y trouueroient tous.

Lundy 4 d'aouſt.

Ceulx de la ville vindrent en proceſſion céans & eſtoient les enfants de l'Eſchole habillés à blanc, comme auſſy eſtoient les filles de la ville en chemiſes blanches & alloient leſd. filles chantant : *Sancta Maria, ora pro nobis*, choſe pitoïable à veoir. A tel jour auoit eſté le maſſacre à Beaujeu (1).

Mardy 5 d'aouſt.

J'ay eſcript à Gryphius (2) par Mᵉ Jean Mazier

---

(1) Il eut lieu, en 1564, à la ſuite d'une émeute... Le Prévôt de la maréchauſſée & ſon lieutenant, ainſi que Dame de la Bruyère, épouſe d'Antoine Charreton, y furent tués. Les *Charreton* étaient alors ſeigneurs de la Terrière.

(2) Antoine, fils de Sébaſtien, célèbre imprimeur de Lyon.

allant à Lyon auec fon frère. J'ai fait grand plainte du tort qu'il me faict (1).

Nous achetafmes vne botte de vin torné du fire Jean Chappuis dict le Camuz, pour le prix de *douze francs* (2) payable à vendanges, & feu dict que s'il veult prendre du vin nouueau en payement pour le prix qu'il vouldra, que nous luy en donerons.

J'ai porté en Andillé (3) douze fols (4) que j'ai donné à la Grangiére pour acheter des fouliers à la Thoyne, notre bergière.

Jeudy 7 d'aouft.

Monsr Mazier nous dict comme les Huguenotz auoient efté deffaitz au fiege de Mons en Haynault.

Gryphius m'efcripuit que de fort brief il commenceroit mon hiftoire de Lyon.

Mercredy 27 d'aouft.

Arriuerent venans de Lyon des foyres, Noël & Antoine Carriges freres, lefquels dirent COMME L'AMIRAL CHASTILLON (5) AVOIT ESTE MASSACRE A PARIS LE VENDREDI DERNIER, VENANT D'VN FESTIN ET AVTRES

---

(1) Par le retard qu'il mettait à imprimer l'Hiftoire de Lyon.
(2) 42 fr. moins quelques centimes, le marc étant à 15 fr. 15 fous.
(3) Paradin avait un domaine à Andillé.
(4) Ces 12 fols, foit un *tefton*, valaient 2 f. 07 c. d'aujourd'hui.
(5) Coligny était de la maifon de Chaftillon. Toute cette phrafe eft en caractères grecs.

GRANDS SEIGNEVRS AVEC LVI, & que l'on gardoit les portes, & que lon auoit tendu les chaynes par les rues à Lyon & que tout eſtoit en armes en la ville, & que monsʳ le Gouuerneur auoit eſcript par eulx au juge de Villefranche que le roy entendoit & vouloit que lon veſquit en paix sans faire aucuns troubles ; mon frere Eſtienne me vint dire ceſte nouuelle l'ayant ſceu de Jacques Teſtefort & vng quart d'heure aprez, maiſtre Antoine Charreton paſſant par le chaſteau le dict tout apertement à tous. Lon racompte diuerſement : les vngs diſant qu'eſtant allé l'admiral accompagner le Roy juſques à l'egliſe de S. Germain de l'Auſſeroys & retournant par l'hoſtel de Bourbon, il y eut vng homme ou laquais qui lui preſenta vne lettre, laquelle liſant s'eſtoit vng peu tourné de couſté pour y mieulx veoir, & eſtant en ceſte contenance, il vint vng coup d'arquebuſe qui lui donna au bras tellement que vne des balles luy rompit l'oz d'vng bras, & fut bleſſé dudit coup en troys ou quatre lieux, & ainſi fut porté en ſa chambre.

Depuys (1), *le roy eſtant venu diſner, vng peu aprez vindrent pluſieurs ſeigneurs & gentilshommes de la faction dudit admiral, qui vindrent à la porte du roy auec piſtolets & autres armes comme lon le racompte, & voulant entrer dans la chambre en furent refuſez & voulant faire force ſe leva grand bruit ; dont monsʳ le cheualier frere naturel du roy commença à dire aux gardes & archiers que lon les repouſſaſt, tellement que*

---

(1) Tout ce qui eſt ici en italique, a été enſuite biffé par l'auteur qui a mis en marge : *Cecy eſt menterie.* Ces faux bruits, que faiſaient courir les auteurs de la Saint-Barthélemy, ne ſont pas ſans intérêt ; c'était un moyen de juſtifier leurs atrocités & d'exciter le peuple des provinces à les imiter.

tous furent mis à mort, entre lefquels furent le comte de la Rochefoucault & fon fils & plufieurs autres.

Cependant autres entrerent en la chambre de l'admiral que lon penfoit de fes playes qui l'afcheuerent de tuer. Et le dimanche aprez qui fut le 24 dudit mois d'aouft, y eut à Paris vne grande & horrible tuerie ou vne infinité d'Huguenotz furent mis à mort. Auffi lon dict qu'il y eut quelques catholiqnes tuez pour n'auoir efté cogneuz, car la meflée fut fi grande que lon ne fe pouuoit cognoiftre l'ung l'autre. Depuys, affauoir le premier jour de feptembre lon efcripuit à monsʳ le Chantre que le roy auoit declaré tout apertement & haultement qu'il ne vouloit en fon roiaume que vne religion & qu'il vouloit veoir la fin des reuoltes, *& qu'il auoit fait pendre à Montfaulcon vingt confeillers de la court de parlement & deux prefidents* (1).

Lon difoit que à Lyon & à Mafcon l'on auoit emprifonné tous les Huguenotz, & qu'on auoit geté en la riuiere les miniftres de ceulx de Lyon, & entre autres l'aduocat Godon de Villefranche. Auffi à Villefranche furent tous les Huguenotz mys en prifon.

1572, le dernier jour d'aouft.

FVT FAITE LA TVERIE DES HVGVENOTZ A LYON (2).

---

(1) Cette dernière phrafe eft biffée, Paradin en ayant reconnu plus tard la fauffeté. Il ne périt qu'un confeiller, nommé Rouillard, qui était en outre chanoine de Notre-Dame. Quoique bon catholique, il fut égorgé de fang-froid par un tireur d'or qui l'avait gardé trois jours dans fa maifon (*Journal de Pierre de l'Eftoile*).

(2) Dans cette *tuerie*, huit cents perfonnes de tout âge & de tout fexe

Septembre 1572 premier jour, lundy.

Vindrent les nouuelles d'vng grand nombre de conseillers de la court de parlement executez à Monfaulcon & 2 presidents (1).

Les gentilshommes du Lyonnois & Beaujolois furent mandez pour aller à Lyon par le commandement de mons^r le gouuerneur.

Nous commençames à garder nos portes, assauoir vng de céans & vng de la ville de Beaujeu. Je commençay dez hyer (2).

1572, Samedy 27 septembre.

Gryphius m'escripuit qu'il auoit commencé l'histoire de Lyon & qu'il en auoit deia faict quatre cayers. Je luy fis responce & lui enuoyay quelques cayers pour y adiouster. mais il me fit responce qu'il n'y pouuoit adiouster que

---

furent égorgées! Les officiers de la garnison avaient répondu avec indignation qu'ils ne vouloient pas faire l'office de bourreaux. Le bourreau lui-même avait refusé son ministère. La milice urbaine, composée en partie d'Italiens, accepta avec joie cette horrible mission. Le gouverneur n'ordonna pas le massacre, mais le laissa faire. Le clergé de Lyon demeura entièrement étranger aux fureurs de cette époque. Pour plus amples détails, voyez la *Notice sur François Mandelot*, par M. Péricaud, Lyon, Barret, 1828, in-8.

(1) Cette phrase est biffée; Paradin a écrit en marge : *Mensonge*. Dans ces faux bruits, on voit percer la haine que la Ligue, encore à sa naissance, portait au Parlement de Paris, dont le grand tort était de ne pas partager ses fureurs, & de vouloir le maintien des lois & de la monarchie.

(2) La guerre civile avait recommencé avec une nouvelle fureur depuis la Saint-Barthélemy.

le cayer d'Attila, & qu'il feroit bon de faire à la fin de l'œuure vng Appendix ou Paralipomena, y mettre tout ce qui s'y pourroit adiouſter.

Mercredy 15 octobre.

Nous vendiſmes à mon frère Antoine Garil ſix ponſſons de vin, tant de l'obédience d'Andillé que de la grande obédience pour le prix de trente-ſept francs dix ſols.

Jeudy 16 octobre.

Les 2 Maſiers (1) allerent à Lentigné, eſpérant auoir la Cure & y .... (mot illiſible) le chanoine Charreton & P. Patiſſier.

Aujogue (2) trompa M. Guillet .... & luy faillit de promeſſe touchant la prébende de céans.

Je fis une depeſche à Lyon & eſcripuis à Gryphius & au ſecretaire Troncy (3) par le ſire Jean Gonon.

---

(1) Chanoines.
(2) Ce nom, preſque effacé, était celui d'un chanoine.
(3) Voir ſur cet homme, qui a joué un rôle dans les troubles de la Ligue, l'intéreſſante notice biographique de M. Bréghot du Lut (*Archives hiſtoriques du département du Rhône*, tom. III, pag. 425) Il faut remarquer que Paradin le nomme *Troncy* & non pas *Du Troncy*. Ce qui vient confirmer l'ingénieuſe conjecture de M. Péricaud, qui a découvert que *Bonté n'y croiſt*, deviſe qu'on trouve à la fin de l'*Epître au lecteur* du *Formulaire fort récréatif de Bredin-le-Cocu*, eſt l'anagramme de *Benoiſt Troncy*. Voyez les *Nouveaux mélanges* de M. Bréghot du Lut, pag. 275, & les *Variétés* de M. Péricaud, pag. 51.

Dimanche 26 octobre.

Mon frere le chanoine (1) alla à Lyon pour fçauoir comme il alloit de mon hiftoire de Lyon.

Mardy 28 octobre, jour de Sainct Simon.

Mon frere arriua venant de Lyon & m'apporta dix cayers imprimez de mon hiftoire de Lyon par Gryphius.

Jeudy 30 octobre.

Mon frere retourna à Lyon pour l'affaire dont auoit efcript Rouille (2) pour recouurer le liure de Geoffroy de Ville-Harduin (*fic*) pour vng Venitien nommé Paulo Ramufio qui le vouloit conferer auec fa copie.

Mercredy 5 novembre.

J'ay mis les lettres de Gryphius lefquelles il auoit toujours efcrites, dedans une boette de fapin en laquelle je tenois le faphran. Elle eft en mon eftude.

Jeudy 6 novembre.

Vindrent à Beaujeu deux commiffaires de l'artillerie &

(1) C'eft Claude Paradin. Etienne ne fut fait chanoine que l'année fuivante.
(2) Il s'agit ici, fans doute, du célèbre imprimeur Roville.

contrerolleur. Le commiffaire nommé monsr de la Magdelayne, le contrerolleur nommé Guillon, ayant vne commiffion du Roy, de monsr de Biron, grand maiftre de l'artillerie, auec vne attache de monsr de Mandelot gouuerneur du pays, auxquels tous messrs ici lors refidents fifmes vne atteftation fignée de messrs le Chantre, les 2 Mafiers, Teftenoyre, Charreton, mon frere & moy, par laquelle nous auons teftifié que nous auons céans pour la defence & garde de noftre cloiftre & de noz portes quelques arquebuzes à main, des allebardes, jaguayes, pertifannes, jauelines & autre long boys, & en commun feulement auons deux petites & vieilles arquebuzes à croc de fer pour la muraille, de peu de valeur. Eftant iceux commiffaires venus céans, nous leur fifmes oftenfion de ce peu de pouldre que nous auions au coffre de l'eglife, & auec eulx eftoient montez çà hault (1) monsr le treforier, Claude Barjot, Antoine Daiguefperce, Claude Gadet, efcheuins & autres, auxquels nous auions faict apprefter à desjeuner aux defpends du Chapitre, mais ils ne volurent boyre ni manger, parce que ils auoient hafte d'aller encores au gifte à Thify. Ils emporterent notre atteftation pour inferer en leur procez verbal.

(L'article fuivant fe trouve placé à la fin de l'année 1572, mais il paraît avoir été fait après coup dans un blanc que l'auteur avait laiffé fur fon journal).

L'année qui eft fuyuante qu'on difoit 1573 eft l'année

---

(1) Il ne faut pas oublier que, pour fe rendre de la ville au Château ou au Chapitre, on avait à gravir une côte très-rude.

que lon dict *ira Dei super nos* (1), car jamais année ne fut plus calamiteuse, car toutes les miseres, afflictions & pugnitions de l'ire de Dieu que lon treuue auoir esté enuoyez du ciel depuis temps immemorial & ces années particulierement, se sont ceste année desbondées comme estant la bonde de tous maulx laschée au monde pour la pugnition de noz pechez exorbitants, car il n'est possible de faire le denombrement des maulx que le poure monde a souffert ceste année, & toutesfois nous ne nous en sommes point amandez. Dieu nous veuille inspirer de congnoistre noz faultes & de luy demander mercy. Amen.

Mardy 11 nouembre, S. Martin.

Nous donnasmes à disner au Curé de Durette, à monsr Pierre Bétan, à Gonin Bétan & sa femme & après disner mon frere le chanoyne (2) partit pour aller à Lyon faire ratifier à la cousine Claudine de Loup l'accord fait auec les Rochards, touchant Gonthier.

Mercredy 12 nouembre.

Je enuoyay en la ville à mon frere Estienne pour acheter des châpons. Il en acheta troys qui luy coustèrent cinq sols la pièce (à peu près 95 centimes).

---

(1) D'après un bruit qui courait alors, on aurait déterré, à Thurin, une pierre portant cette devise avec le chiffre 1573. C'est Paradin qui nous fournit cette explication. (Voir ci-après au 30 juin 1573).

(2) Claude Paradin.

Lundy 24 nouembre.

Mon frere le Chanoyne alla à Lyon pour fçauoir que c'eftoit des nouuelles que le Prieur des Broffes auoit efcriptes touchant l'election de l'officialité de la Primace (1). J'efcripuy par luy à monsʳ de Langes.

Vendredy 12 décembre.

Meffire Jean Aujoux, chanoyne de Mafcon, fut reçu céans chanoyne de la Chanoynie qui auoit efté vacante pendant l'efpace de dix-neuf ans, ou enuiron & plaidée par monsʳ Pierre de la Praye . . . . Et ny eut aucun contredifant finon monsʳ Guillaume Mazier & nous auoit fait prier de contrarier à la réception dud. Aujoux, mais eftant fes dépefches duement faites, nous ne pouuions contrarier ni refufer fa réception, car il nous eût pris en partie formelle, ayant fon fergent à la porte du Chapitre tout preft. Auffy demeura Mazier fans accord, dont il fut fort esbahy parce qu'il s'attendoit que par accord auec Aujoux, il fe recouureroit de fes dettes, eftant tenu à chien & à chat, tant à la ville qu'au chafteau pour fon bon gouuernement.

Samedy 20 décembre, S. Thomas.

Nous conuinmes auec Claudon de la Pierre, dict *Bri-*

---

(1) C'était une pofte convoité par Paradin.

gade, que nous luy baillerons pour nourrir fes deux petites filles, affauoir la Jane & la Thoyne jufqu'à la Saint Jean : quatre bichets de bled, un quart de queue de vin, & pour la pitance vng tefton (1) tous les moys. Je luy ay auffy donné un demy tefton du Roy.

1ᵉʳ janvier 1573. Jeudy.

Eftoit venu à Beaujeu monsʳ le tréforier de monfeigneur de Nemours, M. Philibert Le Mort (2) qui nous dict qu'il auoit parlé à monfeigneur le tres reuerend archeuefque de Lyon les feftes de Noël dernier & que ledit feigneur archeuefque lui auoit dict qu'il auoit entendu que j'auois faict reffus d'accepter l'officialité de la Primace qu'il m'auoit voulu donner, dont ledit Sʳ Le Mort fut bien esbahi, & eftant à Beaujeu me compta comme ledit feigneur archeuefque luy auoit refolu qu'il ne pouruoyeroit encores perfonne qu'il ne fceuft autres nouuelles de moy (3).

Mardy 6 janvier, les Roys.

Nous heufmes céans à foupper Jean Monchanin & fa femme auec Claudon Preflier le père, dont ledit Monchanin eut grand contentement.

---

(1) 2 fr. 07 c.
(2) Il paraît que ce Le Mort était de Beaujeu. On voit dans un autre article que fa mère y demeurait & y mourut.
(3) Paradin n'avait nullement refufé un auffi bon pofte. Auffi il envoya de fuite fon frère Claude auprès de l'archevêque pour avoir une explication qu'il a négligé de nous faire connaître.

Jeudy 22 januier.

Mon frere Eſtienne reuint de Lyon & m'apporta vne douzaine & demie d'alouettes en la plume parce que je ne pouuois manger chair & eſtois extrêmement d...lle (illiſible).

Item, il m'apporta deux cayers de l'hiſtoire de Lyon & vng almanach.

Samedy 7 feurier 1573.

Monsʳ Claude Desbroſſes, curé de Lentigné fut reçu chanoyne de céans par la permutation qu'il fit de ſadite cure auec la prébende canoniale de Mʳ Jean Aujoux qui naguères auoit été reçu chanoyne de céans.

Dimanche 8 feurier, Brandons.

Le ſire Antoine Carrige nous enuoya vng beau préſent de cinquante harens ſaurets par Norelon qui nous dict que quand les merlans ſeroient venus qu'il nous en feroit part.

Mercredy 11 feurier.

Claude Desbroſſes fut de retour de Lyon & m'apporta la fin de ma copie de l'hiſtoire lyonnoiſe.

Samedy 14 feurier.

Mon frere fut à la ville pour faire eflargir Antoine Pré qui eftoit prifonnier en partie pour les *feruis* qu'il debuoit à Monsr Mafier à caufe des granges de Monsr de la Palud & par compte audit Mafier ce qu'il nous doibt à caufe des obéances d'Andillé

Le femme dudict Pré dit Fornerot vint céans vne heure après que mondict frere fut parti & nous venoit prier de faire pour fondict mary, ce que mon frère & moy auions deia délibéré de faire.

Mercredi 18 feurier

Jean, filz de Bon Claude Meneftrier de Marchampt (1), dict Viornery, fut prins en fon lict par les fergeants de Villefranche qui l'amenerent à Beaujeu, & aprez difner fut mené lié & garotté à Villefranche : lon l'accufoit d'vng meurtre d'vng jeune homme qui nagueres auoit efté tué la nuict à Marchampt. Auec ledit Viornery fut prins & mené vng autre paillard nommé Puillat qu'on difoit auoir aydé à tuer le poure homme. Ce Viornery auoit efté lung dè ceulx qui auoient tenu Morteault quand il fut occis par le baftard de Nagu (2) durant les troubles, & lui mefme auoit defrobé le cheual du preuoft Thibault.

(1) Commune du canton de Beaujeu.
(2) La famille de Nagu de Varennes poffédait encore, au milieu du fiècle dernier, le château de Varennes, qui fubfifte toujours entre Quincié & Marchamp.

Vendredy 20 feurier.

Monsr le chanoyne Edille vint au chapitre & apporta la moitié de l'argent de la cenfe de la terre de feu M^r l'official Gayant, le tout en beaulx efcus au foleil, lequel payement Monsr le chantre, Mr Teftenoyre & Mr Desbroffes portèrent au Tréfor.

Il fut ordonné que perfonne n'auroit fa livraifon (1), pour quelqu'occafion que ce fuft, finon les réfidents, à caufe des portions.

Dimanche 1er mars.

En ce temps le Roy affiegeoit troys villes, La Rochelle, Nymes & Sancerre, que les Huguenotz auoient occupées.

Monsr le chanoyne Desbroffes fit vng banquet bien fomptueux en fa maifon à la ville auquel affifterent tous les chanoynes. C'eftoit le banquet de fa chanoynie.

Lundy 2 mars.

Le poure Claudon Preflier morut ce jour, qui auoit efté feruiteur dès fa jeuneffe de feu notre oncle & auoit acquis par le moyen de feu notredit oncle tout pleins de bons biens. Il laiffa deux fils. L'aifné nomé Claude, jeune homme fubiect à yurognerie qu'il auoit appris chez le

---

(1) C'eft-à-dire la part revenant à chaque chanoine fur le blé, le vin & autres provifions.

chanoyne Gayand & auec les p . . . . . . (1) de céans où il eftoit d'ordinaire. L'autre de mefme nom & méftier (affauoir coufturier) (2) eftoit plus fage & plus raffis & plus adonné au labourage de la terre que fon frere. Toutesfois lon leftimoit eftre mal meublé pour fe marier. Laifné auoit plufieurs enfants entre lefquels le plus grand eftoit Guillaume que j'auois porté baptizer & trois petites filles, la plus grande portant le nom de feu ma mère eftoit nomée Claudine, l'autre Jeañe & vne autre plus petite. La feruante dudit Claudon & Guillaume, mon filleu, tomberent malades dont lon auoit craintes que la maladie fuft contagieufe, car il mouroit plufieurs perfonnes en vne maifon les vngs après les autres.

Jeudy 5 de mars.

Mon frere le chanoyne alla à Lyon pour faire defcharger mon frere Antoyne Garil de l'emprunt duquel il eftoit cottizé à 30 livres x^s (3).

Vendredy 6 de mars.

J'enuoyay à Robinet Thibault fix francs & vng fol pour quatre aulnes de belle toitte (toille) pour faire vng furplys.

Lon donna au moyne & à trois autres fes compai-

---

(1) En toutes lettres.
(2) Tailleur.
(3) Le marc étant à 15 livres 15 fols, c'eft environ 112 fr. de notre monnaie.

gnons la grand vigne à faire des 3 façons, aſſauoir ſerper, feiſſorer & biner en taſche pour la ſomme de 15 francs & vng ponçon de vin.

Jeudy 12 mars, S. Grégoire.

Monsʳ le Chantre voulant venir à pied de la ville à la meſſe des morts pour auoir vng carolus, s'echauffa de façon qu'il lui tomba vng gros catharre par le corps dont il fut grandement malade auec vng point au coſté & vne groſſe fièvre continue.

Mardy 24 mars.

Monsʳ le Chantre fut viſité par monsʳ Duriſſe de Villefranche & Tholet de Lyon, médecins qui le ſecoururent fort bien, meſme Duriſſe qui cōgneut bien ſa maladie & y donna remède.

Pendant ceſte maladie, le ſécreſtaire venant à la curée, de Maſcon, dict à monsʳ Teſtenoyre qu'il auoit impétré tous les bénéfices de monsʳ le Chantre.

J'ay donné aux eſcheuins de Beaujeu pour le preſcheur argent .... vng teſton .... (2 fr. 50 cent.).

Mercredy premier auril.

Ce jour morut le grand Thynon Galland, ſeruiteur de la maiſon Merlin qui auoit eſté huguenot & depuys s'eſtoit réduit & eſt mort riche de mille francs dont Jean

Merlin se fit faire héritier, fraudant les poures parents. C'est la religion nouuelle.

Jeudy 2 auril.

Mon frere le chanoine partit pour aller à Lyon querre de la graine de saint-foin, & en ce voyage il me promit de donner charge à Gryphius de faire relier les liures (1) que ledit Gryphius doibt, assauoir 4 en veau rouge & dorez, & les autres 8 en parchemin blanc & dorez sur la tranche, & encores oultre tous ceux là, nous prions Gryphius de faire relier encores quatre autres en parchemin aussi dorez.

Samedy onzième auril.

Nous envoyasmes à notre sœur Claudine à Bourg par son fils Barthelemy Mermier deux ponssons de vin dont l'vng estoit de Quincié, que m'auoit donné Pierre Caillot pour mes arrérages & l'autre estoit d'Andillé, tous deux de bien bon vin & tous deux fustes maconoises. Le prix réservé à faire à notre premier compte.

Lundy 13 auril.

Ce jour fut céans Me Laurent, curé de Donrrion, ser-

---

(1) De l'*Histoire de Lyon*, qui avait éts achevée d'imprimer le 15 mars précédent. Ces exemplaires étaient destinés à être offerts par l'auteur à ses protecteurs & à ses amis.

uiteur de monsʳ de Varennes (1), Precenteur de l'eglife de Lyon, par lequel j'enuoyai à monsʳ le Precenteur mon epigramme.

Ce jour vint vng mandement de monsʳ le gouuerneur pour la garde du chafteau.

Mercredy 15 auril.

Fut apportée de Lyon la commiffion de monsʳ le gouuerneur pour la garde du chafteau par le sʳ Claude Barjot.

Vindrent nouuelles que les Huguenots auoient laiffé & abandonné les forts qu'ils auoient prins autour du Rhofne & de Nimes.

Jeudy 16 auril.

Vindrent céans aulcuns foldats chercher le curé de Saint-Ligier (2) pour quelque querelle qu'il auoit auec des gentilz hommes, chofe de mauluaife digeftion.

Mercredy 22 auril.

Il fut ce jour vendu vne mefure de froment cinquante fols (3). Lon difoit que c'eftoit Guillot de St-Didier dont le monde murmuroit fort.

---

(1) Pierre de Nagu de Varennes; c'eft à lui que, huit ans plus tard (en 1581), Paradin dédia le recueil de fes *Epigrammes*.
(2) Saint-Ligier, aujourd'hui Saint-Lager, commune du canton de Belleville.
(3) Environ 8 fr. 75 c.

Λες Βροας ονκλε ετ νευευ ενχέριρεντ φορτ λε ϐλεδ̛ κυ μαρχέ, δ̛οντ ιλ γ ευτ γρανδ̛ ϐρυιτ. Τους δ̛ευξ έτοιεντ εν μαυυαισε ρέπυτατιον.

Vendredy premier may.

Monsr le juge de Beaujolois me manda par Hugue Bida que je feiſſe prendre garde aux portes du chaſteau, parce que lon auoit ſceu que vne troupe de cinq ou 6 cens Reiſtres eſtoient prez de Langres.

Meſſire Pierre Betan eſtoit abbé par la ceſſion de mons^r Aujoux & mena le chœur en Gonthier, nous enuoya céans du vin & du poiſſon.

Lon s'aſſemble au fond du Plaſtre pour donner ordre de ne faire plus de pain blanc ou miche pour les calamités & cherté des bleds, voire famine dont le monde eſtoit affligé & fut arreſté que Gonin feroit paſſer ſeulement le premier groz bran de notre froment & qu'il nous feroit ainſi notre liuraiſon. Lon en faiſoit ainſi à Lyon, à Villefranche & Beaujeu.

Lon me entremeſla ma ſerrure de mon coffre, ce pendant que mon frere le chanoyne & moy eſtions à Beaujeu chez ma ſœur & que la ſeruante eſtoit au molin.

Largentier & Tréſorier Lemort arriua à Beaujeu qui ny fut pendant la maladie & mort de ſa mere & vint quand il fut aduerti de ſon trepas & enterrement.

Lundy 4 may.

Ce jour eſtant en la ville, les poures gens des villages

& les riches auſſi ne trouuoient point de pain à vendre, encores qu'ils euſſent l'argent en la main.

Les poures demandant l'aumoſne s'augmentoient & eſtoit la plus grande pitié du monde de veoir leſdits poures qui eſtoient plus pales & defaitz que treſpaſſez.

Vendredy 8 may.

Nous tinmes ce jour chapitre auquel eſtant monté Claude Teſtenoyre, chanoyne & faiſant bonne chère, tomba en vne apoplexie dont ayant perdu la parole, s'en alla à l'égliſe faire ſon oraiſon deuant l'image Notre-Dame delà en ſa maiſon où il perdit entièrement la parole & petit à petit, ſe augmentant le catharre perdit toute congnoiſſance. Je le fis ſoudain ventoſer & ſcarifier, mais il ny eut ordre de le ſauuer & languiſſant auec grands grondements des humeurs qui le ſuffoquoient veſquit en grande pouraſſe & doleurs juſques après minuyct qu'il rendit l'eſprit à Dieu, auquel je prie faire paix. Amen. C'eſtoit vng perſonnage bien aymé par tous & de tous & ne faiſoit mal qu'à ſoy meſme. Il auoit eſté toute ſa vie aſſez intempérant de ſa bouche & homme de bonne chère, expoſant tout ſon bien à toutes perſonnes non moins libéralement que prodigalement dont il eſtoit touſiours en grande difficulté d'entretenir ſes affaires domeſtiques & auoit eſté autrefois procureur & mangeoit le bled de la liuraiſon auant les termes & par ce moyen laiſſoit ſouuent faillir la diſtribution du pain des chanoynes & par ſon gouuernement eſtoit réduite notre grande vigne d'Andillé (qui appartient au Chapitre) à tels termes que ſi l'on ne la luy euſt oſtée ſamedy 7 féurier dernier, elle eſtoit entièrement morte.

Samedy 9 may, veille de Pentecoſte.

Fut mis en ſépulture Mᵉ Claude Teſtenoyre chanoyne, à l'entrée de la petite porte de l'Egliſe de céans. Il y eut grand brigue pour ſa chanoynie. Monsʳ le Secreſtain taſcha fort à gaigner les autres chanoynes, aſſauoir monsʳ le Chantre & Mᵉ Guillaume Mazier, mais ne pouuant jouyr, j'enuoyay mon frere Mᵉ Eſtienne, à la ville trouuer ledit Secreſtain pour le prier faire pour luy, & eſtant céans, nous vint trouuer & nous ayant ſtipulé la Prébende de Sainct George que tenoit mondit frere pour vng des enfants de Mᵉ Antoine Charreton, nous luy accordaſmes, encores que déià euſſions promis à monsʳ le Chantre de la mettre au nom de celuy qu'il nomeroit, & auquel promiſmes (en lieu de ladite Prébende Sainct George) donner la chapelle de la Croix que tient mon frere le chanoyne (1). Ainſi le tout fut promis & accordé, & le fault bien tenir. Après, eſtant le corps de Teſtenoyre en terre, nous allant en Chapitre, vindrent les Eſcheuins de la ville pour demander la chanoynie vacante pour vng predicateur (comme ils diſoient) tellement que voyant le trouble qui pourroit eſtre en ceſte election, je parlay à Antoine Daigueſperce qui alors eſtoit l'vng des Eſcheuins & venu pour faire la reſponce au nom des habitants de la ville & le fit

---

(1) Claude Paradin.

désister de ceste commission. Tellement que nous estant réduits en notre chapitre, l'election fut faite, & fut la prébende canoniale conférée *uno omnium consensu* à mon frere Maistre Estienne Paradin. Nous nous obligeasmes mon frere & moy de ses entrée & joyaux, comme de costumes monsr Charreton tint pour reçu l'argent. Ce pendant toutefois que nous faisions ladite election, l'aduocat Daiguesperce frappant souuent à la porte du chapitre & estant refusé, se retira, s'en alla, quoyque nous l'eussions mandé, estant nos affaires faites.

Dimanche 10, feste de Pentecoste.

Le sieur Antoine Carrige le jeune amena céans vne bonne compagnie de Lyon, en laquelle estoit sa femme qu'il auoit nouuellement espousée à Lyon, & fit apporter en ceste maison du Doyenné le desjeuuer de la ville, & puis ouyrent tous céans la grand'messe. Aprez disner les enfants de ville firent vn grand esbattement d'vn fort qu'ils dresserent deuant chez les Charretons, lequel fut vaillamment assailly & encore mieulx défendu, & fut le passetemps fort joyeux & modeste, sans que personne y fusse jamais ni blessé ni malcontent, & fut la jeunesse de la ville fort louée, & en acquit vertueuse réputation ; le tout se faisoit en l'honneur d'Antoine Carrige le jeune nouuellement marié, parce qu'auant son mariage il auoit esté capitaine des enfants de Beaujeu.

Vendredy 22 may.

Nous partismes mon frere le chanoyne & moy pour

aller à Lyon où nous feiournafmes jufques au mardy fecond du mois de juin, qui furent douze jours que nous fufmes abfents de céans, & defcendifmes chez Caton, au Cigne, mon frere & moy, fans nos montures, lefquelles nous auions renuoyées par Guychard & auions retenu Philibert notre laquais auec nous, & pendant ce feiour nous fifmes prefent de mes liures de l'hiftoire de Lyon à monfeigneur le Gouuerneur, monfeig^r l'Archeuefque (1), au corps de la ville en plein confulat, & aux douze confeillers particulierement lefquels eftoient dudit confulat, qui eurent tous des liures dorez. Auffi en donnafmes à meffieurs le Doyen, l'Archidiacre, le Precenteur (2) le Chantre & à certains autres de meffieurs, auffi en donnafmes vng doré à mons^r l'official Buatier, à mons^r le confeiller Charreton, à mons^r l'Efleu Groflier (3) & vng que nous enuoyafmes à mons^r de Bellieure en Suyffe, où il eftoit ambaffadeur pour le roy (4).

Mercredy 24 juin, la fainct Jehan-Baptifte.

Le froment fe vendoit ce jour quatre *fols* (5) la mefure.

---

(1) Antoine d'Albon.
(2) Pierre de Nagu de Varennes.
(3) Ce doit être Antoine Groflier. Voir fon article dans la *Biographie univerfelle*.
(4) Il fut fait chancelier de France par Henri IV, en 1599.
(5) L'auteur avait d'abord écrit *francs*, qu'il a rayé, & il y a fubftitué *fols*. Comment concilier cela avec ce qu'il dit, fix jours après, le 30 juin, que le froment fe vendait 3 fr. 15 fols? Cette dernière verfion nous paraît la véritable. Une chofe à noter, c'eft que le marché de Beaujeu fe tient encore aujourd'hui le mercredi.

Il morut à Beaujeu cinq ou fix perfonnes & fault noter que dez le commencement de ce moys, les gens mouroient à Beaujeu & es villages à lentour dru comme mouches, & en enterroit lon à Beaujeu autant que l'on euft fait en vne grande pefte, les poures mouroient de faim, & les riches & mediocres qui ne mouroient point de faim, mouroient d'vne fieure chaude, les autres d'vn flux de fang par le nez, & fault bien que telle maladie fuft contagieufe, car en vne maifon il y en auoit toufiours trois ou quatre malades & y auoit bien peu de maifons ou il n'y mouruft quelqu'un, ou qu'il n'y euft des malades. C'eftoit grand pitié, car la famine, la mortalité, la cherté de toutes denrées ne fut jamais telle de mémoyre d'homme, ny jamais trouuée par les hiftoires. Joinct que nous eftions affligez de guerre (1) & alloient genfdarmes par les champs, faifant infiniz excez, oultre qu'ils acheuoient de manger ce peu qui reftoit au poure payfan. Dieu par fa grace veuille apaifer l'ire & maltalent contre nous & leuer fa main pefante qu'il a aggrauée fur nous. Amen.

La terre trembla à Lyon auec grand efpouuantement.

Dimanche 28 juin.

Partit monsʳ de la Palud (2) pour aller feruir fon cartier à la court.

---

(1) C'était cette guerre qui produifait la famine, & ce dernier fléau amenait les maladies contagieufes. Voyez l'*Hiſt. de Lyon*, par C. de Rubys, p. 422-3, & les *Mélanges* de M. Bréghot du Lut, pag. 297 & fuiv.

(2) Le château de la Palud fubfifte encore fur la commune de Quincié; fon architecture paraît fort antique.

Mardy 30 juin.

Le bled foille (feigle) valoit encores la mefure troys francs. Le froment fe vendoit troys francs quinze fols (1), qui eftoit chofe prodigieufe & non iamais veue ni ouye, auffi la plufpart des poures gens mouroient de faim partout. C'eftoit grand pitié de les voir manger des herbes comme beftes & n'eft de merueille fi l'on difoit *ira Dei fuper nos*, deuife efpouuantable qu'on difoit auoir efté treuuée à Thurin grauée & tirée de terre remarquée foubz le nombre de cefte année 1573.

Juillet, mercredy, premier.

Lon fesbahiffoit grandement comme le bled fe tenoit en telle cherté, attendu qu'on en vendoit deia de nouueau, & d'ailleurs il mouroit tant de gens à Beaujeu qu'il fembloit que les viures en deuffent rauiller, mais c'eftoit la vraye ire de Dieu fur nous.

Il mouroit en ces jours fi grande multitude de peuple à Beaujeu que les plus vieulx qui fe fouuenoient des grandes

---

(1) D'après Le Blanc (*Traité des monnaies*, p. 327), depuis le 9 juin 1573, le marc d'argent était à 17 fr. *Cinq mefures de Beaujeu équivalent à un hectolitre*. La *mefure* de froment étant à *trois francs quinze fols*, & le marc d'argent à 17 fr., cela met l'hectolitre de froment à 60 francs de notre monnaie actuelle. Mais il faut remarquer que la maffe d'or & d'argent alors en circulation était bien loin d'être ce qu'elle eft aujourd'hui; de forte que, pour avoir une idée approximative de la cherté des vivres à cette époque, il faudrait au moins doubler cette fomme. Si nous favions ce que valait le froment en temps ordinaire, fous Charles IX, il ferait facile de faire ce calcul avec la plus grande précifion; mais cette bafe nous manque.

pestes du passé affermoient qu'il ne mouroit point tant de personnes es grandes pestes qu'il en mouroit de ce temps, & estoit ladite maladie contagieuse, & estoit tel jour qu'on en mettoit en terre dix ou douze. Toutesfois l'on ne s'en craignoit point, non plus que d'autres maladies ordinaires

Dimanche 5 juillet.

Ce jour furent faites les nopces de notre niepce Prudence Garil (1) auec Pierre Gojon ou assisterent la plus grand part des Bourgeois & Dames de la ville. Dieu leur fasse la grace de viure longuement & heureusement ensemble en la crainte de Dieu. Amen.

Ce jour y eust à Mascon vne faulse alarme dont mons^r de Fougieres & mons^r de Pizay (2) & les aultres gentilshommes du pays furent mandez soudain, & furent les portes murées en diligence, mais le tout reussit en vne grande risée.

Mardy 7 juillet.

Monsr le secrestain arriua céans qui nous dict que la paix estoit faite. Dieu doint quelle soit durable !

Lundy 13 juillet.

Λε Χαυτρε ρεπριντ σα πυταιν α λα κελλε ηλ αυωητ δουνε κουγε, κοντρε σου σερμεντ.

---

(1) C'est la même à qui Paradin avait dédié le *Blason des danses*.
(2) Le château & la terre de Pizay subsistent encore sur la commune de Villié.

Mardy 14 juillet, jours caniculaires.

Le garçon partit pour aller à Lyon fçauoir fi λες βασες εστοιεντ αχευέες (1).

Ce jour fut apporté à l'eglife fainct Nicolas (2) vng petit enfant d'enuiron 3 ou 4 moys, lequel lon penfoit eftre mort & fut coufu, & eftant au milieu de l'eglife preft à porter en terre, il commença à fe remuer, & le fallut defcoudre ; alors commença à crier, & fut allaité & reporté à fa mere qui le cuydoit eftre mort.

Lon nous affura que lon en mettoit en terre des perfonnes qui n'eftoient encores entierement mortes, tant il en mouroit, & les mettoit-on quatre, cinq & fix en vne foffe, & ne fonnoit-on point les cloches pour les poures.

Mardy 21 juillet.

Monfieur de Varennes (3) vint du camp de La Rochelle.

---

(1) Que veut-il dire par là ? c'eft ce que nous ignorons ; mais ce dont nous nous croyons certain, c'eft qu'il y a quelque myftère caché là deffous : la précaution qu'il a prife d'écrire ces quatre mots en lettres grecques femble le prouver.

(2) C'eft dans l'églife de Beaujeu.

(3) Il devait être le frère de Pierre de Nagu de Varennes, précenteur de Lyon, avec lequel Paradin était lié. Cette famille exiftait encore dans le Beaujolais, vers le milieu du dernier fiècle. C'eft à l'un de fes membres que cette province doit la belle route qui va de la Saône à la Loire. Cette route, faite de 1760 à 1770, fut le principe de la profpérité du pays, en facilitant l'exportation des vins pour le nord de la France.

Aouſt premier, ſamedy.

Monsʳ Fabry m'enuoya les lettres du Roy touchant l'argent qu'il entend leuer ſur le clergé de France, & les fault renuoyer à Maſcon (1) mardy prochain.

Lundy 10 d'aouſt.

Mon frere le chanoyne alla à Lyon pour l'affaire du preſent de la ville (2) dont j'eſcripuis à monsʳ de Langes (3).

Mercredy 12 d'aouſt.

Morut à Beaujeu Noël Carrige, fils aiſné du sʳ Antoine Carrige, qui eſtoit jeune homme fort aymé de toutes perſonnes & regretté de tout le monde. Dieu luy face paix par ſa grace! Le pere fit ce jour vne fondation au chaſteau (4) pour faire prier pour l'ame de ſon filz, mais il ne l'a pas encore aſſignée, & fault qu'il le face, parce qu'il oblie (5).

(1) Beaujeu était alors du dioceſe de Mâcon.
(2) Voir ci-après au 19 octobre.
(3) Nicolas de Langes, lieutenant-général de la Sénéchauſſée de Lyon. Il avait refuſé de prendre aucune part aux maſſacres de la Saint-Barthélemy. En 1582, Henri III le nomma premier préſident du parlement de Dombes.
(4) Ce qu'on appelait le château comprenait le Chapitre. Il ſe dit ici par oppoſition avec la ville.
(5) On voit que le bon Paradin ne perd pas de vue les intérets du Chapitre. Nous aurions pu en citer de nombreux exemples : nous nous bornons à celui-ci.

Vendredy 14 d'aouft.

Ce jour partit mon frere le chanoyne pour aller à Lyon pour le prefent de la ville, parce qu'il eftoit bruit que mons^r le gouuerneur eftoit mandé pour aller à la court.

1573, mardy 18 aouft.

Nous defcouurimes que les deux enfans de Thomas Foreftier auoient la pefte, le grand foubz l'efcelle & le petit en l'ayne. Nous les fifmes fortir hors du chafteau, & aller chez la *Moyne*, mais ce fut à grand difficulté, car ce grand vilain baftard ne vouloit point fortir, quelque priere ny commandement qu'on lui en fift.

Lundy 24 d'aouft.

Refignaui Decanatum Bellijoci in fauorem fratris mei Claudii. Recepit refignationem Ludouicus Daigueperfe. Teftes fuerunt Sororius nofter A. Garilius, Petrus Gojon, maritus neptis noftræ Prudentiæ.

Vendredy 11 feptembre.

Mon frere (Claude) eftoit tousjours extremement malade. Je le confeffay & luy fis adminiftrer le precieux corps de Dieu par M. Philibert Gudin.

Lundy 14 (1) jour de la fefte de la +.

Mon bon frere, Maiftre Claude Paradin eftant en l'extremité rendit l'efprit à Dieu le createur duquel il auoit eu dez fon enfance la crainte & l'honneur en finguliere recommandation ; il eftoit amateur de vertu & de tous vertueux, ennemy capital & irreconciliable des vices. Il ne fe veid onques chanoyne céans ayant tel efprit qu'il auoit, car en tout ce qu'il entreprenoit il y eftoit excellent, fuft aux lettres, fuft en tous arts & meftiers, brief il auoit l'efprit plus divin qu'humain. Et à la vérité je penfe que Dieu l'auoit honoré de tant de bonnes parties pour raifon de fa chafteté, car il eftoit vng autre Hyppolite ou vng Jofeph. Je prie Dieu qu'il puiffe prier Dieu pour moy au lieu où il eft des bienheureux, & où je m'affeure que Dieu la mys. Ainfi foit-il.

Mardy 15 feptembre.

Mon frere fut mis en fepulture en la tumbe de feu Me Lancelot Anchemand (2) noftre oncle, auquel eft auffi feu noftre bonne mere : c'eft joignant l'autel de faincte Catherine.

(1) Cet article donne la date précife de la mort de Claude Paradin, date qui était reftée inconnue jufqu'à préfent.

(2) Nous trouvons ici l'explication de ce qui avait été jufqu'à préfent une véritable énigme pour tous les bibliographes. Le recueil des épigrammes de Paradin a pour titre : *Gulielmi Paradini Anchemani Epigrammata*. Que fignifiait ce mot *Anchemani* ? C'eft ce qu'il n'était pas facile de deviner. Il eft clair maintenant que c'était le nom de famille de la mère de Paradin qu'il a ajouté au fien propre. C'eft le feul de fes ouvrages qui préfente cette particularité.

Lundy 19 octobre.

Mon frere maiftre Eftienne apporta finalement & aprez plufieurs voyages la vaiffelle d'argent que m'auoit donné la ville de Lyon pour la peine que j'auois prinfe à faire l'hiftoire de la noble & antique cité de Lyon, laquelle auoit efté imprimée audit Lyon par Antoyne Gryphius lan 1573, acheuée le 15 de mars. Cefte vaiffelle eftoit vng beau baffin d'argent ouuré dedans d'ouurage de grotefques à l'antique, & vng vafe d'argent fort beau en mode d'efguyere, elaboré auffi comme le baffin & mefme ouurage, à la pance duquel eftoit vng efcuffon des armes de la ville, & alentour eftoit efcript & graué en or : HOC RESPVBLICA LVGDVNENSIS DONAVIT. Autant y en auoit au bouillon du baffin (1).

Samedy 24 octobre.

Monfeig^r de Mandelot gouuerneur reuenant de la court, coucha à Oroux (2). Nous penfions tous qu'il

---

(1) Lorfque le P. Méneftrier publia fon *Hiftoire confulaire*, il reçut du Confulat une gratification de 1,300 livres qui lui furent payées le 20 novembre 1698 ; l'avocat Broffette en reçut une de 2,400 livres le 24 mars 1705, pour fon *Eloge hiftorique de la ville de Lyon*. Le P. de Colonia fut gratifié d'une penfion viagère pour fes *Antiquités* & fon *Hiftoire littéraire*. Il nous ferait facile de citer plufieurs autres traits de la générofité du Confulat, qui était toujours difpofé à encourager les gens de lettres, & furtout ceux qui travaillaient à l'hiftoire de notre cité. Que les temps font changés !

(2) Ouroux, village au nord-oueft de Beaujeu ; il eft aujourd'hui bien éloigné de la route de Paris.

deuſt venir à Beaujeu, mais il print ſon chemin vers l'Eſcluſe (1) ou il diſna & de là s'en alla au giſte à Villefranche.

Jeudy 29 octobre.

Monsʳ Fabry (2) me compta le bon recueil qu'auoit fait le roy à monsʳ le gouuerneur de Mandelot & me dict l'auoir ſceu de monsʳ de la Charme (qui eſt B...)

Ici finit notre manuſcrit, qui paraît avoir été beaucoup plus volumineux ; car on trouve à la fin les veſtiges de 12 feuillets qui ont été arrachés très-anciennement. Dans l'extrait que nous avons fait, nous avons négligé, ainſi que nous en avions prévenu les lecteurs dans notre avant-propos, tout ce qui concerne les affaires domeſtiques de l'auteur. On y voit qu'il entendait auſſi bien ſes intérêts que ceux du Chapitre, & qu'il mettoit beaucoup d'ordre dans ſa geſtion. Il paraît qu'il faiſait du bien à ſa nombreuſe famille, qui était venue preſque tout entiere ſe fixer à Beaujeu. Une choſe à remarquer, c'eſt que de tous ſes frères & ſœurs, celui avec lequel il paraît avoir été le plus intimément uni, eſt évidemment Claude Paradin, écrivain comme lui. Bien loin qu'il exiſtât entre eux aucune rivalité, il ſemble que la conformité de goûts & de talents n'avait fait que reſſerrer entre eux les liens de pa-

---

(1) Le château de l'Ecluſe, près de Belleville, appartient aujourd'hui à la famille Mogniat de l'Ecluſe ; il a été habité par Racine le fils, & l'on y montre la chambre où il a compoſé ſon poëme de *la Religion*.

(2) L'un des chanoines.

renté. Ils poſſédaient en commun le domaine d'Andillé, près de Beaujeu, & s'en étaient fait une donation mutuelle au ſurvivant.

Les querelles, les intrigues & les déſordres des chanoines occupent une bonne partie du journal. On y apprend qu'aux élections, les voix s'obtenaient au moyen de diverſes ſtipulations qui donnaient à tout cela l'air d'un marché, & que Paradin lui-même ne ſe fit pas ſcrupule d'en uſer pour aſſurer l'élection de ſon frere Etienne. S'il faut l'en croire, pluſieurs membres du Chapitre menaient une vie paſſablement ſcandaleuſe. Comme les chanoines ne vivaient point en commun, mais avaient chacun une habitation & un ménage à part, il en réſultait pour eux une liberté dont pluſieurs abuſaient. Cet ordre de choſes ſe perpétua juſques dans le ſiècle dernier. Quelques années avant la Révolution, le gouvernement crut devoir mettre un terme au ſcandale : une lettre de cachet défendit au Chapitre de faire à l'avenir aucune réception, de ſorte qu'il ſe ſerait éteint inſenſiblement, ſi la Révolution n'était venue hâter ſa fin. Affranchi de ſes vœux, plus d'un chanoine épouſa ſa gouvernante, mais il eſt juſte de reconnaître que la *peur* y fut pour beaucoup. Sous ce régime de liberté, il fallait, ſi l'on tenait un peu à la vie, donner des gages à la Révolution,

TABLE.

	Pages.
Préface	v
Notice biographique de M. d'Aigueperfe	ix
Difcours de M. Martin-Dauffigny	xxvii
Une vifite à Gergovia	1
Recherches fur l'emplacement de Lunna	24
Lettre à M. Augufte Bernard	47
Découverte d'une ville gallo-romaine	59
Nouvelles & dernières recherches fur l'emplacement de Lunna	75
Coup-d'œil fur la décadence des belles-lettres, des fciences & des arts chez les Romains	103
Effai fur quelques chiffres de l'hiftoire romaine	129

	Pages
Note fur le cippe nouvellement découvert rue de l'Archevêché	147
Infcription découverte, en 1836, quai de l'Archevêché.	149
Notice fur la découverte d'une infcription dans le lit de la Saône	153
Diftance de Vienne à Lugdunum	159
Notice fur Spon	161
Notice fur Bofcary de Villeplaine	166
M. G. Vincent de Saint-Bonnet	187
Eloge hiftorique de M. Bréghot du Lut	193
Notice biographique fur Ambroife Comarmond	209
Journal de Guillaume Paradin	21

FIN DE LA TABLE DU PREMIER VOLUME.

www.ingramcontent.com/pod-product-compliance
Lightning Source LLC
Chambersburg PA
CBHW071534160426
43196CB00010B/1764